JN023699

フィナンシャル・タイムズ式

図解の技術

HOW CHARTS WORK

Understand and Explain Data with Confidence

世界最高峰の経済紙は
どのようにデータを見せているのか

アラン・スミス Alan Smith［著］

濱浦奈緒子＋深町あおい［訳］

ダイヤモンド社

HOW CHARTS WORK

by

Alan Smith

まえがき

正しいグラフは1000の言葉より価値がある

「図解が載っているから彼女は見るでしょうね」。これは、フローレンス・ナイチンゲールが、公衆衛生の改善を求める報告書をビクトリア女王に送った際の辛辣なコメントだ。ナイチンゲールは女王にそれほど敬服していたわけではなかった（「私がこれまで会ったなかで、最も自立していない人物だ」と言うほどだ）。しかし、彼女は読ませたい相手についてははっきりと理解していた。慌ただしい世界で人々の注意を引きたいなら図解を印刷しろ、というのだ。

新聞編集者はこのことを昔から重々理解してはいたものの、往々にして彼らが作成するデータの図解は、単純に装飾的であることが多かった。自著で、私はそういった図解を「目くらましのカモフラージュ」だとなぞらえた。関心を誤った方向に導き、理解しがたい形や線、パターンで見る者を惑わせるからだ。

しかし、**データ・ビジュアライゼーションは、見た目をかわいらしくして注意を引くよりもはるかに機能的**だ。正しく選択されたグラフは1000語の言葉よりも価値があり、この複雑な世界で物事を正確に伝えられるようになる。

だから、私たちは今よりもっといいものが作れるはずだ。このことを完全に理解しているジャーナリストはこの世界でアラン・スミスと、「フィナンシャル・タイムズ」にいる彼の優秀なチーム以外にいない。

フローレンス・ナイチンゲールの経験について考えてみればよくわかるだろう。彼女が出したメッセージほど重要なものはないはずだ。1850年代半ばのクリミア戦争のさなか、イスタンブールの野戦病院で看護活動に従事したのは有名な話だが、彼女は「地獄の王国」と自ら名付けた場所から、改革の使命とともに帰還した。

彼女がいた病院はまさに地獄だった。兵士は一命をとりとめたとしても、

負傷した腹部から血を流していた。体中には害虫がうじゃうじゃとたかり、それぞれにあてがわれた毛布の上で縫合され、命が尽きると集団墓地に運ばれるのだった。

1855年1月だけで、クリミア戦争に派遣されたイギリス兵の10人に1人が、赤痢やコレラといった病気にひどく苦しめられて命を落とした。ナイチンゲールは試行錯誤し、最初こそ失敗に終わったものの、人為的な大惨事を防ごうとしていた。感染症がイギリス兵をずたずたに引き裂いていたからだ。

ところが、ナイチンゲールは、衛生環境が改善されたあとに病院内の死亡率が劇的に減少したことに気づいた。ここでの改善とは、たとえば病室の壁にしっくいを塗り、死んだ馬を水供給場から引きあげる、というようなことである。

彼女は、イギリス本国においても、公衆衛生で同じような取り組みをすれば、イギリス国民の健康は大きく改善すると確信した。イスタンブールでうまくいったことは、どこでもうまくいくはずだ。「自然はどこでも同じです。その法則が何のお咎めもなく軽視されることはあってはなりません」と彼女は記している。

この洞察力のおかげで、イギリスでの彼女の活動は勢いづいた。彼女は、周囲からの評価を落とすことなくクリミア戦争の大惨事を切り抜けた人物のひとりだった。しかし、それほど有名になったにもかかわらず、医学界を説得するのにはとても苦労していた。

病原菌説がまだ発達していなかったため、ナイチンゲールの考えは急進的で、多くの医者にとって信じがたいものだった。主任医務官のジョン・サイモンは、1858年に、早死にの原因として、伝染病は「事実上避けられないもの」だと述べた。

ナイチンゲールは看護師であり、国の象徴だったが、それだけでなく、統計学者でもあり、王立統計学会の最初の女性会員でもあった。彼女は、データに関する知識を用いて、イスタンブールの野戦病院における衛生環境の改善と死亡率の減少との関連性を突き止めた。

この知識によって**人々の行動を変容させるには、統計学的な説得力が必要**だった。ウィリアム・ファーやジョン・サザーランドといった専門家たちと協力して、ナイチンゲールは公衆衛生の基準改定のためのキャンペーンを開始した。しかし、そのキャンペーンでの決定的な武器となったのは、ナイチン

ゲールのデータ・ビジュアライゼーションのスキルだった。特に「鶏頭図」が最も有名である。本書でも後述されているように、それまでにもデータ・ビジュアライゼーションを見事に活用した人たちはいた。しかしこれほどまでに世間を動かす議論の中心となった人物はいなかった。

ナイチンゲールの1枚の図解がイギリスの公衆衛生を変えた

　第5章の学習ポイントで詳述されているが、**単なる装飾だと片付けられていたこの1枚の図解が、世界を変えることになった。**見事な技法で統計を表現していて、見るだけで息をのむほどすばらしく、衛生環境改善前の大惨事と改善後の救われた状況について説得力のあるストーリーを伝えている。ジョン・サイモンとその同胞らは、このふたつの円から、ふたつの強力な弾丸を受け取ったのだ。

　しかし、**図解と同じぐらい際立っていたのは、データ・ビジュアライゼーションの重要性に対するナイチンゲールの洞察力**だ。当時、イギリスの統計学者たちはきまって表にまとめられたデータに頼りきっていた。

　1857年のクリスマスの日、彼女は社会変革のためにデータ・ビジュアライゼーションを用いる計画を草案した。彼女はガラス板と枠に図解をはめて、英国軍医局、陸軍総司令部、陸軍省の壁にかけて公表した。「この図解こそが、彼らが知らないことで、知るべきことです」

　そしてナイチンゲールは、まさに届けるべき人物にその図解を届けようと計画した。「統計がわかる人しか報告書の付録を見ようとしません。しかし、この付録は教育を受けていない民衆のためのものです……では、無教養の民衆とは、これを受け取るべき民衆とは誰のことでしょうか？　……女王に、アルバート公……ヨーロッパのすべての国王たち、大使や各省庁の大臣、軍のすべての指揮官、すべての連隊の軍医に医務官、両議会の衛生学の最高責任者……そしてすべての新聞や評論誌、雑誌のことです」

　ジョン・サイモンとその同胞たちは、この激しい批判を前に、どうすることもできなかった。ナイチンゲールとその同胞たち、そしてとりわけ彼女の表現技法は、反論のしようがないことを証明したのだ。公衆衛生の実践が発展し、新たな公衆衛生法が議会を通過すると、ジョン・サイモンは、伝染病

による死は避けようがないという彼の見解を静かに改めた。**フローレンス・ナイチンゲールは、パワーアップした円グラフという武器を手に、世界を変えたのだ。**

ナイチンゲールのグラフについて、現代のデータ・ビジュアライゼーション専門家らの見方は一致していない。才気あふれるとする人もいれば、混乱させるものだ、とか、誤解を招くものだとまで言う人もいる。しかし、私が思うのは、彼女が立ち向かおうと決めた闘いと、**説得力のあるデータ・ビジュアライゼーションを武器としたやり方には、衝撃的で、すばらしく現代に通じる何かがある**ということだ。

かつてないほどに、私たちはデータ・ビジュアライゼーションの機能を理解する必要がある。私たちは、それを消費者として理解する必要がある。消費者とは、独自に編み出された「グラフィカシー〔データを視覚情報に置き換えるスキル〕」や、グラフの作成者によって作られた選択肢に頼り、学びを得ることもあれば、**騙**されてしまうこともある人たちのことだ。

そして、私たちはデータ・ビジュアライゼーションを作成する立場としてもそれを理解する必要がある。グラフや図表は強力なツールで、データが入手しやすくなり万能のソフトウェアができたことで過剰に供給されるようになった。しかし、ほかのツールと同様、それらは巧みに利用されることもあれば、下手に利用されることもある。何かすばらしいものを作り上げるために利用されるものもあれば、悪意を持って別の目的に利用されることもある。

あなたが手に取ったこの本は、こうしたニーズにしっかりと応えてくれる。私はアラン・スミスが同僚であることを誇りに思う。また、読者であるあなたが間違いなく楽しんでくれることを確信している。

ティム・ハーフォード
（「フィナンシャル・タイムズ」のコラムニスト、
『統計で**騙**されない10の方法』［上原裕美子訳、日経BP、2022年］の著者）

オックスフォードにて、2022年2月

フィナンシャル・タイムズ式　図解の技術

目次

第 | 部
フィナンシャル・タイムズ式
図解表現の9技法

第3章
図解の共通認識があると、
思考の質が変化する

第4章
量を比較する

第 II 部

フィナンシャル・タイムズ式 視覚化の科学

第15章
自然と目を引く
「図表タイトル」の書き方 ····· 243

第16章
デザイナーでない人のための
図解デザイン入門 ····· 255

第17章
不確実性を図で表す 279

第18章
「図解の言語」が
職場の思考力を上げる 284

第1章
学校では教えてくれなかった 「データの見せ方」講義

フィナンシャル・タイムズが培ってきた 図解のノウハウを公開する

　私は昔から図解が大好きだ。10代のころにサイクリング日記につけていた手書きのデータは、私がふたつの車輪にまたがって駆け抜けた冒険を視覚化してくれている（**図表1-1**）。季節ごとの傾向が、マイル走行測定器によってはっきりと記録されていた。その測定器は、私の自転車の前輪が一回転するたびに、（今でも鮮明に思い出せるくらいに）うるさく音をたてて数字を刻んでいた。

図表1-1 著者が10代のころ作成した手書き図解

10代のときにつけていたサイクリング日記は、私が早くからチャートに情熱を注いでいたことを示している

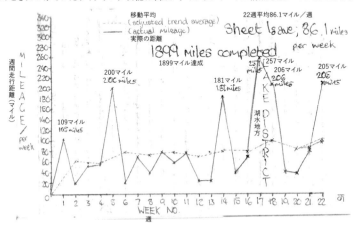

　地理学を専攻していた大学生当時は、ビジュアル課題（「地図を作ろう！」というたぐいのもの）のほうが、それ以外のもの（「レポートを書こう！」と

いうたぐいのもの）よりも好きだった。しかし、データを視覚化することがフルタイムの職業になるなんて、そのころの私には思いもよらなかった。当時は誰にとっても、それがフルタイムの職業になることはめずらしかったからだ。

　対して、いまや、組織内でデータを活用してコミュニケーションを図るという、ビジュアライゼーションの課題に直面している人はたくさんいる。しかし、多くの人がこうした責務に直面している一方で、**データの見せ方について正式に指導を受けてきた人はほとんどいない**。これは、明らかなアカデミックカリキュラムの失策ではないか！

　これが、私が本書を執筆した理由である。私の冒険、少なくともその一部を共有するためだ。本書で取り上げられている図解のほとんどは、『フィナンシャル・タイムズ（ＦＴ）』でのこれまでの7年間で（そして今この瞬間も）ボツになっているドラフトか、実際に掲載された図解だ。これを使うのには、とても明確な理由がある。

　近年、データ・ビジュアライゼーションについて数々の素晴らしい本が出版されているのを目にするのは喜ばしいことではある。しかし、本書がユニークである（と願っている）のは、一組織での取り組みに的を絞ったことと、そのなかで**データ・ビジュアライゼーションに対する一貫した戦略が開発され、ＦＴでとてもうまく機能してきた**事実に焦点を当てていることだ。そのうちのいくつかについては、ＦＴの「チャート・ドクター」シリーズ〔毎月掲載のコラム〕(ft.com/chart-doctor) ですでに書いているが、本書ではさらに詳細に切り込んでいる。

　近年の出来事、とくに新型コロナウイルス（Covid-19）の感染拡大によって、ニューストピックに占めるデータの重要性は増し、**データ・ビジュアライゼーションは、ストーリーを伝えるうえで不可欠な要素となっている**。そのため本書では、私たちがＦＴで目指しているやり方で、図解を体系的に使う方法について、実用的な視点を提供したい。ＦＴでは、私たちが住む世界をより理解し、よりよいものにしていけるような視点を伝えようとしている。

　はじめに、図解が重要である理由について考え、グラフィカシーのコンセプトと、情報を理解しなければならない社会的ニーズについて述べる。

　次に、ＦＴの「図解の言語」について紹介する。これは図解リテラシーを促進するためにデザインされた、ニュース編集室で利用しているポスターだ。

さまざまな種類の図解があり、それぞれが強調しようとするデータの関係性について、とてもわかりやすく整理されている。

続く9つの章では、それぞれの関係性について順に紹介する。さまざまな図解の種類や、それらの利用法と実際の使われ方について示す。第Ⅱ部に続く章では、ツールキットの構築方法について、知覚科学、タイトルの書き方、色彩理論など、できるだけ異なったトピックを示しつつ紹介する。

私が過去に作成した手書きの素朴な図解とは違い、最近はコンピュータを用いて図解を作成する人がほとんどだろう。この点で**ソフトウェアが重要なのは明らかだが、私が強く言いたいのは、だからといって人は何も考えずにデフォルトの設定へと向かってしまってはいけない**ということである。そのため、私は「図解の言語」に掲載されている図解作成のツールについて言及はするが、本書はソフトウェアに焦点を当てているものではない。データ・ビジュアライゼーションのテクノロジーの変化の速さを考えると、この決断が長期的に見て本書に価値を与えるものとなると考えている。

アイルランドの識字率の図解からわかること

多くの人がそうだと思うが、私も家系の調査に少し時間を使ったことがある。1911年にアイルランドの町スライゴにあるテンプル・ストリートについて調査した国勢調査の報告書には、私の祖父のジョン・ギャラガーが、両親と兄弟と暮らす2歳の子として記録されている（**図表1-2**）。

国勢調査用紙は社会史を映し出す見事なタイムカプセルであり、とても個人的なものだ。私はその4番目の項目の「教育レベル」に対する一家の回答に興味を持った。ご想像のとおり、ジョンのような小学校入学前の子どもには読み書き能力はないが、年上の子どもや母のアニーは読み書きができた。しかし、一家の主で40歳の家畜商、パトリック・ジョセフ・ギャラガーの欄はひときわ目立っていた。その記録によると、彼は「読むことのみ」できた。

パトリックだけがこの項目で唯一の例だったのではない。公式の統計では、1911年にはアイルランド全国で10万人近くの人が、読むことはできるが書くことができなかった。しかし、人口比にしてその人数はどれぐらい多かったのだろうか？　そして非識字の人はアイルランド中に広く分布していたのだろうか、それともスライゴのように特定の県で目立った特徴だったのだろ

図表1-2 祖父の国勢調査用紙

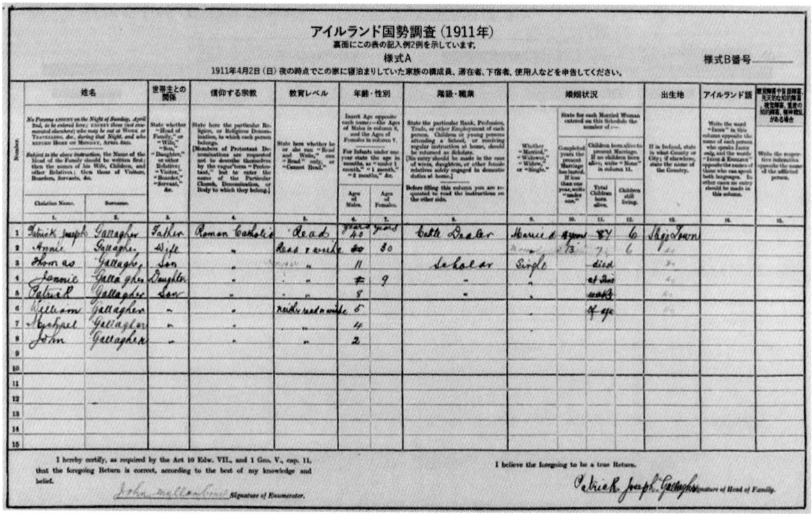

出典：Data from Central Statistics Office/1911 Census

うか？ 1911年の国勢調査データの図解を見て、その答えを探ってみよう（**図表1-3**）。

この図解をひと目見ただけで、ふたつの重要な情報があるとわかる。県ごとに表された（各行の高さで表された）1911年のアイルランドの総人口の構成と、さらに教育に関する質問の回答で区分けされた（行中の区分の幅で表された）各州の人口の構成だ。これをじっくり見て、わかることは何だろうか？

まず、図解のなかで、最初の分類（濃い青）で示された部分の合計面積を見てみよう。読み書きができない人はアイルランド全国にいるものの、ほとんどの人は読み書きができていたことがわかる。最も人口の多いダブリン県（この図解で最も行の高さがあるところ）は、識字率も最も高かった（約80％、つまり5人中4人は読み書きができるということだ）。

次に非識字率（赤で示された幅）を見ると、最もその割合が高いのがゴールウェイ、メイヨー、ドニゴールだということがはっきりと見てとれる。ドニゴールでは非識字率は16.8％で、全国平均の倍以上だった。

最後に、その図解上で自分自身（この場合は遠い親戚）の位置を示すとても効果的であることがわかる。水色の部分を見ると「読むことのみできる」

人の割合は全国で比較的小さかったということがわかる（全国で3%よりわずかに多いぐらいだ）。つまり、パトリック・ジョセフ・ギャラガーは、スライゴ県でも、アイルランド全体でもめずらしかったということだ。

このような種類の図解は今までに見たことがなかった人も、「**マリメッコ（比例積み上げ横棒グラフ）**」としてなじみがある人もいるかもしれない。しかしひとたび、**ほんの少し時間を費やしてこの図解の読み方を学べば、情報が持つ重要なメッセージを正確に理解できるようになり、読み解く時間は節約される**のだ。

図表1-3　アイルランドの識字率（1911年）

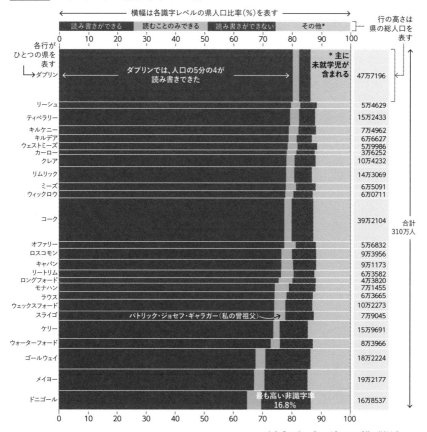

出典：Data from Central Statistics Office/1911 Census

図解は「文脈」を伝えてくれる

　私の家系から垣間見えた歴史の一片は、識字率の低さが実際に社会問題だったアイルランドの過去から見えたものだ。ありがたいことに、ほとんどの国で識字率は1世紀前よりも高くなっている。しかし、だからといって、すばやく変化する社会に参画するためのあらゆる障壁が取り除かれたわけではない。

　21世紀では、私たちの学校や家庭、職場はデータ漬けになる一方だ。情報を扱い、理解する技能は誰もが備えるべきであり、この技能のあるなしによって、世界を渡り歩けるかどうかが左右されるだろう。

　アイルランドの識字率にまつわる歴史的なパターンを理解すると、図解が、データを情報に変える十分な文脈を提供していることが見えてくる。それを文字だけでやろうとしても難しい。**データを視覚情報へと置き換えるスキルを「グラフィカシー」という。これは長らくアカデミックカリキュラムのはざまに抜け落ちていたものだが、現代ではかつてないほど、その重要性が高まっている。**

　たった100年前に、読めるだけの人と書くこともできる人を区別するために公的な国勢調査用紙が必要だったなんて、今の私たちには奇異に見えるかもしれない。しかし、この100年前の状況はまさに、現代に生きる私たちが図解に直面している状況と同じである。**図解を読むことができる人は圧倒的に多いが、描くことまでできる人は圧倒的に少ないのだ。**

第2章

なぜ図解が重要なのか

信頼性を犠牲にしないで
読み手の関心を引くには

『深夜の告白 (Double Indemnity)』という、1940年代のハリウッド映画における　フィルム・ノワール〔1940～50年代にアメリカで制作された犯罪映画〕の古典がある。作中、ヒーローらしからぬ平凡な主人公のウォルター・ネフが殺人の罪から逃れようとするが、バッド・エンドで終わるのだろうと観客が決定的にわかる場面がある。同僚のバートン・キーズが、単なる保険金請求案件と思われていたものに実は殺人行為があったのではないかと疑うシーンである。

　ネフが巧みな論法で追い詰める名人と対峙しているのだとはっきり知らしめているものは何だろうか？　キーズの事務所の壁に飾ってある特大の図解が強いメッセージを発している。「用心せよ。幹部は事実をしっかり把握する知力を持っている」

　21世紀に話を進め、これまでの数十年間を振り返れば、現代のビジネスの現場で図解を使うことは必ずしもよく思われてこなかった。2017年、フォーブスインサイトとデロイトは、300人以上の上級管理職に対する調査で、ビジネスの見通しの報告を受け取る際の望ましい書式について明らかにした。回答が0％だった最も不人気の書式は「インフォグラフィック」だった。

　この用語は興味深いものだ。これは、1960年代と1970年代に使われだし、情報を視覚的に際立たせて説明するものだ。その最終目標自体は何も間違っていない。そして実際に、それはまたたくまに人気になった。世界中の新聞や雑誌で大々的に採用されたこともその大きな要因のひとつだ。

　しかし数十年たつと、フォーブスとデロイトの調査が示したように、インフォグラフィックという用語は悪い意味を想起させるようになった。コーポレート・デザイナーが、事実を伝えるよりも芸術性を高めることに傾注し、

図表2-1 いたずらに読み手の関心を引く精巣円グラフ

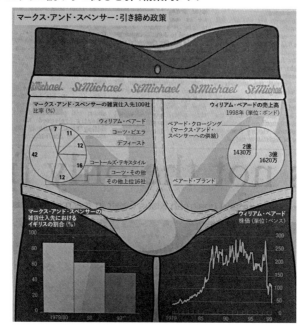

読者の関心をそらそうとしたからである。私が勤める新聞社のフィナンシャル・タイムズ（FT）もこの流行の影響を受けており、21世紀に変わるころにはそのピークを迎え、「情報（インフォ）」よりも「図解（グラフィック）」を優先したインフォグラフィックが大量に使われていた。

　この時期のFTの保存資料で私が個人的に気に入っているのが、セント・マイケルの下着の正面に左右に並んで配置されている「精巣円グラフ」だ（**図表2-1**。私がつけたタイトルで、FTがこう呼んでいるわけではない）。これは1999年に掲載されたもので、このジャンルでは一種の古典である。たしかに記憶には残るものだが、必ずしもこのようにしなければならない理由はない。キーズは、彼の事務所の壁にこの図解を張り出すことなどしなかっただろう。もしそんなことをしていたら、ネフはキーズの調査から逃れ、単なる保険金請求案件に見立てた完全犯罪ができていたのではないかと勘繰ってしまう。

　個々に描かれている図解は、一般的なグラフィックとは違ってとても控え

めだ。円グラフがふたつ、棒グラフがひとつ、そして折れ線グラフがひとつあるだけだ。しかし、関心を引くという点でいえば、この下着はいつだって成功している。

現代の情報デザインの先駆者であるエドワード・タフティなら、このグラフィックを「ジャンク図解」の一例だと表現するだろう。このアプローチで情報を表すことに対して、彼は感情を抑えることなく次のように述べている。

> 「ジャンク図解の陰に隠れるということは、情報と読み手を軽視するということだ。ジャンク図解を広めようとする人たちは、数字や詳細情報はつまらなく、単調で、飽き飽きするものだと考えており、華やかにするために装飾をほどこそうとする……ジャンク図解は退屈さを悲劇へと変えることさえあれど、情報の乏しいデータセットを救済することはない……信憑性は消滅してしまうのだ」
>
> エドワード・タフティ『情報を描く（*Envisioning Information*）』（未邦訳、1999年）

タフティ教授が好む図解デザインのミニマリスト・アプローチについて、後続の研究者[1]の中には疑問を呈する者もいるが、ジャンク図解に関しては私は彼に賛同する。

私が2015年にFTのニュース編集室に初めて赴任したとき、編集者や記者たちがグラフィック・デスクとどのように会話し、図解作成を依頼しているのか、時間をとって観察してみた。

多くのスタッフは、図解のさまざまな種類について限られた知識しか持ち合わせていなかった。**図解に関してのボキャブラリーが限られているということは、多くの図解が同じように見えてしまうこと**である。その結果、退屈で同じことの繰り返しだというクレームがしばしば発生していた。そのため、グラフィック・デスクはそれらを「おもしろく」見せるように装飾をほどこすことを迫られていたのだ。

人の注意を集めるグラフィック自体に罪はない。むしろ、声を届けたい読み手に対しては、できる限り大きな声で叫び振り向かせる必要がある。しかし、信憑性を犠牲にしてはいけない。そして、注意を奪われた読み手には、内容という見返りがなくてはならない。

アメリカ人のうち63％しか散布図を読めない

　図表2-2は**散布図**として知られているものだ。この例はＦＴの同僚ジョン・バーン・マードックによって、EU離脱に関するイギリスの国民投票直後の2016年6月に作成されたものだ。

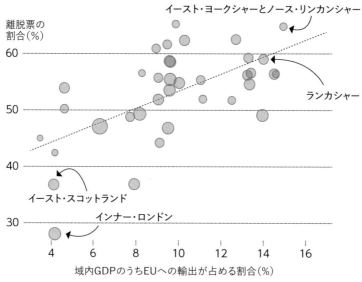

図表2-2　EUへの経済的依存度が最も高い地域ほど、離脱票が多かった

離脱票を投じた割合が最も高かった地域は、EUとの経済的関係性が最も深い傾向にある。イースト・ヨークシャーとノース・リンカンシャーの経済産出量は、イギリスのほかの地域と比べて高い割合でほかのEU諸国に供給されているが、選挙では65％が離脱に票を投じた。

　散布図はふたつの情報の関係性を示すもので、ひとつ目の情報は横軸（X軸）に、ふたつ目の情報は縦軸（Y軸）にプロットされる。したがって、図解上のドットひとつが、2軸の位置によってふたつの情報を表すことになる。この例を見ると、ランカシャーでは、離脱票の割合も州のGDPにおけるEUへの輸出の割合も高かった。それと対照的なのが、インナー・ロンドンだ。

　科学者たちは数十年間、この種の図解を「相関関係」（ふたつの物事がどの

程度関連し合っているか）を視覚化するために使ってきた。この例でジョンの調査が示しているのは、いくらか矛盾しているように思えるかもしれないが、イギリス国内でEU離脱票の割合が高い地域ほど、概してEUとの貿易も盛んだということだった。

図表2-2はこれを明らかな傾向として示している。図解上のドットは左下（どちらの軸でも低いスコア）から右上（どちらの軸でも高いスコア）へと伸びるパターン上に配置されているからだ。もしドットがランダムに図解上の空間に配置されていれば、ふたつの変数には何の関係もないことになる。

散布図は便利な図解だ。たとえそのデータが数千に及んでいても、個々の点をいちいち調べることなく、集合的なパターン全体を見て知ることができるからだ。しかし、このように情報が凝縮されたことで、何かが犠牲になってはいないだろうか？　読みやすさという点ではどうだろうか？

2015年にピュー研究所が実施した分析によると、総合的に見て、**散布図を正しく解釈できるのは成人アメリカ人のうち約63％**だという。その数字は大学生になると高くなる（79％）が、高卒以下の人では約半数しか正しく図解を読めなかった。

これらの数字を見ると、新聞やビジネスレポート、プレゼンテーションで散布図を日常的に使うのはやめようと考えてしまうかもしれない。たった3分の2の人しか理解できない言葉を日常的に使ってしまってよいのだろうか、と。

しかし実際は、このような図解は、言葉だけ、もしくはなじみがある簡単な図解では表現できない方法で、複雑なストーリーに光を当てることができる。そしてEU離脱の散布図は、2016年にFTが発信した2万4000件のツイートのなかで、最もバズったツイートとなった（**図表2-3**）。

ピュー研究所が示したように、教育は重要だ。ほとんどの国々で、たとえば、経済学や数学、物理学といった科目を専攻する学生は、分析思考の訓練の一環で発展的な図解の作成や読解のスキルを向上させる時間がある。その一方で、そうしたカリキュラムをすべての人が受けられるようにする教育戦略はない。

またそれとは逆に、私がこれまで仕事をともにした**統計や経済の専門家たちのほとんどは、複雑な情報を専門家ではない相手に対してプレゼンする方法を公的教育の場で訓練してこなかった**。あらゆる組織がこの2方向のスキ

ルギャップに苦しんでいるといえる。研究者や政策分析家はよく、意思決定者らが彼らの支援を真に必要としている場合においても、効果的な双方コミュニケーションをとるのが難しいと感じている。

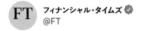 **2016年で最も拡散されたフィナンシャル・タイムズのツイート**

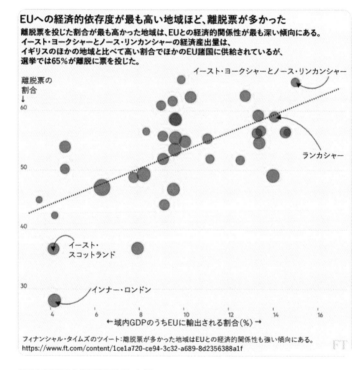

2016年6月24日午前11時40分 SocialFlow

8,400件のリツイート　5,800件のいいね

ほとんどの人は、小学校までしか図解の読み方を学ばない

　私が図解デザインの初級講座を担当するときによくやるのが、学生に対して、すでに知っている図解の名前をはじめに尋ねることだ。すると例外なく、次の3つの図解が回答を独占する。

学生がすでに知っている図解ベスト3

- 折れ線グラフ
- 円グラフ
- 縦棒グラフ／横棒グラフ

　私たちが前に見た「精巣円グラフ」で扱われていた図解と同じ組み合わせだということにお気づきだろうか。なぜこの3つなのだろうか？　ほかの図解の形式よりも直感で理解しやすいのだろうか？　実のところ、**本質的に直感で理解しやすい図解などというものはない**。上記3つの統計的な図解タイプの発案者でさえ、図解を読む前には、それについて学ぶ必要性があると認識していたのだ。

> 　私に残されているのは、最初に図解を見てその読み方がわからなかった人に、その図解にある数行の指示を注意深く読むようにと依頼することである。読みさえすれば、難しく感じていたあらゆるものが完全に消えると気づくはずだ。従来型の数字が並ぶ表では記憶を上書きするのに何日もかかっていたのに、図解では同じ情報を5分で得られるようになるのである。
>
> 　ウィリアム・プレイフェア『商業と政治の図解（*Introduction to the Commercial and Political Atlas*）』
> （未邦訳、1801年）

　18世紀後半にプレイフェアによって現代の統計図解が発明されたことは、科学コミュニケーションにおける転機となった。実際に、**私たちはどこでも図解を目にするようになり、それがなかった時代を想像することがとても難しいほどだ**。しかし、発明はされたものの、プレイフェアの図解を最初に見

た者は、その読み方を独学しなければならなかった。

　もちろん、一度その読み方を学んでしまえば、とてもわかりやすいものになる。誰も円グラフの読み方をもう一度学び直す必要はない。というよりも、自転車に乗るのと同じように、最初の難関を一度乗り越えてしまえば、決して忘れることはない。

　プレイフェアの3つの基本的な図解の種類は、人々の潜在意識を支配しつづけている。その大きな要因は、世界中の教育現場で教えられているのが、これらの図解だけだからだ。**ほとんどの子どもたちが、小学校でこれらの描き方と読み方を学ぶ。そして多くの子どもたちがそこで図解を学ぶことをいったんやめてしまう**のであり、アカデミックな研究が始まるまで、その状況が続いてしまうことさえある。

　したがって、私たちが取り組むべきは、6歳のころに学んだ図解だけを「無難に使う」よう仕向けることではない。そうではなく、情報を流暢で雄弁に表現し、社会生活になじむ方法でギャップを埋め、図解についての共通の言語を拡大することが必要だ。

　興味深く重要なデータが適切な図解で表現されていれば、下着を着せなくても十分に読者の関心を引くことができるはずだ。

図解は「関係性」を見せるためにある

　数字こそが重要であるという暗黙の了解があるビジネスシーンには、「いいから数字を見せてくれ！」という決まり文句がある。しかし実のところ、**優れた図解は通常、すべての数字を表示するようなことはしない**。図解は、重要な数字に潜むパターンや関係性に集中し、情報を伝えるという、もっと効率的な方法をとるのだ。

　関係性とはどういう意味なのか？　それは、数字に潜む文脈との関係のことであり、それこそが重要なのだ。

　たとえば、先に紹介した1911年のアイルランドの国勢調査を例にあげてみる。私たちは、単に各県の人口と、それらがどのように比較できるかという点に関心が向くかもしれない。

　シンプルな横棒グラフなら、各県の人口の多さ（量）を見ることができる。棒の長さを視覚的に比較することで、私たちはダブリンの人口がウェックス

フォードの4倍以上だとわかる（X軸上で10万ごとに区分された目盛りによって計算しやすくなっている）。

　図表2-4の上図が明確に示していないのは、その他の文脈だ。たとえば、5番目に人口の多い県や、2番目に人口の少ない県を特定することはかなり難しい。なぜなら、棒がアルファベット順に（カーローが最上位に、ウィックロウが最下位に）並んでいるからだ。もし人口順にデータの順番を並び替えれば、そうした情報はよりはっきりとわかるようになる（**図表2-4**の下図）。つまり、数字と数字のあいだにあるもうひとつの文脈、言い換えれば関係性を追加しているのだ。それがランキングだ。

　しかし、読み手は、1911年のある県の人口がアイルランドの平均人口よりも多いのか少ないのかを見ることにも興味があるかもしれない。この目的を達成するひとつのシンプルな方法は、各県の人口を26県の平均人口との関係でプロットすることだ。

　アイルランドには、多数の人口を抱える県がいくつか含まれているため、ほとんどの県が「平均」人口よりも少ないことがわかる。したがって**図表2-5**は、もうひとつの関係性、つまり県の平均からのへだたりを見せている。

　この図解は、どの県が平均より上か下かを、とてもはっきりと示している。しかし、**単に（平均からの）へだたりを視覚的に見せることに集中しているため、もともとの量の比較を見失ってしまっている**ことに注意しなければならない。この図解ではもはや、ダブリンにどれだけの人が住んでいるのかは示しておらず、ダブリンは最大都市で、そして平均より上ということだけを示しているのだ。

　さらに、これらの県がアイルランドのどこに位置しているかに注目したい場合は、もうひとつの文脈、つまり空間が登場することになる。ただし、横棒グラフという制限があるとその表現は難しいか、不可能だろう。

　このとてもシンプルな例を見れば、完璧な図解など存在しないことがわかる。**どの図解も、数字の集合の中にある最も重要な関係性を強調し、最も不要な関係性を犠牲にして、デザインの折り合いをつけている。**

　本書では、図解によって情報を伝達するためによく使われる、データのなかにおける9つの主要な関係性に着目したい。

アルファベット順に並べたアイルランドの県別人口（1911年）

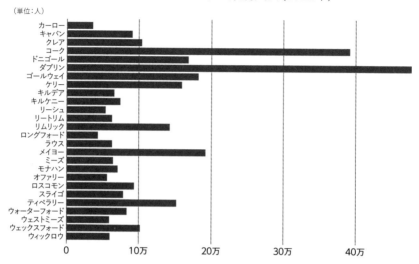

(単位:人)

出典:Data from Central Statistics Office/1911 Census

人口順に並べたアイルランドの県別人口（1911年）

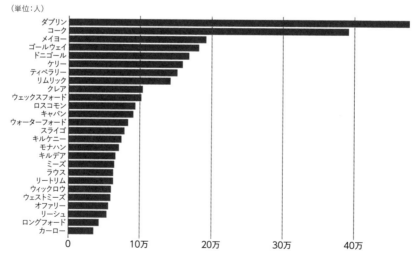

(単位:人)

出典:Data from Central Statistics Office/1911 Census

図表2-5 「平均との関係」を見せると、「絶対数」がわからなくなる

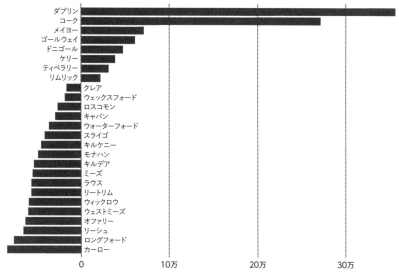

平均以上／以下の県別人口

（単位：人）

出典：Data from Central Statistics Office/1911 Census

データが持つ9つの関係性

関係性1　量の比較

関係性2　時系列変化

関係性3　相関関係

関係性4　分布

関係性5　流れ

関係性6　ランキング

関係性7　へだたり

関係性8　割合や構成要素

関係性9　地理空間

　このリストがすべてを網羅しているわけではない。しかし、ウィリアム・プレイフェアが200年前に始めた出発点にとどまらず、最終的に図解の言語を増やすためには、ここから始めるのがいいのではないだろうか。

第 I 部

フィナンシャル・
タイムズ式
図解表現の9技法

第3章

図解の共通認識があると、思考の質が変化する

図解の使い方は、誰でも学べる

2016年、私は『フィナンシャル・タイムズ（ＦＴ）』で日常的に使う図解の幅を拡張する業務に取りかかった。そのためには、ビジュアルデータ・ジャーナリズム部門の同僚だけでなく、ニュース編集室のスタッフ全員に、なじみのない図解形式を紹介する必要があった。しかし、どのようにすればいいのだろうか？　Ｅメールでニュースレターを送る？　ウェブサイトがいいだろうか？　それともアプリで？　いろいろなアプローチを検討しては却下を繰り返した。どれも私がやろうとしていることにぴったりと当てはまっているようには思えなかったのだ。

私が本当にやりたかったのは、物理的な形のあるものだった。ニュース編集室にあれば、なかなか無視はできなくなるようなもの。魅力的であり、なおかつ情報を確実に伝えるものでなければならなかった。なんといっても、間仕切りのない環境で協働して作業するグループにとって使いやすいフォーマットである必要があった。進歩的でデジタル志向のニュース編集室にとっては少し時代錯誤のようだったが、私たちが求めたのは、ポスターだった（**図表3-1**）。

ビジュアルデータ・ジャーナリズム部門の支援を受けながら、同僚のクリス・キャンベルと協働し、新しい資料のドラフト初版はすぐに出来上がった。

完成版のポスターでは、70以上の図解形式が9つの列に分類され、それぞれの上部には、下に続く図解で強調される特定の統計関係が書かれている。図解の分類ごとに簡潔な説明が付され、その図解の長所や短所についての補足情報も加えられた。

複数の分類にまたがっている図解もある。それらはひとつ以上の関係性を示すことができる。どこにも分類されない図解もある。このポスターは考え

られるすべての図解を完全に網羅したリストとしてデザインされていない。むしろ、この資料は図解の辞書、より的確に言うならば、類語辞典としてデザインされたもので、これを見ればFTの考え方がよくわかる。

そして、これはFTの読者を想定してデザインされているものでもある。FTで読者が目にすると思われる図解、少なくとも何度かは目にする程度の図解のビジュアル索引となっている。

私たちはこの新しい資料をどのように名付けるかずっと悩んでいたが、FTのデータ編集者であるマーティン・ステーブが「図解の言語」と提案してくれたことで、その問題は解決した。この文法を暗示するような名称は大いに的を射ている。このポスターの強みは、**デザインと図解の利用法は誰もが学べる文法であるという考えにもとづいて作成されている**ところにある。言葉や音楽にそれがあるのと同じだ。作曲家は、よい音楽を作るためには、音階（スケール）に分ける必要があることをわかっている。やはり、そのスケールを学ぶことから始めるのだ。

図解の共通認識ができると、議論の質が変わった

サザークにあった元FT本社のニュース編集室の壁に、「図解の言語」が初めて登場した瞬間から、それは人々の興味をかきたてた。

基本的なレベルでは、ポスターは、立ち話をしながら図解のデザインを議論できる場所として機能した。FTのほかの記者たちとグラフィック・デスクとのあいだの会話は、これまではカウンター越しに取引をする客と店主のように「何が欲しいんだい？」と尋ねるだけだった。そこから、ポスターのなかの列と関心の中心である数字のなかに潜む関係性に注意を向けるようになり、「読み手に何を見せたいんだい？」というもっと協働的な双方向の議論へと微妙に変化した。

私たちは、ビジュアルジャーナリズムの新しいアプローチの概略を説明する編集研修の中核としてもこのポスターを使用した。それは小さいが重要な、もうひとつの変化に結びついた。**新たな図解形式の名前を学んだ記者たちが、編集の議論を変化させた**のだ。朝のニュース会議で、国際デスクから来た編集者のひとりが、「直近のドイツの選挙結果にサンキーグラフが使えないか」と話していたのだ。

図表3-1 フィナンシャル・タイムズ式　図解表現の9技法

へだたりを見せる

固定された基準点からの変化（+／−）を強調する。基準点は0とすることが多いが、目標値や長期間の平均値としてもよい。また、主観（肯定的／中立的／否定的）を示すこともできる。

FTでの使用例
貿易収支、気候変動

分岐横棒グラフ

分岐対称積み上げ横棒グラフ

対称棒グラフ

損益面グラフ

相関関係を表す

ふたつ以上の変数の関係性を表す。その変数について説明がなければ、読者の多くはそれらの関係性に因果関係があると思い込んでしまうので注意が必要。

FTでの使用例
インフレと失業率、収入と寿命

散布図

棒と折れ線グラフの複合グラフ

かたつむりチャート

バブルチャート

ヒートマップ

ランキングを表す

リスト上に並べられたデータ項目の位置が、絶対値や相対値より重要な場合に使用する。注目してほしいポイントを強調するのをためらってはいけない。

FTでの使用例
富、貧困、リーグ表、選挙区選挙結果

順位づけ棒グラフ（横）

順位づけ棒グラフ（縦）

順位づけ比例シンボルチャート

ドット・ストリップ・プロット

スロープチャート

ロリポップチャート

バンプチャート

分布を見る

データセットの各値とそれが生じる頻度を示す。分布の形状（もしくは「いびつさ」）によって、データの不均一性や不均衡性が強調され、記憶に残りやすくなる。

FTでの使用例
所得分配、人口分布（年齢別／性別）、不平等の露呈

ヒストグラム

ドット・プロット

ドット・ストリップ・プロット

バーコード・プロット

箱ひげ図

バイオリン図

人口ピラミッド

累積曲線

度数折れ線図

ビースウォーム・プロット

図解の
言語

データをデザインする

データを視覚化する方法はとてもたくさんあるが、どれをどのように選べばいいのだろうか。
上図のカテゴリーを見て、データのどの関係性があなたのストーリーにおいて最も重要か、考えよう。
そしてそのカテゴリー内の様々な図表の種類を見て、
最も効果的に見せられそうだというおおよそのアイデアをいくつかまとめよう。
このリストは、図解を網羅しようとしているわけでも、
すべてを一発で解決しようとしているわけでもないが、
情報を正確に伝え、示唆に富むデータ・ビジュアライゼーションを作成する第一歩にはもってこいだ。

出典：Chris Campbell, Ian Bott, Liz Faunce, Graham Parrish, Billy Ehrenberg-Shannon, Paul McCallumm Martin Stabe.
Jon SchwabishとSeverino Ribeccaによる「グラフィック・コンティニュアム」に触発され、
Charts that work: FT visual vocabulary guide（Financial Times, March 8, 2021）に掲載された。
フィナンシャル・タイムズの許可を得て掲載。印刷可能な完全版はft.com/vocabularyで入手可能。

 ft.com/vocabulary

時系列変化を表す

変化する傾向を強調する。(一日のうちに起こるような)短期的な動きから、数十年や数百年といった長期にわたる一連の変化までを含む。読者に適切なメッセージを届けるためには、適切な時間軸を選択することが重要。

FTでの使用例
株価の変動、経済時系列、市場の産業構造変化

折れ線グラフ

棒グラフ(縦)

棒と折れ線グラフの複合グラフ

スロープチャート

階層グラフ

ろうそくチャート

ファンチャート

かたつむりチャート

カレンダー・ヒートマップ

プリーストリー・タイムライン図表

サークル・タイムライン

縦型タイムライン

サイスモグラム(地震動記録)

ストリームグラフ

量を比較する

大きさの比較を表す。相対的な比較(数量の増大を見ること)や絶対的な比較(差異を見ること)が可能。たいていは「可算の」数(例:バレル、ドル、人数など)を表し、算出された割合やパーセントに使うことは少ない。

FTでの使用例
商品生産、時価総額、一般的な量

棒グラフ(縦)

棒グラフ(横)

集合棒グラフ(縦)

集合棒グラフ(横)

マリメッコ(比例積み上げ横棒グラフ)

比例シンボルチャート

アイソタイプ(ピクトグラム＝絵グラフ)

ロリポップチャート

レーダーチャート(クモの巣グラフ)

平行座標プロット

ブレットグラフ(弾丸チャート)

グループシンボル

割合と構成要素を表す

ひとまとまりのものがどのように構成要素ごとに細分化できるかを表す。読者の関心が単に構成要素の大きさにある場合は、代わりに量を比較するチャートタイプを検討しよう。

FTでの使用例
年度予算、社内構造、国政選挙結果

積み上げ縦棒グラフ

マリメッコ(比例積み上げ横棒グラフ)

円グラフ

ドーナツ型円グラフ

ツリーマップ

ボロノイ図

半円グラフ(アーチ)

グリッドプロット

ベン図

滝グラフ

地図を使った表現

データ上の特定の位置や地理的パターンが読者にとって何よりも重要な場合に用いる(案内図はこの限りではない)。

FTでの使用例
人口密度、天然資源の位置、自然災害のリスク・影響、管轄区域、選挙結果の変動

コロプレス地図(割合)

比例シンボルチャート

フローマップ

コンター図(等高線図)

単純化した統計地図

変形統計地図

ドット密度図

ヒートマップ

流れを表す

ある状態や状況からもうひとつ(もしくはそれ以上)の状態や状況へ変化するときの動きの量や密度の動きを読者に示す。この一方からもう一方への流れは、論理的な順序であることもあれば、地理的なモノの移動も含まれる。

FTでの使用例
資金や貿易、移民、訴訟、情報の移動に関した関係性を示すグラフ

サンキーグラフ

滝グラフ

弦グラフ(コード)

ネットワークグラフ

ポスターを多言語に翻訳すると、図解の名前が普遍的ではないこともわかった。円グラフはフランスでは「カマンベール」と呼ばれているそうだ。

「図解の言語」は日本語でダウンロードできる

「図解の言語」は当初、ＦＴのニュース編集室の資料として、ジャーナリズムにおける図解の用法を改善させるためにデザインされた。しかし、これはもっと多くの人にとっても有益な資料だという確信があったため、帰属同一条件許諾を通じて、「図解の言語」を自由に無制限で利用可能にした。

「図解の言語」は自由にダウンロード可能だ[*1]。高解像度のPDFフォーマットで印刷可能なポスターが、英語、スペイン語、フランス語、日本語、中国語で利用できる。

組織全体のプレゼンスキルを上げた1枚の図解

　ＦＴの「図解の言語」は、ワシントンＤＣでいら立っていた経済学者によって考案されたプロジェクトに触発されたものだ。

　ジョン・シュヴァビッシュは、エドワード・タフティによるインフォメーション・デザインの会合に出席した2010年当時、米議会予算局（CBO）で働いていた。そのワークショップに感銘を受け、シュヴァビッシュはCBOでの研究文書の技術評価者としての自身の役割を、プレゼンテーションやコミュニケーションといった広範な分野にまで広げられるのではないかと感じたという。

「CBOでの研究の質はとても高かったです。しかし、議会を審判する者として、この仕事がDCを拠点とするほかのシンクタンクと同レベルの注目を集めていないのは、妥当ではないように思えたのです」とシュヴァビッシュは話す。そのため、彼はCBOによる分析結果のプレゼンテーションの質改善に力を注ぐことにした。

　当時のCBO局長だったダグラス・エルメンドルフは、「とても協力的」だったとシュヴァビッシュは話す。そして活動は勢いづいた。70ページにもわたる技術文書を、短く、焦点を絞り、視覚的にリードする数枚のレポートに変えた衝撃はすさまじく、予算審議期間中の議会でも「インフォグラフィッ

ク」が使われるまでになった。

　図解教育におけるミッシング・リンクに対処するために、シュヴァビッシュはデザイナーのセヴェリーノ・リベッカと協働し、「グラフィック・コンティニュアム（グラフィック連続体）」を作成した（**図表3-2**）。彼はこの一覧表のことを、アイデアを膨らまし、よりよい図解を作成するための「思考の出発点」だと言う。「これは、『このデータを使ってどんな図解を作るべきか』という誰もが思う疑問へのひとつの答えです」

　グラフィック・コンティニュアムが成功したことで、「論理的な方向転換」が起き、研究者の一般的なプレゼンテーションスキルの向上につながったと、シュヴァビッシュはとらえている。CBOを離れた彼は、現在、非営利研究機関であるアーバン・インスティテュートに勤め、データ・ビジュアライゼーションとプレゼンテーションスキルの教育を行う企業、ポリシー・ビズを創設した。

　「ポスト真実」の時代のなかで、彼は、科学やエビデンスが定期的に端に追いやられている現実を見て「本当にがっかりするし、腹立たしい」と言う。解決策は？　おそらく、学校教育のカリキュラムを新たな視点で見直すことだろう。「本当に微分積分を学ぶ必要があるだろうか？　おそらくその必要はない。だが、**誰もが新聞を開き、誤差について理解できるようになる必要はある**」と彼は話した。

グラフィック・コンティニュアム

このグラフィック・コンティニュアムが示すのは、データを個別に描き、関係性を示すために統合するには、いくつかの方法があるということだ。

さまざまな形、図解の種類、そして色を使うことで、パターンを特定し、背景にある物語を伝え、
異なるデータセットや異なる種類のデータ間にある関係性を暴くことが可能になる。
たとえば、棒グラフやヒストグラムは、時間の流れのなかでのデータの分布を明らかにするが、同時に分類上もしくは地理上の差異をも示すことができる。
散布図は一度きりの事象や一定期間内のデータを表現できるが、平均の周辺に散らばる分布を特定するのにも使うことができる。

この図解のセットはすべてを網羅したリストでもないし、ここで描かれているつながりは、
データやアイデアをつなげるにあたって考えられるすべての方法を示しているわけでもない。
むしろ、グラフィック・コンティニュアムは、いくつかのプレゼンテーションの方法を明らかにしているのであり、
また異なる表現方法をひとつにまとめられる関係性が複数あることを示している。
ここに描かれている6つのグループがあらゆる可能性を定義しているわけではない。
ほかにも、便利で、部分的に重なるデータの種類や視覚化の技術もたくさんあるだろう。

グラフィック・コンティニュアムは最適な図解を選択しやすくするものだが、想像力を駆使すれば、
ここにある以外の方法でも効果的にデータを表現できるだろう。

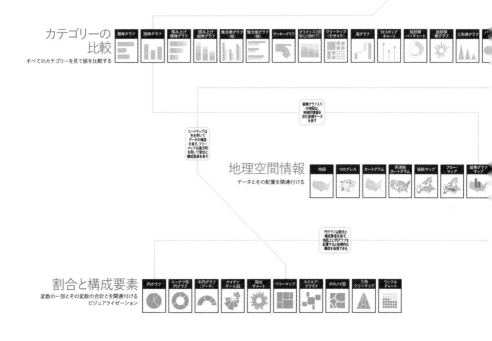

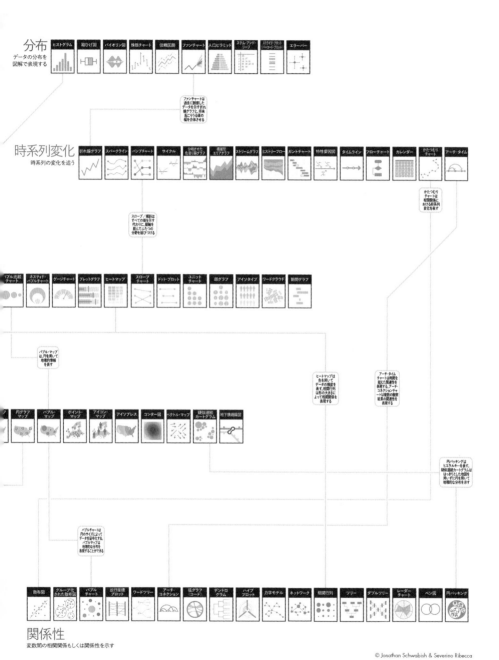

出典：Jonathan Schwabish、PolicyVizの許可を得て掲載。

第4章
量を比較する

　大きさの単純な比較を強調する。相対比較（数量の増大を見ること）や絶対比較（わずかな差を見ること）に使われる。この種の図解は、物事の「可算」数字（たとえば、バレル、ドル、人数など）を表すことが多いが、さまざまな種類のデータに用いることができる。

シンプルな比較に適した図解
── 棒グラフ

　あなたが最初に見た図解が**棒グラフ**だった可能性はかなり高い。それにはちゃんとした理由がある。棒グラフは、**視覚的な比較を行う際に、おそらくもっともシンプルな、素晴らしい解決法を提示する**からだ。つまり、「大きさ」の比較である。

図表4-1 「**棒グラフ**」は大きさを比較する

アメリカの富の不均衡
　　　一世帯あたりの純資産平均、人種別(2019年)（単位:ドル）

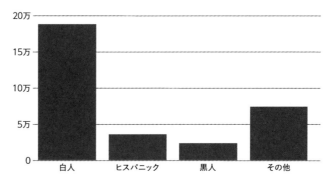

出典：Data from US Federal Reserve Survey of Consumer Finances

　図表4-1は、アメリカで長く続く富の格差を視覚化している。典型的な白人家庭は、黒人家庭の平均の約8倍、そしてヒスパニック系家庭の5倍の富がある。このような、重要な数字の集合に目立った差異がある場合、棒グラフほど、尺度の問題に明確に答えてくれるものはないだろう。

学習ポイント——行方不明のデータ ....

　このようなシンプルな図解を見たら、これが表さないものは何かと、つねに疑ってかかることが大事だ。ここではアジア系アメリカ人家庭の純資産の中央値を読み取ることは不可能である。なぜなら、そのデータは調査のなかで独立した分類にはされず、あいまいであらゆるものをひとまとめにした「その他」として公表されているからだ。

　簡潔さを保つために、本章では「棒グラフ」という用語を用いて、「図解の言語」のなかの2種類の図解を区別なく表す。幾何学的な方向が違うだけで、ふたつは同じものだ。

2種類の棒グラフ

縦棒グラフ：水平に伸びた基準線から、棒が縦に伸びるもの。この配置は重力感を視覚的に表せる。小さい数字は下にとどまり、大きい数字は上に伸びる（**図表4-2**）。

横棒グラフ：基準線は垂直で、棒は横に伸びる。プロットされているすべての数字がプラスである場合、基準線は左に位置し、長方形は水平に右に伸びる。この手法には、縦棒グラフと比べて実用面で大きなメリットがある。項目が長くなっても、項目の文字を不格好な方向に回転させることなく、処理できることだ（**図表4-3**）。

　横棒グラフは幅広いデータに活用できる。標準的な活用法は物理的な量を見せることだが、比率や割合、パーセンテージなどのあらゆる数的比較を視覚化することにも活用できる。

世界の長い一単語の地名トップ10
（文字数）

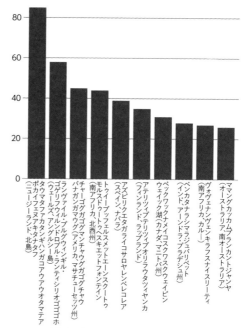

出典：Data from Worldatlas.com. Used by permission from Alan Smith

世界の長い一単語の地名トップ10

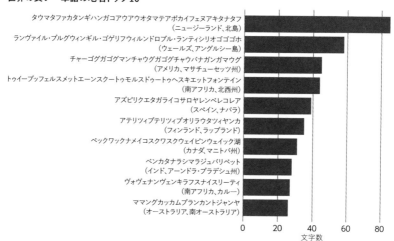

出典：Data from Worldatlas.com. Used by permission from Alan Smith

　世界最高峰の山々での死亡率を示す**図表4-4**の棒グラフは、データへの十分な確信のもと、一番の目玉である死のＫ２をハイライトし、重要な洞察を与えている（登頂しようなどと考えてはいけないのである）。

図表4-4　横棒グラフは「割合」の比較にも使える

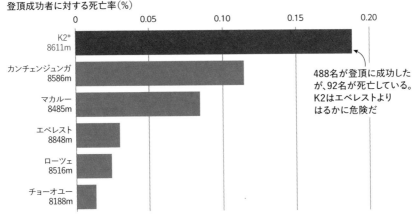

世界最高峰の山々における死亡率
登頂成功者に対する死亡率(%)

> 488名が登頂に成功したが、92名が死亡している。K2はエベレストよりはるかに危険だ

*K2の統計については公式なデータベースはないが、Eberhard Jurgalski/8000ers.comのアラン・アーネット探検隊報告書の数字をまとめた。
出典：Himalayandatabase.com appeared in Triumph and tragedy on K2. Available at: https://www.ft.com/content/b6340707-25c4-4b01-9747-ad-44f0bef50b. フィナンシャル・タイムズの許可を得て掲載。

合計と構成要素を同時に比較する
──積み上げ棒グラフ

　棒グラフはたいてい、集計された情報、つまりなんらかの指標の総合計を表す。しかし、その合計がどのように構成されているかについて、さらに詳細が知りたいときがある。**積み上げ棒グラフ**はそのひとつの解決策であり、**合計を二次的な割合と構成要素に分割することができる。**

　図表4-5で強調されているのは、ここでも量の総合計（ふたつの棒が合わさった大きさ）をかなり重視していることだ。図解全体を見ると基準線に接しているひとつ目の層はとても比較しやすいが、もうひとつの層は位置がずれている（共通の始点から始まっていない）ため、大きさを比較するのはやや難しいことがわかる。つまり、積み上げ棒グラフには制約があるというこ

とだ。しかしだからといって、棒グラフの活用しやすさを真っ向から否定することにはならない。

図表4-5 「積み上げ棒グラフ」で構成比率を示す

アメリカの増税可能性はウォール街の株価に二重に衝撃を与える

1株あたり利益への予想影響額（%）

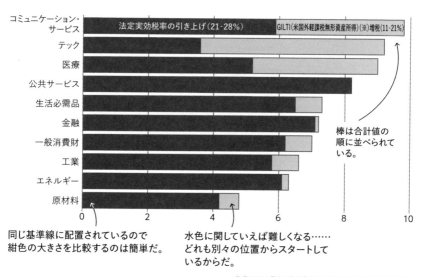

棒は合計値の順に並べられている。

同じ基準線に配置されているので紺色の大きさを比較するのは簡単だ。

水色に関していえば難しくなる……どれも別々の位置からスタートしているからだ。

（※）アメリカ資本の海外企業により海外で利益を得た収入の種類

出典：Goldman Sachs appeared in Aziza Kasumov, Wall Street braces itself for tax rises from Biden's new stimulus plan, Financial Times, 2021. Available at: https://www.ft.com/stream/2abbd410-644b-4073-a5ab-dbf9b2ab2c43

棒グラフが「退屈」になるふたつの理由

棒グラフの柔軟性は否定しようがない。悲しい現実として、どう言葉を選べばいいのかわからないが、いささか退屈に見られることが多い。それゆえに、図解の界隈では、価値はあるが退屈なメンバーだという評判が立ってしまう。このことをおもしろおかしく的確に表現したのが、ザキン・ヴェイラ・コザレスだ。『よそ見をする彼氏』は、インターネット上で広く拡散された（**図表4-6**）。

『ニューヨーク・タイムズ』誌のグラフィック編集者アマンダ・コックスは、『ハーバード・ビジネス・レビュー』誌のインタビューでこう説明している。「デ

図表4-6 棒グラフは「退屈」?

出典：Xaquin Veira González

ータ・ビジュアライゼーションの世界では、通例として、なんでも棒グラフ
で表せるといいます。たしかにそれは真実と言えるかもしれませんが、それ
だと楽しみのない世界を作ることにもなるのです」

　楽しみのない世界など誰も望んではいないと思うが、そこまで自分自身や
棒グラフに厳しくなる必要はない。棒グラフが過剰に利用されている主な理
由ふたつが理解できればいいだろう。

理由1：
視覚化するまでもないときに量の比較をするから

> 中国は2年間で、産業革命以降のイギリスの累積生産量よりも多くの鉄
> 鋼を生産した。

『タイムズ』のエド・コンウェイによって表されたこの見事な事実は、記憶
に残りやすく示唆に富むものだ。しかし、これに図解が必要だろうか？　試
しにひとつ作ってみよう（**図表4-7**）。

タイトルを読み取るだけでは得られなかったことが、この図解の形から読み取れるだろうか？　あったとしても、ほんの少しだ。合計の値がほぼ想像不可能なほど大きい。そして、中国の棒がイギリスの棒よりも大きいかどうかを見分けるのが非常に難しい。なぜなら、数字がかなり近いからだ。

　関心があるのが数字だからといって、それを必ずしも図解に表現しなくてもよいのだ。データの比較には、言葉だけで明確に説明すべきものもあると認識すれば、退屈な図解をどのようにドレスアップすればいいかと悩んで多くの時間と労力を費やす必要もなくなる。

図表4-7 棒グラフにするまでもない比較

中国は、産業革命以降のイギリスの総鉄鋼生産量よりも
多くの鉄鋼を2年間で生産した

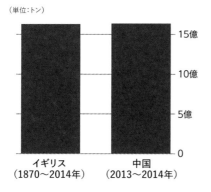

（単位：トン）

- 15億
- 10億
- 5億
- 0

イギリス
（1870〜2014年）　　中国
（2013〜2014年）

出典：Ed Conway analysis of data from World Steel
Association and Stevenson & Cook

理由2：
差異が大きく個数が多いときは適さないから

　棒グラフは量の比較を示す際には有効だ。なぜなら、読者に要求するのは、構成されている長方形の長さ（もしくは高さ）という一次元の視覚的な解釈のみだからだ。これは通常はよいことだ。簡単に解釈できるし、すべての長さに対応する目盛りがあれば、値をすばやく簡単に比較できる。

　しかし、**比較されるデータ間のすべての差異を一次元軸にまとめると、図解の読み手は問題を抱える場合がある。**それはどういうときかというと、比

較されるデータ間の差異がとても大きく、そしてデータの個数も多いときだ。『フィナンシャル・タイムズ（FT）』のニュース編集室で、私はときどき、この巨大すぎる大きさ問題のことを「木星／冥王星問題」と呼んでいた。だが「太陽／冥王星問題」のほうが命名としては正しかったかもしれない。

図表4-8の棒グラフは、太陽系の惑星の平均半径を比較したものだ。冥王星は準惑星として惑星の分類から外されているかもしれないが、ここでは公式見解の8つの惑星の仲間に再び呼び戻し、親星と一緒に並べている。

この棒グラフを見てわかるように、太陽はとてつもなく大きい。とても大きすぎて、木星が小さく見える。でも実際はそうではない。なぜなら、木星は地球よりもかなり大きく、冥王星と比較すればさらに大きい惑星だからだ。

視覚上の問題は、太陽に照準を合わせるために軸が大きく引き伸ばされたために、それよりもはるかに小さい惑星たちの大きさの違いの判別がとても難しいことだ。つまり、太陽の半径がどれほど巨大かを把握するのであればこの図解はぴったりだが、すべての惑星の大きさを比較したいときには有効ではない。

図表4-8 棒グラフはひとつの要素しか比較しない

大きさ順に並べた太陽系の惑星

平均半径（単位：km）

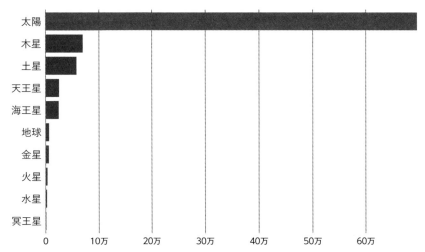

出典：Data from Nimmo et al (2017); Emilio et al (2012); Seidelmann et al (2007); Wikipedia. Alan Smithから許可を得て掲載

対数を使えば極端な値に対応できる

　データセットのなかの巨大な値を処理する方法のひとつが、対数スケールを使って図解を作成することだ。

　対数スケールは、ゼロを始点としないことに注意しよう（これまでに対数スケールを見たことがなくても心配無用だ。本書の後半でより詳しく説明する［第14章を参照］）。従来型の棒グラフとゼロの基準線を使うかわりに、ドットを使ってデータをプロットしてみよう。

　図表4-9では、太陽から冥王星にいたるすべての惑星の比較が可能となる。主軸の目盛りが10倍ごとに刻まれていることに注意が必要だ。

　対数スケールを使用する際は、図解の読み手のことを考えなければならない。一般的な読者にとって、この図解を読み解くには少し余分に手間がかかるだろう。科学の世界では、対数スケールは頻繁に使われており、トラブルのもとになることもない。FTで、私たちはたしかに対数スケールを使っている。しかし、純粋な量の比較に用いることはまれだ。そのため、ひとつの解決方法ではあるが、ほかの選択肢を検討することなくいつも使うべきものとは考えていない。

図表4-9 「対数」をとると、惑星を比較しやすくなった

大きさ順に並べた太陽系の惑星
平均半径（単位：km）

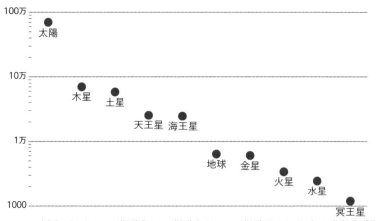

出典：Data from Nimmo et al (2017); Emilio et al (2012); Seidelmann et al (2007); Wikipedia. Alan Smithの許可を得て掲載

芸術的な見せ方で退屈さを回避する

　図解のなかで目盛りの巨大な差異を取り扱う問題は、新しい問題ではない。データ・ビジュアライゼーションの歴史を振り返ると、素晴らしく創造性の高い解決策を導きだしたものもある。

　アメリカの社会学者、W.E.B・デュ・ボイスは、1900年のパリ万博で革新的な貢献を果たした。そのひとつに、ほかに類を見ない図解がある。デュ・ボイスがアメリカのジョージアに住むアフリカ系アメリカ人の存在に人々の注意を引くために作成した図解のなかで、最も成功を収め、特に注目を集めたのが**図表4-10**だ。

図表4-10 **デュ・ボイスによる芸術的な極端な値への対処法**

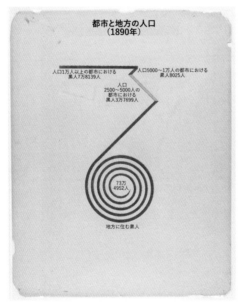

出典：Library of Congress
https://www.loc.gov/item/2013650430

　この図解は、都市と地方に住むアフリカ系アメリカ人の数を表している。たった4つのデータの描画ではあるが、同じような図解を見たことはないだろう。実際、これは図解というよりも現代アート作品のようだ。

　この図解の大部分を占める赤い渦が「地方」に住む人々を表しており、ま

ずそこに目が行くだろう。しかし、ぱっと見ただけでは、それよりも小さい直線の部分の、都市に住む人口を表す量の比較をすることはできないはずだ。ここでは、その比較は二の次となり、美しい図形として視覚的に示された形を読み取ることが最初の課題となっている。

デュ・ボイスの図解と同じ数量を棒グラフで示してみよう（**図表4-11**）。

オリジナルのものよりも、幾何学的に見て正確で理解しやすいが、ずっとそれを観察したい、もしくはギャラリーに飾りたいと思っただろうか？　おそらくそうではないだろう。図表4-10の魅力のひとつは、そのユニークさにある。これは、過度に悪用され、使われ過ぎている棒グラフに代わるものとしてデザインされたのではない。

図表4-11 棒グラフだと理解しやすいが退屈になる

都市と地方の人口

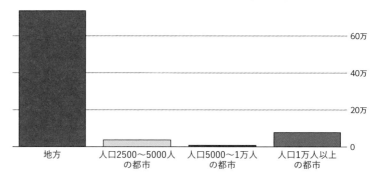

1890年のジョージアの地域種別にみたアフリカ系アメリカ人の人口（単位：人）

棒グラフを重ねて極端な値に対応する —— ヘビプロット

より日常使いとして実用的な解決策のひとつが、1912年の英語辞書に描かれている。世界中の国々の貿易量と生産量を示した一組の図解だ（**図表4-12**）。値がとても大きすぎるため、横軸に収まりきらず、何段にも重ねて表現されている。コーヒーの生産量については、ブラジルの量を示すのに6段も必要である一方で、ハワイは1段目の最初のブロックすらも抜け出せていない。

図表4-12「複数行」で極端な値に対応する　1

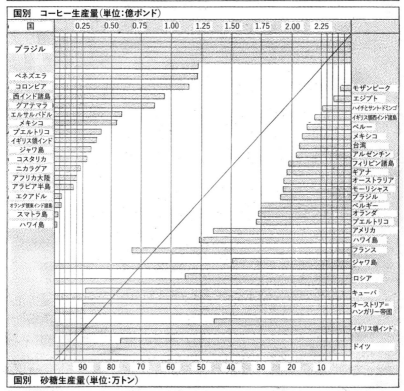

これはシンプルで賢明な解決方法だし、ＦＴでも最近使ったことがある。自動運転機能のある乗り物が人間の介入なしに走行できる距離を視覚化した**図表4-13**は、棒グラフの直線形がここで描かれるデータ、つまり道路走行距離を視覚化するにはぴったりだ。

図表4-13 「複数行」で極端な値に対応する　2

ウェイモの自動運転車は他メーカーよりも手動操作が少ない。
ウーバーは最も手動操作が必要である

＊運転手による操作1回あたりの走行距離（2017年12月〜2018年11月）（単位：マイル）

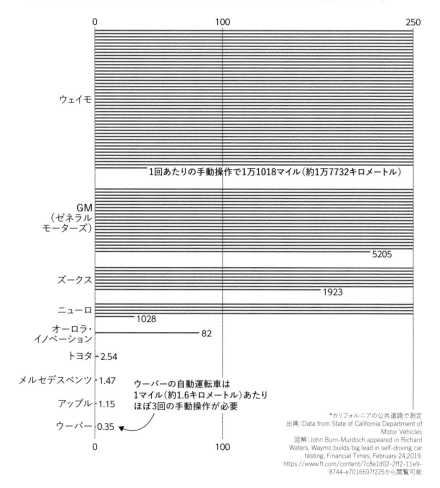

1回あたりの手動操作で1万1018マイル（約1万7732キロメートル）

5205

1923

1028

82

2.54

1.47

1.15

0.35

ウーバーの自動運転車は
1マイル（約1.6キロメートル）あたり
ほぼ3回の手動操作が必要

＊カリフォルニアの公共道路で測定
出典：Data from State of California Department of
Motor Vehicles
図解：John Burn-Murdoch appeared in Richard
Waters, Waymo builds big lead in self-driving car
testing, Financial Times, February 24,2019.
https://www.ft.com/content/7c8e1d02-2ff2-11e9-
8744-e7016697f225から閲覧可能

　この解決方法は独創的だが、アレンジされているとはいえ、本質的には棒
グラフだ。巨大な量を表すために見ておくべき図解の形式はほかにあるだろ
うか？

空間を使ってどんな値も比較できる —— 比例シンボルチャート

非常に美しい図解の仲間をもうひとつ見てみよう。今回は比例シンボルチャートを用いて量を表してみる（**図表4-14**）。

図表4-14 比例シンボルチャートで極端な値に対応する　1

大きさ順に並べた惑星

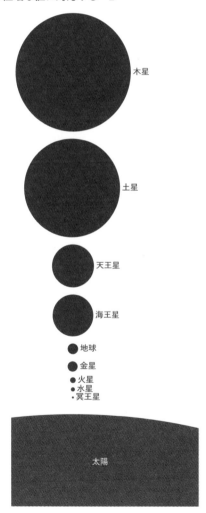

出典：Nimmo et al (2017); Emilio et al (2012); Seidelmann et al (2007); Wikipedia. アラン・スミスの許諾を得て掲載。

比例シンボルチャートは、面（平面）で量を表す。平面でわずかな差異を見分けるのは難しくなるが、空間を有効に使えるという大きな利点があり、相対的な差異を知ることも可能だ。重要なのは、太陽系の例で言えば、冥王星や火星、水星が、木星と比べてどんなに小さくても、それらの大きさが比較できるようになるということだ。これこそが、棒グラフにはない大きな利点だ。

　この図解が巧妙なのは、太陽を表す円の全体を見せていないことだ。ここでは、太陽の円の一部しか描かれていないが、その巨大な姿を示すのには十分だ。そこから、読者は想定される全体像を形作ることができるだろう。これは棒グラフでは演出できない技法である。縮約形式を簡潔に示せるような視覚のショートカットは存在しない。単純に軸を短縮してゼロを始点としないようにしても、それはうまく機能しない。読者はラベルを読んで視覚的に関連付けなければならないからだ。

　概して、**比例シンボルチャートは棒グラフよりも注意を引きやすく、どんな値も比較できる。**これは、なんでもかんでも量の比較を棒グラフで示す必要はない、ということを証明している。

　この例の場合だけ、視覚化されて出来上がった形が、表された物体の実際の形を模しているからうまくいっているのではないかと言う人もいるかもしれない。惑星は3次元の球体だが、（たとえば本やテレビ画面などで）2次元の円として私たちがそれを見慣れているおかげで、この例だけ特別にうまくいっているということだろうか？

　実際は、この技法はさまざまな量の比較にも有効だ。**図表4-15**は、異なる感染症の流行について、同じように視覚化したものだ。

　この図解では、スペイン風邪が、前の例における太陽の役割を担っており、その膨大な死亡者数が図解のスペースの大部分に表現されている。このデータにおけるその他のどの関係性よりも、大きさの比較に焦点を当てていることが重要だという点にも注目しよう。空間情報（地図上に表されてはいない）や時系列変化（この図解ではざっくりと時系列で円が並べられているが、これが年表だという実感は持てない）などは、ここでは重視されていない。

　もうひとつの例を挙げよう。異なるライフスタイルを実践することで得られる大気汚染抑止効果について比較したものだ（**図表4-16**）。この図解では、119トンと0.1トンのCO_2の比較をうまく視覚化できているが、同様のこと

図表4-15 比例シンボルチャートで極端な値に対応する　2

新型コロナウイルスを正しく理解する

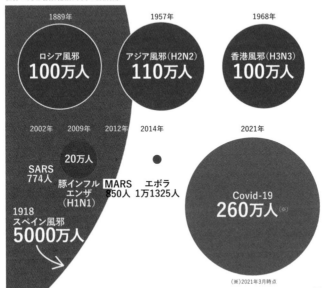

世界の死亡者数（複数年間の合計数）

出典：Data from University of Maryland; CDC; WHO; Johns Hopkins appeared in From plague to polio: how do pandemics end? https://www.ft.com/content/4eabdc7a-f8e1-48d5-9592-05441493f652にて閲覧可能

図表4-16 比例シンボルチャートで極端な値に対応する　3

ヴィーガンVS自動車：環境保護への多様な見方

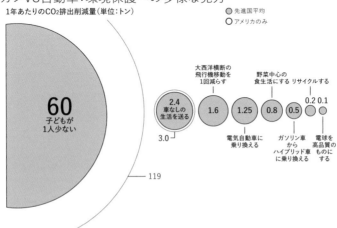

1年あたりのCO₂排出削減量（単位：トン）

出典：Data from Environmental Research Letters appeared in Vegans vs vehicles: 50 shades of green, Financial Times, November 16, 2018. https://www.ft.com/content/31d40402-e998-11e8-a34c-663b3f553b35から閲覧可能

を棒グラフでするのはとても難しい。

　ここであげた比例シンボルチャートのどの例でも、基本的には情報を順序どおりに（大きさや日付順に）配列していたが、複数の円を統合させれば、さらに洗練され、「図解の言語」にあるほかの関係性を示すことも可能になる。

　図表4-17は新型コロナウイルスの感染拡大初期に大きく売上を伸ばした上位企業を表している。テック企業とヘルスケア企業が、2020年上半期において10億ドル以上の株式資本化を増加させた企業のなかで突出している。

　この図解はいわゆる「円パッキング」レイアウトを採用しており、それぞれの円グループが市場分野を構成している。階層的な配列によって、割合や構成要素の関係性も見てとれる。各分野での企業の数と大きさが示されていることで、分野のなかで、そして分野間で、量の比較ができる。

　各分野の円のなかに描かれている企業が大きさ順に配置され、分野そのものも大きさ順に配置されていることで、より比較がしやすくなっていることに注目しよう（最も大きい分野が中央にあり、最も小さい分野が外側にある）。

図表4-17 円パッキングで量と構成要素を見せながら比較する

ビッグテック企業が株式市場の勝者となる

時価総額が2020年に10億ドル以上純増した企業（セクター別）
円の大きさは前年同期（※）に追加された時価総額を示す。上位100社に色が、上位25社にラベルが付けられている

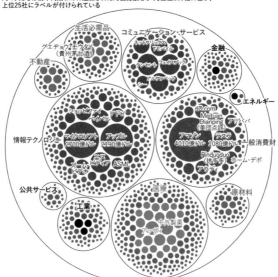

（※）2020年6月17日時点
出典：Capital IQ appeared in Chris Nuttall, Tech prospers in the pandemic, Financial Times, June19,2020.
https://www.ft.com/content/a157d303-01ac-4a9b-af2d-d6ffbc3593c2から閲覧可能

そうすることで、ゆるやかなランキングの要素が加わってわかりやすくなっている。

　この図解は、棒グラフにはないもうひとつの利点を備えている。ここには800以上の企業が示され、25のラベルが付されている。**円を敷き詰めて空間を効率的に利用して配置しているので、従来の棒グラフよりもはるかに多くの情報を同じスペースに含めることができる**のだ。

ドットを使って、個別の値を強調する
── グループシンボルチャート

　円、より正確に言えばドットを使って量を表現した例をもうひとつ紹介しよう（**図表4-18**）。ビル・クリントンとヒラリー・クリントンが公職から退いた途端に収入がかなり増加したことを取り上げている。

図表4-18 グループシンボルチャートで個別例を強調する

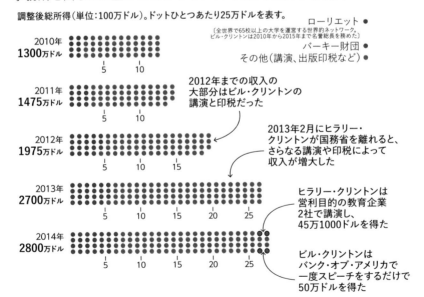

事務所を出るほど豊かになる：クリントン夫妻の上昇する収入

調整後総所得（単位：100万ドル）。ドットひとつあたり25万ドルを表す。

ローリエット ●
〔全世界で65校以上の大学を運営する世界的ネットワーク。
ビル・クリントンは2010年から2015年まで名誉総長を務めた〕
バーキー財団 ●
その他（講演、出版印税など）●

2010年
1300万ドル

2011年
1475万ドル

2012年
1975万ドル

2012年までの収入の
大部分はビル・クリントンの
講演と印税だった

2013年2月にヒラリー・
クリントンが国務省を離れると、
さらなる講演や印税によって
収入が増大した

2013年
2700万ドル

ヒラリー・クリントンは
営利目的の教育企業
2社で講演し、
45万1000ドルを得た

2014年
2800万ドル

ビル・クリントンは
バンク・オブ・アメリカで
一度スピーチをするだけで
50万ドルを得た

出典：FT research, taxhistory.org, figures rounded to nearest 250,000 appeared in Gary Silverman, Hillary and Bill Clinton: The for-profit partnership, Financial Times, July21, 2016. https://www.ft.com/content/83878190-4b64-11e6-88c5-db83e98a590aから閲覧可能

2人の収入に関する情報を積み重ねていくと、クリントン夫妻が行った講演の報酬について、興味深い事実が浮上する。**グループシンボルチャート**は、通常の棒グラフとほぼ同じように機能するが、それに加え、クリントン夫妻の収入の一部であるいくつかの**個別の講演を強調させ、そこに注釈をつけることができる。**

　従来の軸（各行で繰り返されている）に加えて、量を解釈できるように、サブタイトルには次の重要な情報が含まれている。

「ドットひとつあたり25万ドルを表す」

　各「棒」のなかで縦に重ねられた4つのドットが、100万ドルを表すドットの柱となるというわけだ。例外なく、年を追うごとにドットの柱の数が増えていることで、クリントン夫妻の収入が時系列変化で増加していることを効果的に表せている。

アイコンのデザインで心理的インパクトを与える
──アイソタイプ（ピクトグラム）

　グループシンボルチャートは、量を表すアイコンを繰り返して使うグラフィックの一種、**ピクトグラム**の形式のひとつである。繰り返されるアイコンは、**アイソタイプ**（国際絵言葉）という統計コミュニケーション手法に必要不可欠なもので、1920年のウィーンで、オットー・ノイラート、ゲルト・アルンツ、マリー・ライデマイスター（のちのマリー・ノイラート）によって考案された。

　ピクトグラムの影響力は非常に大きく、そしてその見た目も洗練されたものだった。1820年から1880年のイングランドにおける家内製織物と工場製織物について示した**図表4-19**を見てみよう。

　この図解は、複数の量の比較を見せている。凡例を見れば、水色のシンボルはそれぞれ5000万ポンドの総生産量を表し、2色で示された人形は家内や工場で織物を織る労働者1万人を表すことがわかる。しかし、この絵を少しの間観察すれば、「図解の言語」で示している別の関係性がすぐに見えてくる。

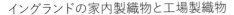

図表4-19 アイソタイプを使って心理的インパクトを与える

イングランドの家内製織物と工場製織物

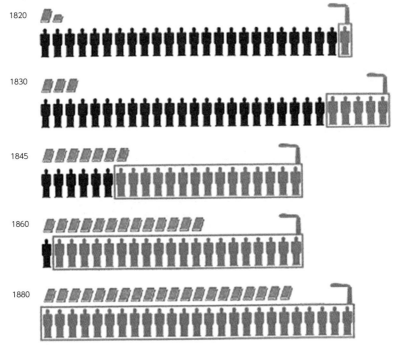

水色の記号は織物総生産量であり、ひとつあたり5000万ポンドを表す。
黒の人形の記号は家内の織り手であり、ひとつあたり1万人を表す。
赤の人形の記号は工場の織り手であり、ひとつあたり1万人を表す。

　この図解は、量に加えて、家内製織物と工場製織物の比率の違いを際立たせることで割合や構成要素の関係性も示している。さらに、この比率が時系列で変化していることも示しており、1820年では1億ポンド未満だった生産量が、1880年には10億ポンドにまで伸びていることがわかる。

　ピクトグラムが持つ強みは、**アイコン自体のデザインによって、心理的なインパクトを与えることができる点**だ。これは、ほかのほとんどの図解タイプではできない。織物の図解上で、煙をもくもくと立てる工場のなかに赤い労働者のアイコンが文字どおり閉じ込められているのに注目してほしい。ウィリアム・ブレイクが「闇のサタンの工場」〔18世紀のイギリスの詩人ウィリアム・ブレイクの「ミルトン」という詩の一節。「闇のサタンの工場がある土地に、負けずに理想郷を打ち立てよう」という内容であり、当時産業

革命先進国で労働者の社会格差などが問題となっていたイギリスで、労働歌として歌われた〕だと詠ったものが目に見える形で描き出されているようだ。

これらはデータ・ビジュアライゼーションのなかでは古い形式のひとつではあるが、最近まで、ピクトグラムの効果について学術的な研究はほとんどされてこなかったと言っていい。むしろ、こうしたグラフィックで画像を使用することが、より一般的に浸透していた装飾的な「ジャンク図解」（第2章で見たFTの「下着」グラフィックを参照）の形式とは違うものだと公に認知されることすら、ほとんどなかった。

2015年になってついに、データ・ビジュアライゼーション研究者のスティーブ・ハロッズ、ロバート・コサラ、スティーブン・フランコネリらが、「ピクトグラフ」（アイソタイプの様式のピクトグラム）を用いたときの作業記憶、パフォーマンス、注意を引き付ける力について実験を行った。彼らは、「余計な画像は注意をそらす。しかし、ピクトグラフによってデータが表されると、使用者費用（ユーザーコスト）はまったく発生せず、そして興味深いメリットがいくぶん得られることがわかった」と結論づけた。最新の研究によって、ノイラートとアルンツらは、100年も時代を先取りしていたことが示唆されたのだ[*1]。

昔からあるのに、
不適切に使われ続けるグラフとは

棒グラフがふたつ以上のデータを並べているとき、それは**集合棒グラフ**と呼ばれる。データ上のどの区分にも、複数の棒があり、通常色分けされている。次の**図表4-20**は、14カ国で、世界的気候変動と感染症の拡大が主要な脅威だと信じている人の割合を示したものだ。

私たちは基本的な棒グラフの読み方はわかっている。だからといって、もうひとつ棒が増えても大問題にはならないと確実に言えるだろうか？　実際、すでに使い古された図解の仲間として、集合棒グラフの右に出る図解はない。だが、**この図解の使用は適切でない場合が多い**。なぜそうなのか、検証しよう。

もちろん、数値の順ではなく国名のアルファベット順に並べられているのは何の理解の助けにもなっていない。でこぼこの山が何度も表れているため

図表4-20 集合棒グラフの不適切な使い方

世界の多くが気候変動を大きな脅威とみなしている

自国にとっての大きな脅威が次の事柄だと考えている人の割合（単位：％）

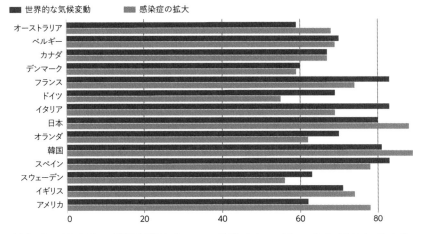

出典：Pew Research Center, Summer 2020 Global Attitudes Survey appeared in Climate change and disease at forefront of global anxieties by Alan Smith APRIL 2 2021.
https://www.ft.com/content/f19afda4-d848-45ae-aebf-6c3e30737c8eから閲覧可能

に、データのパターンがわかりにくくなっている。しかし、それ以上に深刻な問題がある。

　色の濃い棒（気候変動）にだけ集中して、図解のなかを上下に目を走らせて値を比較してみてほしい。とても難しいはずだ。私たちの視覚の焦点が、間に挟まっている薄い棒にたえず邪魔され続けているからだ。

　同様に、各国の数値は比較しにくい。私たちの目は、注目したい数値を見つけ出すためにギュッと詰まった長方形の森のなかを見て回らなければならない。そして棒のラベルは左の端っこにあり、比較したい数値となる棒の先は右の端っこにあるため、正しい棒のペアに目を向け続けられるかというと、これもかなり難しい。

　最後に、この図解全体を見ると、図解の左側にギュッと詰められた棒でできた横じま模様が、棒の終点（図解のなかで私たちが最も関心のある部分）よりも目を引いてしまっていることに注意が必要だ。この図解のスペースのほとんどが、数値上に差がないもので占められている。

ふたつの情報を同時に比較する
── ドットプロット

　では、これらふたつの情報を比較するために、どのような代替案があるだろうか？　次の**図表4-21**は同じ情報をドットプロットで表現したものだ。

図表4-21 「ドットプロット」でふたつの情報を比較する

世界の多くが気候変動を大きな脅威とみなしている

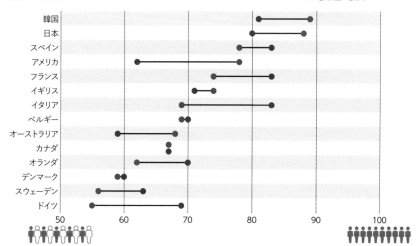

自国にとっての大きな脅威が次の事柄だと考えている人の
割合（単位：%）

● 世界的な気候変動
● 感染症の拡大

出典：Pew Research Center, Summer 2020 Global Attitudes Survey appeared in Climate change and disease at forefront of global anxieties.
https://www.ft.com/content/f19afda4-d848-45ae-aebf-6c3e30737c8eから閲覧可能

　この図解は、先ほどの集合棒グラフよりも簡単に目で追えそうだ。もう少し時間をかけて、その理由に迫ってみよう。

　まず、記号がどのように変わったか見てみよう。ドットプロットは小さい形で表され、この場合は円で軸上の数値を示している。ふたつの情報を表すために、異なる2色を用い、それを線で結ぶことで、読みやすさを手助けしている。カナダの例のように、ふたつの数値が同等のときはわかりにくくなってしまうため、ドットを上下に少しずらして両方のドットが見えるようにしている。行の背景を交互に変化させたことで、図解全体が読みやすくなっ

た。

データはもうアルファベット順には並べられておらず、ピンクのドット（感染症の拡大が主要な脅威だと考える人の割合）順にわかりやすく並び替えられている。わかりやすい記号を組み合わせることで、比較が容易になった。

アメリカが突出して異なる様相を呈していることがわかるだろう。アメリカでは気候変動を心配する人は感染症を心配する人よりもかなり少ない。16％ポイントと、この図解では最大の「心配ギャップ」となっている。これは、集合棒グラフではおおよそ見えてこなかったことだ。同様に、イタリアも私たちの関心を、反対の理由で引き付けている。この国ではかなり多くの人が、感染症と比べて気候変動が主要な脅威だと考えているのだ。

国家間の比較もしやすくなった。ピンクや青のドットのパターンを図解内の上や下に追うことは、集合棒グラフのとがった長方形を見渡すよりもはるかに簡単だ。

最後に、この図解の横軸がゼロを始点としていないことに注目しよう。データの幅をズームしているのだ。信頼のおけるピクトグラムが描かれていることで、比較に包含されている割合が理解しやすくなる。この図解は50％、つまり半数の人が脅威だと同意している状態から始まり、右端は全員が同意している状態を示している。

イラストの力を借りて
棒グラフを魅力的に見せるには

イラストの力を用いて、美的な魅力と機能的な目的の両方を付与して大きさを比較するのは、なにもピクトグラムに限った話ではない。ピクトグラムと、過剰に使われ嫌われてしまった棒グラフを融合させると、新たな生命を吹き込むことができる（**図表4-22**）。

高さを比較するこの図解ではイラストを使用しているが、これにはグラフィックがより魅力的になるだけでなく、実用的な利点がある。多くの読者は、比較対象の大きさを知るために、ラベルを見ずにすむはずだ。これは、ひとつには歴史的建造物のアイコンが持つ性質による。このテクニックはひと目で見てわかる形であればいつでも使える。

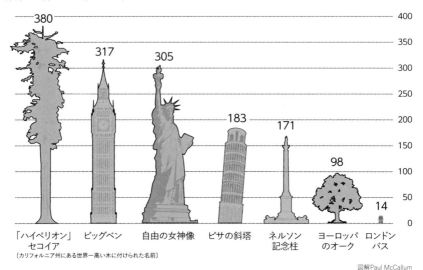

図表4-22 イラストで棒グラフを魅力的に見せる　1

巨大なセコイア：世界最大の木

高さ（フィート）〔1フィート＝約0.3メートル〕

380 / 317 / 305 / 183 / 171 / 98 / 14 （400 / 350 / 300 / 250 / 200 / 150 / 100 / 50 / 0）

「ハイペリオン」セコイア　ビッグベン　自由の女神像　ピサの斜塔　ネルソン記念柱　ヨーロッパのオーク　ロンドンバス

〔カリフォルニア州にある世界一高い木に付けられた名前〕

図解Paul McCallum

出典：FT research; Dreamstime appeared in Hugh Carnegy, Wish I were there: the glory of California's redwoods, Financial Times, October 21, 2020.
https://www.ft.com/content/0cd7146c-374a-4240-8a02-a5b3fabd98d0から閲覧可能

　ピクトグラムもそうだが、このようにイラストを用いているからといって、すぐさまジャンク図解になるわけではない。混乱させることなく、データをわかりやすく伝えてくれているからだ。同じデータでも、シンプルな棒グラフだと、芸術的な楽しさははぎ取られてしまう（**図表4-23**）。つまり、すぐに忘れ去られてしまうということだ。

　最後に、もうひとつのグラフィックも大きさの比較を表す図解となるが、そのタイトルを示すだけで十分だろう。「飛沫はどこまで遠くに飛ぶか（**図表4-24**）」。改めて言うが、イラストはたった3つの数字について強く読者に伝える手段となっている。単純な棒グラフではここまでのインパクトはなかっただろう。

　人間のシルエットに、拡大投影された飛沫が描かれており、なぜ咳よりもくしゃみをするほうがのけ者扱いされる可能性が高いかを、強い説得力をもって示している。

図表4-23 シンプルな棒グラフはすぐ忘れられる

巨大なセコイア：世界最大の木

高さ（フィート）〔1フィート＝約0.3メートル〕

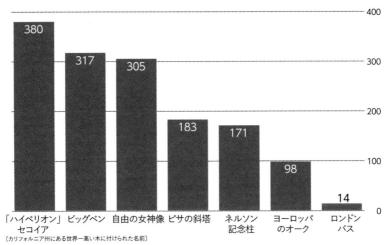

「ハイペリオン」セコイア〔カリフォルニア州にある世界一高い木に付けられた名前〕	380
ビッグベン	317
自由の女神像	305
ピサの斜塔	183
ネルソン記念柱	171
ヨーロッパのオーク	98
ロンドンバス	14

出典：FT research, Dreamstime appeared in Hugh Carnegy, Wish I were there: the glory of California's redwoods, Financial Times, October 21, 2020.
https://www.ft.com/ content/0cd7146c-374a-4240-8a02-a5b3fabd98d0から閲覧可能

図表4-24 イラストで棒グラフを魅力的に見せる　2

飛沫はどこまで遠くに飛ぶか

呼吸
1.5メートル
咳
2メートル
くしゃみ
最大
8メートル

図解：Graham Parrish
出典：MIT; FT research appeared in Michael Peel, Lifesaver or false protection: do face masks stop coronavirus?, Financial Times, April 3, 2020.
https://www.ft.com/content/64ac8848-a005-466a-bc93-fb1e38b19182から閲覧可能

第5章

時系列変化を表す

変化する傾向を強調する図解。（一日のうちに起こるような）短期的な動きから、数十年や数百年といった長期にわたる一連の変化までを含む。読者に適切なメッセージを届けるためには、適切な時間軸を選択することが重要だ。

現代の図解よりも優れている
18世紀の折れ線グラフ

とにかく、ウィリアム・プレイフェアの生涯は驚きに値する。1823年に亡くなった彼は後世ではほぼ忘れ去られていたが、最近になってこのスコットランド人男性にふたたび注目が集まった。ブルース・バーコウィッツ〔アメリカの著名ファンドマネジャー〕がその著書で、普通ではない彼の人生を詳細に描いたからである。プレイフェアは、有名なエンジニアの製図工で、バスティーユを襲撃した人物でもあった。政治経済学者であり、偽装工作を指揮した諜報員でもあった。そして、罪人として監獄に収監された人物であり、折れ線グラフや棒グラフ、円グラフの発明家でもあった。

プレイフェアは、『商業と政治の図解（*The Commercial and Political Atlas*）』（未邦訳、1786年）で、**折れ線グラフ**を世に紹介した。これが、私たちが現代のデータ・ビジュアライゼーションと考えるものの起源となった。

彼は、自身が発明した新たな図解の利点について、「形、経過、量をひとつのシンプルな見た目にまとめ、その結果としてひとつの記憶行為となるものだ」と説明した。『商業と政治の図解』からの例を見てみよう（**図表5-1**）。それは明確に、美しく、18世紀のイングランドにおけるデンマークとノルウェーとの貿易パターンの変化を描いている。誰が見ても一目瞭然だ。

プレイフェアの業績が傑出しているのは、その息の長さを見てもわかる。現代に生きる人々も、彼が描く折れ線グラフの見方はよくわかるはずだ。そ

図表5-1 1786年の時点で、データ・ビジュアライゼーションはここまで完成されていた

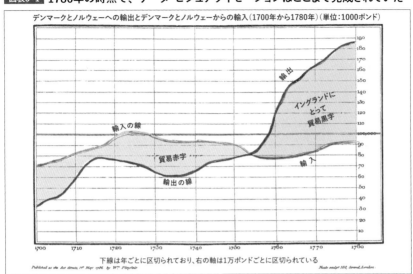

デンマークとノルウェーへの輸出とデンマークとノルウェーからの輸入（1700年から1780年）（単位：1000ポンド）

の基本的なデザインは、初めて世に出てから2世紀以上がたってもなお、現代の日常生活でも見られ、基本は変わっていない。

　横軸（X軸）は、左から右にかけて時間の経過を表し、縦軸（Y軸）は測定できる量を表す。1本もしくは複数本の線が引かれ、いずれの線も「一続きの」データ（時間の経過によって変化する測定値を追跡したデータ）を表現する。

　プレイフェアは最も才能ある製図工ではなかったかもしれないが（ジェームズ・ワットの助手として若くして働いていたときは、尊敬する雇い主からよい評価を受けることはなかった）、傑出したデザインのディテールは、まず間違いなく、この折れ線グラフが、現在の多くのグラフよりも優美で読みやすいことを意味している。その理由を検証しよう。

　まず、プレイフェアの図解には凡例がない。そのかわり、線に直接意味が表示され、明らかにされた**データのうねりにそのまま沿うように文字が書かれている。その結果、数値が示すものにあいまいさがなくなり、読者も負荷なくそれを記憶にとどめることができる。**

　次に、このグラフではふたつの変数（輸入と輸出）のみが表されているが、**この2本の線の間にプレイフェアは文字を入れ、色を塗ることで、3つ目の**

重要な変数を表すことができている。貿易収支だ。これによって、イングランド、もしくはデンマークとノルウェーのどちらに利益があったのかがわかるのだ。

　どちらのテクニックも、『フィナンシャル・タイムズ（ＦＴ）』の編集室でとても効果的に使われているものだ。**図表5-2**を見れば、色を塗った効果で、イギリス財政の黒字と赤字にすぐに目が向くことがわかる（プレイフェアの貿易図解とよく似ている）。また、別の色の線と面を加えて2017年の総選挙の選挙公約宣言を示すことで、この先数年間の計画の違いがわかりやすくなっている。保守党は歳出を削減することで赤字を抑えようとしている一方、労働党は支出も収入も増やすが、大幅な赤字は温存させる、ということがわかる。

図表5-2　プレイフェアの手法は現代でも使われる
選挙は緊縮財政への党の姿勢の違いを際立たせた

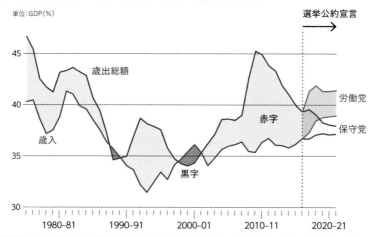

出典：IFS appeared in Tories seek wriggle room on spending as Hammond sticks to austerity by Gemma Tetlow, Jim Pickard and George Parker, June 21, 2017.
https://www.ft.com/content/5d94202c-55c9-11e7-80b6-9bfa4c1f83d2から閲覧可能

　イギリスの経済状況をほかのG7諸国と比較した折れ線グラフには、7本の線が登場すると思うかもしれない。しかし、プレイフェアの表現方法を応用すれば、複雑さをそぎ落とすことができる（**図表5-3**）。

　すべての国のすべてのデータを示す代わりに、経済状況が最も好調な国と

最も悪化している国のデータが集計され、そのあいだには色が塗られている。イギリスの経済状況のみが図解に追加され、背景が色付けされた面のなかをジグザグと進む。EU離脱国民投票が行われるまでの数年間は、イギリスの経済状況は健全だった（G7のなかで最高か、上位の成長率だった）が、ブレグジット投票が行われるとその傾向はすぐに変化した。

図表5-3 比較対象が多くても、すべて見せなくてよい
運命の逆転：EU離脱の国民投票後、
ほかのG7諸国よりも高かった経済成長率が先細りしている

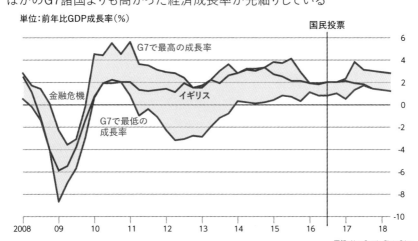

単位：前年比GDP成長率（%）

出典：IMF appeared in Chris Giles, The UK economy since the Brexit vote — in 6 charts,　Financial Times, October 11, 2018.
https://www.ft.com/content/cf51e840-7147-11e7-93ff-99f383b09ff9から閲覧可能

折れ線グラフを使いこなす7つのテクニック

　折れ線グラフは図解の世界の「力仕事請負人」だ。私たちがデータのなかで重視するのは、多くの場合それが時間を経てどのように変化したかであり、それを示すのに最適なのは、一般的に折れ線グラフだからだ。

　しかし、**時間の経過を含むデータに潜むメッセージを伝えるためには、折れ線グラフに少し趣向を加えなければならないときがある。**これから示す例を見れば、世界の変化をよりわかりやすく伝えるために、折れ線グラフがどのように応用され、修正され、さらには別の図解タイプに置き換えられているかがわかる。

テクニック1
全体の文脈を残しつつ重要な部分を拡大する

　私たちがいちばん注目したい図解の部分が、グラフィック全体のほんの一部であることがある。しかし、注目すべき部分を見せるためにほかの不要な部分を切り取ってしまうと、意味のある文脈を失う恐れがある。このような場合は、**メインの図解で詳細部分を示すと同時に、全体の時間軸を示すもうひとつの図解を挿入する**とよい（**図表5-4**）。

図表5-4 「挿入図」で文脈を再現しつつメッセージを明確にする
公共サービスセクターの借入金は過去55年間の最高額に急増している

イギリス公共サービスセクターの純有利子負債の対GDP比（%）

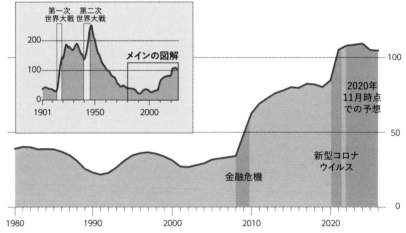

出典：OBR; FT calculations appeared in Chris Giles, Chancellor navigates fragile UK public finances, Financial Times, March2, 2021.
https://www.ft.com/content/0e48c8ab-e3b4-404f-8776-d9a42df27ce1から閲覧可能

　この図解のメインの部分は、金融危機以降、イギリス政府の負債が急増し、新型コロナウイルス感染拡大によってさらに悪化したことを示している。負債がGDPの100％を超え、そのレベルは史上最大規模のようだ。ただしこれは、過去数十年の間に限っての話だ。ＦＴのニュース編集室の何人かにとっては「ココ・ルーペ」でおなじみの挿入図を見ると、ふたつの世界大戦の戦時中や戦後すぐの数字に追い付くには、まだまだ大きな差があるとわかる。

テクニック2
ゼロの線の上下を塗りつぶして正負を目立たせる

　示されるデータがゼロ（X軸）の両側にくるとき、折れ線グラフが問題となる場合がある。過去70年間のイギリスの経済状況を示した**図表5-5**のように、ある数字と次の数字の差だけでなく、経済が成長したか縮小したかにも関心がいくことが多い。

　イギリスのGDPを表した**図表5-5**は間違いではないが、ゼロの線がほかの線よりも目立っているにもかかわらず、重要な経済縮小についてそれほど声高に私たちに訴えているわけではない。

図表5-5 **ゼロの線を太くしただけではマイナス部分が目立たない**
2020年のイギリスのGDP下落幅はONS（英国家統計局）による統計史上最大だった

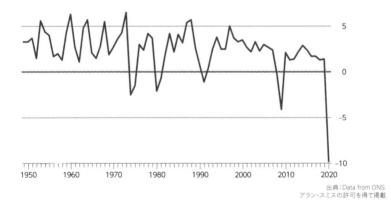

前年度比（%）

出典：Data from ONS.
アラン・スミスの許可を得て掲載

GDPの拡大・縮小がひと目でわかる
──損益面グラフ

　ゼロの線の上下の面積を塗りつぶした**図表5-6**を使えば、GDPの縮小がよりはっきりと見て取れる。これもプレイフェアから影響を受けたもので、**損益面グラフ**と呼ばれる。

損益面グラフを使うとGDPの拡大・縮小がはっきり伝わる

2020年のイギリスのGDP下落幅はONS（英国家統計局）による統計史上
最大だった

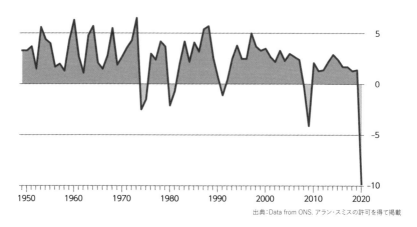

前年度比（%）

出典：Data from ONS. アラン・スミスの許可を得て掲載

単一の時系列データでマイナス部を強調したいとき に最適な図解 —— 二極分散棒グラフ

　この例でもっとよい解決法は、棒グラフを用いてデータを示すことだ（**図表5-7**）。読者の眼を経済縮小のほうに向けることができ、色を変えて目立たせればよりその効果が高まる。また損益面グラフと比べ、年ごとの数値を読み取って比較しやすくなっていることがわかるはずだ。

　しかし、時系列変化があるデータに棒グラフを用いるのは、あまり頻繁に使えるテクニックではない。**データは比較的まばらに散らばっている必要がある**（もしこの例の図解が同じ期間で1年ではなく四半期のデータであったら、棒はとても細いものになっていたはずだ）し、**扱うデータセットの数は少ないほうがいい**（理想的にはひとつであるべきだ）。

　やるべきではない例をひとつ示そう。ヨーロッパの製造業とサービス業について表した**図表5-8**は、多くの読者が読みにくいと感じるのではないだろうか。棒の種類が複数あると注意があちこちに散ってしまい、ひとつのデータに集中してその時系列ごとの変化を追うのは、とても難しいからだ。

図表5-7 二極分散棒グラフだと、よりマイナス部が目立つ

2020年のイギリスのGDP下落幅はONS(英国家統計局)による統計史上最大だった

前年度比(%)

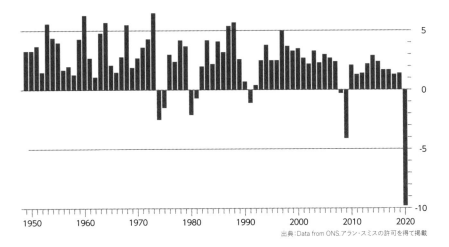

出典:Data from ONS.アラン・スミスの許可を得て掲載

図表5-8 複数のデータがあると読みにくい

ユーロ圏の景気拡大は、製造業が記録的な好景気を享受するなかで勢いを増している

購買担当者景気指数(50以上だと、企業の多数が商業活動の景気拡大を報告したことを意味する)

■ 製造業　■ サービス業　■ 複合

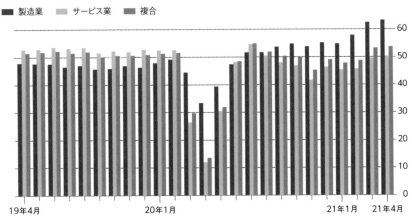

出典:IHS Markit apperead in Adapted from UK services activity grows at fastest pace in over six years by Valentina Romei.
https://www.ft.com/content/b254833a-27c9-482c-8492-4b63571e57ee#o-topperから閲覧可能

テクニック3　異なる時期の事象を比較したいときはタイムラインを分ける

　異なる時期に起こった事象を比較したいときがあるかもしれない。簡単にそれが表現できるときもある。1980年以降の金融「バブル」を比較している**図表5-9**のような場合だ。

図表5-9 折れ線グラフで異なる時期の同じ現象を比較する

ビットコイン：「すべてのバブル崩壊の種」?

底値からの変動率(%)

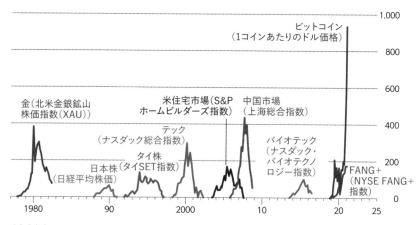

出典：BofA Global Investment Strategy; Bloomberg appearead in Eva Szalay, Bitcoin's wild ride leaves traditional money managers queasy, Financial Times, January13, 2021.
https://www.ft.com/content/0746e3c6-9177-4fcd-91bb-e427aa9f9267から閲覧可能

　ほとんどの金融「バブル」（各線）がタイムライン上のそれぞれの場所にきちんと鎮座しているため、直接凡例を書き入れ、色分けさえすれば、読みやすい図解になる。しかし、もし比較したい出来事の時期がかなり離れていて、同じタイムライン上で直接比較できない場合はどうしたらいいだろうか?

　答えは、エネルギー源を異なる時代で比較した**図表5-10**のように、**図解を複数のタイムラインに切り離す**ことだ。こうすれば、比較したい出来事の間の時間軸を削除できる。

図表5-10 タイムラインを分けて異なる時期の現象同士を比較する

1840年から現代までのエネルギー史の弧

世界のエネルギー供給の割合（%）

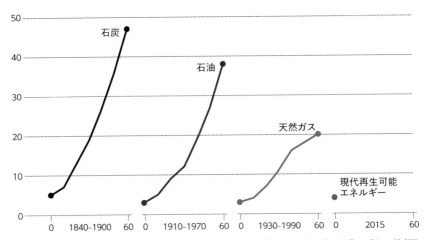

出典：Vaclav Simil, 'Energy Transitions appeared in Bill Gates, Bill Gates: My green manifesto, Financial Times, Febraury19, 2021.
https://www.ft.com/content/c11bb885-1274-4677-ba05-fcbac67dc808から閲覧可能
図解：Steven Bernard

　データをまったく異なる図解に分けてしまうのではなく、共通のY軸（縦軸）を持つことで比較がひとつにまとまっている。天然ガスの頂点は石油や石炭の頂点よりも低いことがわかるようになる。再生可能エネルギーを表す点の低さを見れば、グリーンエネルギーが将来どれほど発展しなければならないかがわかる。

テクニック4
予測範囲に色を塗る

　実のところ、まだ起こっていないデータを理解することは、それ自体がおもしろい試みだ。予測は未来への道筋をさまざまな視点から見せてくれる。そして、またここにもプレイフェア流の色塗りが活かされる。新型コロナウイルスの影響からの経済回復予想を表した**図表5-11**は、英国予算責任庁（OBR）が発表した楽観的なシナリオと悲観的なシナリオのあいだに色が塗

られ、その中間の予測がピンクで示されている。パンデミック前の2020年3月時点の予測と、実際に2020年に記録された数値も表示され、新型コロナウイルスが経済に長期的に与えうる影響について、有益な情報を提供している。

図表5-11 楽観・悲観シナリオのあいだを塗り、予測範囲を見せる

イギリスでの新型コロナウイルス(Covid-19)の経済的影響はあと10年間ずっと続くだろう

実質GDP予想(2019年第四四半期の指数を100とする)

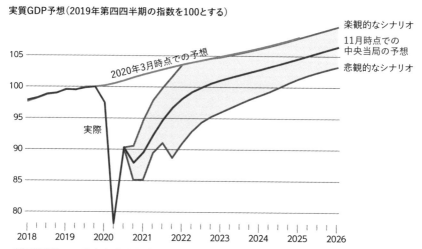

出典：OBR; ONS appeared in Gordon Smith, Jennifer Creery and Emily Goldberg, FirstFT: Today's top stories, Financial Times, November26, 2020.
https://www.ft.com/content/825c7489-8f9b-4230-b326-97eb6b70f995から閲覧可能

色の濃淡で不確実性を見せる
——ファンチャート

予測の大きな特徴は、不確実性を持ち合わせていることだ。この**不確実性こそ、多くの場面で、視覚化するときに私たちが考えなければならないこと**である。ファンチャートでは、薄い色の帯や濃い色の帯を用いて可能性の低さ、高さを表す。

インフレーションを予想した**図表5-12**に描かれた帯は、90%の可能性を包含している。これから起こるであろうことの微妙な差異を伝えやすい。リスクと確率に対する人の認識の仕方には明らかに問題があるので、できる限

りの手を尽くす必要がある。

図表5-12 ファンチャートで不確実性を見せる

測定の問題により
インフレーション予測は難しくなるかもしれない

消費者物価指数と2021年2月予想（前年比％）

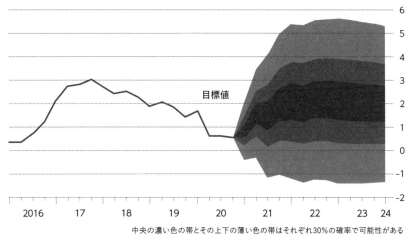

中央の濃い色の帯とその上下の薄い色の帯はそれぞれ30％の確率で可能性がある

出典：Bank of England appeared in Delphine Strauss, Why the UK inflation risk after lockdown is hard to assess, Financial Times, March15, 2021.
https://www.ft.com/content/6925a0bb-f233-4a86-8556-6d03dee23dc0から閲覧可能

過去の予測もまとめて見せるには
── ハリネズミチャート

　読者として、中央機関の予測が外れることもあると念頭に置いておくことが大事である。**図表5-13**のハリネズミチャートは、OBRによって算出されたイギリスの生産性に関する、歴史的に見ても楽観的な予想を少しばかり揶揄したものだ。

図表5-13 ハリネズミチャートで過去に外した予測も見せる

11月にOBR（英予算責任庁）は自国の生産性の見通しを大幅に変更した

1時間あたりの生産高（非エネルギー）、これまでのOBR予想の経過と展望
（2009年第1四半期を100とする）

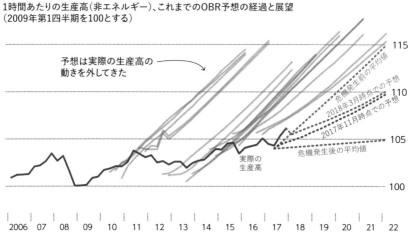

出典：OBR appeared in Delphine Strauss, Why the UK inflation risk after lockdown is hard to assess, Financial Times, March15, 2021.
https://www.ft.com/content/6925a0bb-f233-4a86-8556-6d03dee23dc0から閲覧可能

テクニック5
縦型にしてスマホに対応する

　情報の消費のされ方は変化し続けている。たとえば、**以前よりも多くの人が、携帯端末で、多くの場合縦向きで図解を見るようになっている**。時間軸が左から右に引かれる従来型の折れ線グラフだと、小さなスクリーンの狭い方で全時間軸を表示することになってしまう。この場合、データ上の特定の箇所を図解上で強調して説明したいときに問題が生じる。

　しかし、これにはよい解決策がある。**折れ線グラフを90度傾け、縦型タイムラインを作ればよいのだ（図表5-14）**。

　図表5-14は、FTの同僚ティム・ハーフォードによって2017年に書かれた記事から抜粋したもので、2種類のデータを扱ったものだ。世界中のチェスプレーヤーを評価し、そのときの最優秀プレーヤーを割り出すイロのチェス能力評価と、日に日に洗練されていくソフトウェアの対戦相手のデータだ。人間対コンピュータという興味深いネタは、さまざまなところで議論されているものだが、グーグル傘下であるディープマインドのアルファゼロという

図表5-14 折れ線グラフを縦にしてスマホに対応する

アルファゼロ〔グーグルによって開発されたボードゲームAI。チェス、囲碁、将棋に対応する〕のAIは
数十年におよぶコンピュータ・チェスの功績をたったの4時間で追い抜いた

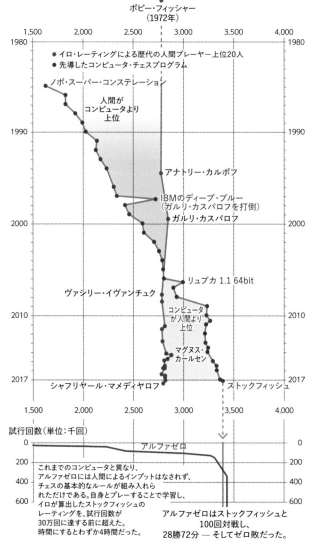

イロ〔1対1の対戦型競技において、対戦結果や対戦相手の実力を評価し、プレーヤーの実力指標を計算する
レーティングシステム〕のチェス能力評価

プログラムの驚くべきニュースでそれは終結した。アルファゼロは、わずか4時間でチェスのすべての歴史を塗り替えたのだ。

縦に長いタイムラインを作ることでデータの息遣いが感じられ、際限なく縦にスクロールしていく現代のスマートフォンにぴったりとはまる図解となっている。

テクニック6
アニメで時の流れを見せる

時の流れをデジタル・スクリーン上で表示するもうひとつのテクニックは、アニメーションだ。つまるところ、**時間を表現するために時間を使うのは理にかなっている**ようだ。このテクニックは、すべての時間軸を示せない図解に用いるととても効果的だ。たとえば皮肉に満ちたイールド・カーブ（利回り曲線）といった、さまざまな満期の国債利回りを示す図解がある（**図表5-15**）。アナリストはその名を関したカーブの形状を見てマーケット予想を立て、なかには景気後退の予測にまで使う者もいる。

図表5-15 イールド・カーブの見方

この曲線はさまざまな国債の利回りを示したもので、それらの満期日の順で並べられたものである

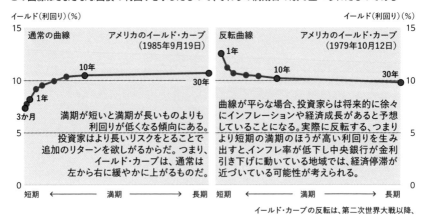

出典：US Treasury appeared in Alan Smith, Sonification: turning the yield curve into music, Financial Times, March 15, 2019.
https://www.ft.com/content/80269930-40c3-11e9-b896-fe36ec32aece から閲覧可能

　図表5-16は、アメリカの40年間にわたるイールド・カーブの日ごとの動きを表現した3分間のアニメーションを切り取ったものである。

　アニメーションが持つ問題のひとつは、データが速く動きすぎると、読者は利回り曲線の進展の中での重要な瞬間がどこだったか、覚えにくくなることだ。点線の「メモリーライン」が1枚目（2017年9月20日時点の図解）以降のいずれの図解でも表示されると、異なる時点でのイールド・カーブを直接的に比較できるのがわかるだろう。これ自体が、時の変化を示す図解を視覚化するもうひとつの方法でもある。

図表5-16 **アニメーションで時の流れを見せる**

アメリカのイールド・カーブ

米国債の利回り（%）

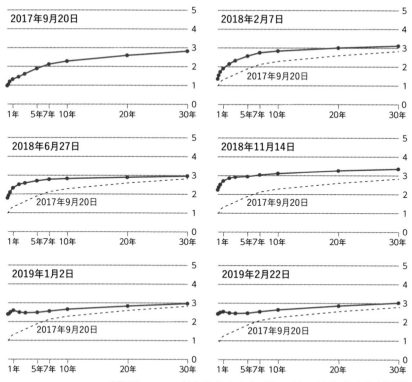

出典：US Treasury appeared in Sonification: turning the yield curve into music by Alan Smith, March 15, 2019.
https://www.ft.com/content/80269930-40c3-11e9-b896-fe36ec32aeceから閲覧可能

このアニメーションの最終オンライン版では、もうひとつの革新的な要素が追加されている。データ・ソニフィケーション（データの音変換）だ。データを用いてアニメーションに音楽伴奏をつけている。これは最近生まれたおもしろい技法で、データ・プレゼンテーションをより多くの相手に届けることができるだろう。たとえば、視覚障がい者や、近年非常に増えているスクリーンレスのデバイス（例：スマートスピーカー）や商品（例：ポッドキャスト）のユーザーなどである[*1]。

テクニック7
データが多いときは、情報を絞る

折れ線グラフでよくある悩みは、多すぎる線が画面を覆いつくしてしまう「スパゲッティ問題」である。たとえば、イングランド・プレミアリーグのユニフォームを飾るスポンサー企業の変遷を示す**図表5-17**を見てみよう。9つのこんがらがった線によって大きな問題が生じている。色や線の種類を複数下手に使用してはいるが、この状況から救い出す手立てにはなっていない。仮にこのような図解を解読しなさいと読者に問うことはできるかもしれないが、それができた読者にはメダルをあげるべきだ。

簡潔で効果的な解決方法は、視覚的な階層を作ることだ。2021年4月にインドで新型コロナウイルスが恐ろしく急拡大したことを示す**図表5-18**では、比較対象となる国が前面に、凡例付きで強調されている。

その一方で、同じ図解中のほとんどの線は背面に追いやられ、匿名となり、グレーにされている。なぜ、それらの線がまだあるのだろうと疑問に思うかもしれない。その答えは、ただ数カ国のデータだけの図解とは対照的に、ここにはすべてのグローバルデータが反映されていることに価値があるからだ。グレーの線は概して死亡率がとても低い国々を表し、インドの死者数の上昇と、アメリカはそれよりも前にピークを迎えていたということをはっきりと表している。

図表5-17 データが多い折れ線グラフは伝わりにくい

プレミアリーグ・クラブのスポンサー企業は ギャンブルセクターが主流になった

ユニフォームのスポンサー（セクター別、1992年〜2020年）

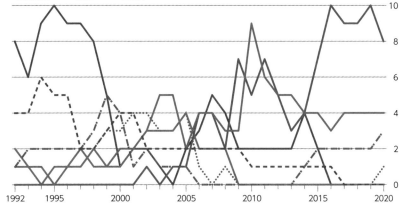

出典：FT research appeared in Patrick Mathurin, Premier League shirt sponsorship shifts with the times, Financial Times, August 11 2018.
https://www.ft.com/content/61f3c8fc-9c86-11e8-9702-5946bae86e6dから閲覧可能

図表5-18 比較対象を前面に出せば、データが多くても伝わりやすくなる

インドにおける新型コロナウイルスの破壊的な第2波

全世界の新型コロナウイルスによる死者数の7日移動平均（各線が国を示す）

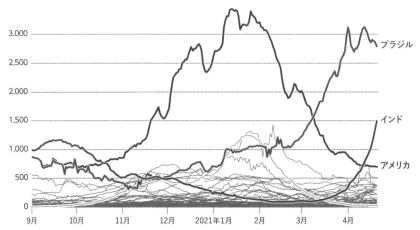

出典：FT Coronavirus tracker ft.com/covid19 appeared in Benjamin Parkin, Jyotsna Singh and Stephanie Findlay, India's devastating second wave:
'It is much worse this time', Financial Times, April 21 2021.
https://www.ft.com/content/683914a3-134f-40b6-989b-21e0ba1dc403から閲覧可能

時間の表示を絞ることで複数データが見やすくなる
── スロープ・チャート

もし仮に、図解上のすべての線が示すものをどうしても知りたいときは、どのような手立てがあるだろうか。時系列を示すデータのなかには、多少の粒度を下げることで、とても効果的に見せられるものがある。

スロープ・チャートにすれば、どの線にも凡例をつけることができる。**時間の表示をたったふたつの点、つまり「前」と「後」に減らすのである。こうすれば、とても効果的に対照的な運命を強調できる**。初等教育へのアクセスの変化に関する、10年間の概要が示すとおりだ（**図表5-19**）。

図表5-19 **時系列を「前」と「後」に絞れば複数のデータがあっても伝わりやすい**
初等教育就学率はこの10年間でどのように変化したか

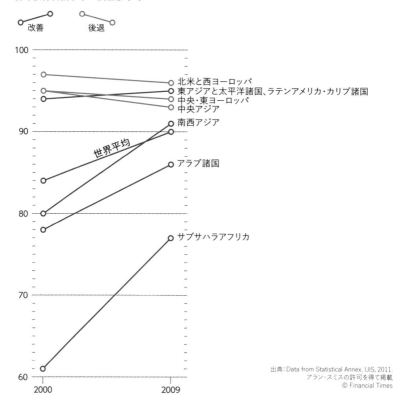

初等教育純就学率の調整値（%）

出典：Data from Statistical Annex, UIS, 2011.
アラン・スミスの許可を得て掲載
© Financial Times

084

　上昇や下降を強調するための色の使い分けに注目しよう。南西アジアが、世界の上位にある国々とのギャップを埋めようと、就学率を10%ポイント以上も上昇させ、その途上で世界平均を超えることができたのが一目瞭然だ。

折れ線のかわりに色の濃淡で時系列を見せる
── カレンダー・ヒートマップ

「スパゲッティ問題」に対処するもうひとつの方法は、複数の線を一緒くたに使わないことだ。次の政治的権利指標を示す**カレンダー・ヒートマップ**は、連続する長方形を異なる濃淡で表現し、ソ連崩壊後の国々の指標の傾向を表している（**図表5-20**）。15本の線を用いた折れ線グラフで表すよりも確実にわかりやすい。

図表5-20 **線のかわりに「色の濃淡」を使って複数のデータの時系列を見せる**

ソ連回帰

政治的権利指標

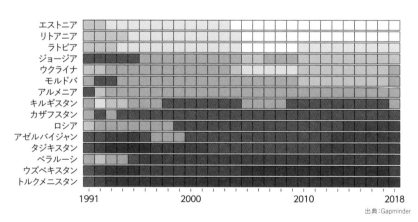

出典：Gapminder

　しかし、この表現によって失うものもあると認識することが重要だ。折れ線グラフと比較して、**ヒートマップでは、データのなかの個々の指標の値がわかりづらくなる。**「入れ物に入れられた」データ（より大きな間隔にグルー

プ化された連続するデータ）や、ここでの政治的権利指標のような、**限られ
た範囲の整数で構成されるシンプルな指標を表示するのには最適なツールで**
ある。

　適切な条件下であれば、カレンダー・ヒートマップは時系列変化のあるデ
ータを明快に説明できる。政治的権利指標のグラフィックでは、それが**順序
だてて並べられ広義のランキングとして表現されていることも、図解の効果
を高める要因となっている。**より高い政治的権利指標を示す国々が上位に置
かれ、より低い指標を示す国々が下位に置かれているということだ。これに
より、共通のパターンを読み取ることができる。たとえば、多くの国々が
1990年代と2000年代初頭に政治的権利が高まった（色がだんだんと薄くな
った）が、そのうちの多くの国々では後年に逆の道をたどることとなった（色
がだんだんと濃くなった）ことがわかる。

　カレンダー・ヒートマップは、時系列変化による分類ごとの差異を示すの
にも使われる。**図表5-21**は、過去39年間のトップ50の映画、全1950作を
プロットし、その作品をオリジナル作品か、続編／前日譚／リメイク／リブ
ートの作品かなどでシンプルに色分けすることで、映画産業での重要な傾向、
つまりフランチャイズ映画〔シリーズものの映画〕の興隆を映し出している。はっき
りとしたパターンが浮かび上がっているのがわかるだろう。オリジナル作品
はランキング上位からは減少傾向にあるということだ。

図表5-21 線のかわりに「分類」を使って傾向を示す

低リスクのフランチャイズ映画のほうが
コロナ後に投資家の関心を集める傾向にある

1年あたりの公開映画上位50

オリジナル　■ 非オリジナル
（公開中のフランチャイズ、
シェアード・ユニバース〔複数の制作者によって、同じストーリーやキャラクター等の設定を共有しつつ発展させる形式〕、
前日譚（エピソードゼロ）、
■ 再公開　続編、リメイク、リブート（過去の作品に新しい解釈やコンセプトを持たせて作り直す形式）、スピンオフ）

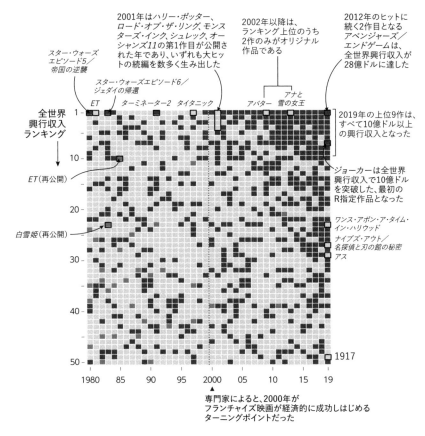

出典：Box Office Mojo; IMDB; FT research appeared in Alex Barker, The Unhinged bet to jump-start the movie business, Financial Times, June 16, 2020.
作成：FT visual journalism: Chris Campbell and Patrick Mathurin
https://www.ft.com/content/e68ec86c-cfe8-4d54-996d-da876b4a285cから閲覧可能

金融市場データの時系列を見せるのに最適な図解
──ろうそくチャート

　ろうそくチャートは、時系列変化を示す図解のなかでも特別な使われ方をする（**図表5-22**）。この図解は、驚くほど古くから[*2]、株価や通貨などの金融市場データの値における連続変化を表示するのに使われている。もっとも一般的には、各「ろうそく」は毎日の取引を示すが、より長期間の値にも使うことが可能だ。金融分析においてこの図解が特に有益となるわけは、特定の日の詳細を知ることができるだけでなく、より広範に利益や損失の連続性を見ることで、市場の機微についても見ることができるからだ。

図表5-22 「ろうそくチャート」で市場の機微を見せる

アップルの株価が反落する

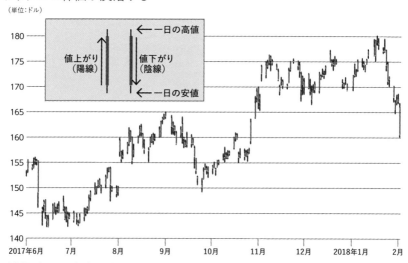

（単位：ドル）

出典：Bloomberg appeared in Apple slides into a correction after iPhone sales disappoint. https://www.ft.com/content/f1c3e2e0-0853-11e8-9650-9c0ad2d7c5b5から閲覧可能

個々の事象に焦点を当てたいときは
── サークルタイムライン

　サークルタイムラインは、連続するデータよりも個別の事象を表すとき、特に示されているデータの大きさがさまざまである場合に有効な方法となる**（図表5-23）。地震やハリケーンといった環境のデータを表示するのに最適だとするのが無理のない提案である**一方で、**大規模M＆Aといった、重要な金融・ビジネスの事象を表現するのにも同じくらい有効**だ。

図表5-23 **サークルタイムラインを使って、個々のM&A案件を目立たせる**

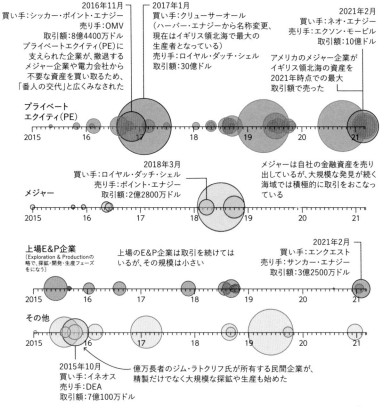

イギリス領北海で民間のプレーヤーが石油メジャーに取って代わる

イギリス領北海の取引（買い手のカテゴリー別）。円の大きさは取引額を表す

2016年11月
買い手:シッカー・ポイント・エナジー
売り手:OMV
取引額:8億4400万ドル
プライベートエクイティ(PE)に
支えられた企業が、撤退する
メジャー企業や電力会社から
不要な資産を買い取るため、
「番人の交代」と広くみなされた

2017年1月
買い手:クリューサーオール
（ハーバー・エナジーから名称変更、
現在はイギリス領北海で最大の
生産者となっている）
売り手:ロイヤル・ダッチ・シェル
取引額:30億ドル

2021年2月
買い手:ネオ・エナジー
売り手:エクソン・モービル
取引額:10億ドル
アメリカのメジャー企業が
イギリス領北海の資産を
2021年時点での最大
取引額で売った

プライベート
エクイティ(PE)
2015　16　17　18　19　20　21

2018年3月
買い手:ロイヤル・ダッチ・シェル
売り手:ポイント・エナジー
取引額:2億2800万ドル

メジャーは自社の金融資産を売り
出しているが、大規模な発見が続く
海域では積極的に取引をおこなって
いる

メジャー
2015　16　17　18　19　20　21

上場E&P企業
（Exploration & Productionの
略で、探鉱・開発・生産フェーズ
をになう）

上場のE&P企業は取引を続けては
いるが、その規模は小さい

2021年2月
買い手:エンクエスト
売り手:サンカー・エナジー
取引額:3億2500万ドル

2015　16　17　18　19　20　21

その他
2015　16　17　18　19　20　21

2015年10月
買い手:イネオス
売り手:DEA
取引額:7億100万ドル

億万長者のジム・ラトクリフ氏が所有する民間企業が、
精製だけでなく大規模な探鉱や生産も始めた

出典:Wood Mackenzie appeared in The new North Sea players riding the wake of the retreating majors. Available at: https://www.ft.com/content/93d5f778-833c-4553-ae29-785e3aa3d4d3

「相関関係」と「時系列」を同時に見せる
―― かたつむりチャート

　図表5-24は、相関関係を示すプロットに時系列変化の要素を付与することができる。その曲がりくねった形から「**かたつむりチャート**」として知られるこの図解は、異なる指標を持つふたつの変数の時系列変化を視覚化する方法のひとつである。

　次のプロットはアメリカの陸上油田生産量が、稼働する石油掘削装置の数に応じて変化する様子を示している。1年ごとの日付と矢印、さらにその背景にある詳細情報が注釈で示されることで、時間の流れを表している。

図表5-24 かたつむりチャートで1年ごとの2変数の関係を見せる

アメリカのシェールオイル産業における生産性は急上昇している

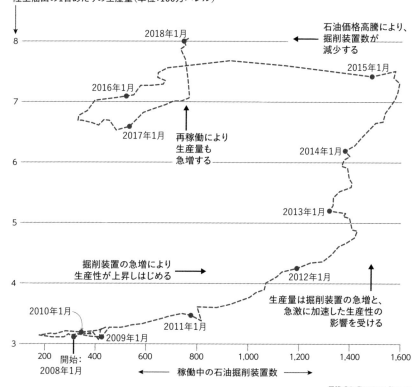

陸上油田の1日あたりの生産量（単位：100万バレル）

稼働中の石油掘削装置数

図解：Billy Ehrenberg-Shannon

出典：Energy Information Administration, Baker Hughes, a GE Company appeared in Boom times for US shale oil producers. Available at: https://www.ft.com/content/2c7f6a38-1d37-11e8-956a-43db76e69936

　かたつむりチャートは、デジタル・アニメーションの恩恵を受けるもうひとつの図解タイプである。時間がたつとともに軌跡が薄くなっていく演出をすれば、時間が過ぎ去っていく感覚を強調できる。

　しかしながら、**この図解を使うときは注意しなければならない。スパゲッティ問題の類に陥りやすく、そうなると図解を解読するのは難しくなる。**しかし、慎重に使用すれば、私たちの「図解の言語」を豊かにしてくれるひとつの選択肢となる。

「日付」と「長さ」に注目したいときは
── プリーストリー・タイムライン図表（年表）

　本章を締めくくるにあたり、データ・ビジュアライゼーションの歴史に立ち戻り、トーマス・プリーストリーの功績について考えたい。生前（1733～1804年）はソーダ水の発明で有名で、一部では酸素（あるいは彼が好んで用いた「脱フロギストン空気」）の発見でも知られるが、彼の著作は神学から政治学、科学、そして歴史にまで及んだ。

　彼は熱心な教師でもあり、教育アプローチについてのエッセイを書きながら、学生の学びの助けとなる教材を作成した。『伝記図解（*Chart of Biography*）』（未邦訳、1765年）をはじめとするとても有名なタイムラインのなかで、「見本」とされたのが**図表5-25**である。

図表5-25 プリーストリー・タイムライン図表

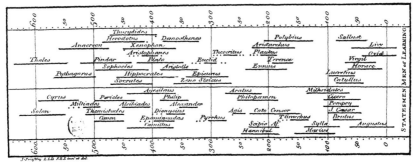

伝記図解の一例

出典：T. Priestley L.L.D A Chart of Biography (1765), of which a 'specimen' (teaser)

プリーストリーがおこなった特筆すべき発明は、左から右に引かれた水平線を用いて時間の流れを示し、目盛をつけてスペースを規則的に区切ったことだ。この図解の中央の部分にさまざまな長さの印が記され、それが有名な故人の一生の長さを示している。完全版では、2000以上の名前が6つの分類に分けられて整理されている。

　ウィリアム・プレイフェアは、プリーストリーの功績について、自身が作成した金融の時系列図解に重要な影響を与えたと認めている。そして、プレイフェアと同じく、プリーストリーの手法も現代で使用され続けている。

　図表5-26は、さまざまな国における高齢者人口が2倍、3倍となる時間を示している。概して、「老化」が早くから始まった先進国のほうが、その現象が遅くから始まった新興国よりも、長い期間を要している。

図表5-26 同一のタイムライン上にあれば、複数のデータを比較しやすい
新興国は急速に高齢化している

65歳以上の人口が総人口の7%から2倍や3倍になるのにかかる時間

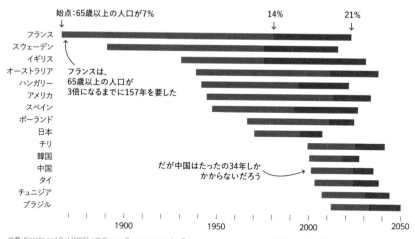

出典：Kinsella and Gist (1995), US Census Bureau appeared in Emerging countries to account for 80% of world's elderly. Available at: https://www.ft.com/content/19d3879e-1dc9-11e6-b286-cddde55ca122#axzz49U39mTT8.

　このデータの日付（いつ）と長さ（どのくらい）に注目したいのなら、プリーストリー・タイムラインでの表現が有力候補となる。ここには視覚上のパ

ターンがはっきりと表れているからだ。初期に始まる棒が長く、後期に始まる棒は短いということだ。

　ある調査会社がこのデータを視覚化するために選択した表現方法は積み上げ棒グラフ（**図表5-27**）だったが、それと比べれば、このデータが持つストーリーは**図表5-26**のほうが確実にわかりやすい。ご覧のとおり、積み上げ棒グラフでは日付の範囲がそれぞれのラベルの場所に追いやられているため、日付と棒の長さを視覚的に関連付けるのは非常に難しい。棒はかかる時間順に並び替えられてはいるが、実際の時間の進行をすぐには把握しにくい。

図表5-27 積み上げ棒グラフでは日付の情報がわかりにくくなった
新興国は急速に高齢化している
65歳以上の人口が総人口の7%から2倍や3倍になるのにかかる時間

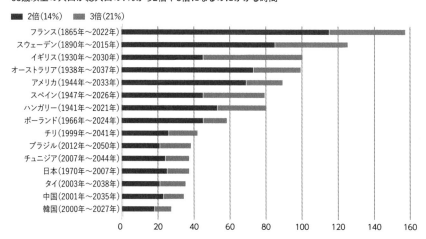

出典：Kinsella and Gist (1995), US Census Bureau appeared in Communicating with data – timelines. Available at: https://www.ft.com/content/6f777c84-322b-11e6-ad39-3fee5ffe5b5b. Used by permission from The Financial Times Limited.

Y軸を消し、全体と構成要素を見せる
── ストリームグラフ

　プリーストリーは彼の伝記タイムラインについて、ある種、哲学的に次のように書いている。

> この図解を見ると、時間は絶えず私たちに示唆している。ひとつの川の
> ように、一様に流れ、始まりも終わりもないのだということを……

　ストリームグラフは、おそらく、このような博識家の承認を得てきた図解
の種類と言えるかもしれない。**積み上げ面グラフの一種で、全体と構成要素
の関係を時間の経過とともに変化させて表示することができる。**オーソドッ
クスなY軸がない代わりに、中央に軸をずらし、その周辺にデータを表示す
るため、流動的で有機的な印象を与えることができる。

　図表5-28のストリームグラフは、前に「スパゲッティ」の折れ線グラフで
見た、イングランド・プレミアリーグのユニフォーム・スポンサーと同じデー
タを表している。ここでは、数字についてではなく、その変遷する傾向が強
調されていることに注目しよう。これによってY軸がなくても大きな問題に
なっていない。よって、今明らかになったのは中央のパターン、つまりギャ
ンブル企業への依存の拡大である。前と同じデータを見ているとは思えない。

図表5-28 **ストリームグラフで構成要素の変遷を見せる**
プレミアリーグ・クラブのスポンサー企業は
ギャンブルセクターが主流になった

ユニフォームのスポンサー（セクター別、1992年〜2020年）

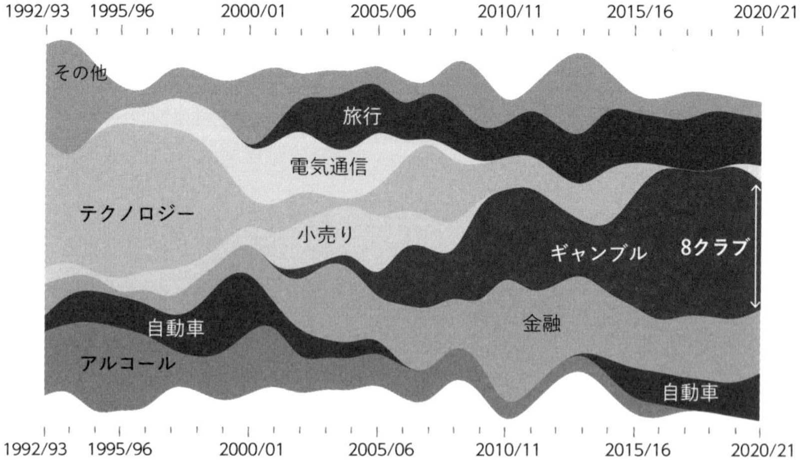

出典：FT research appeared in Premier League shirt sponsorship shifts with the times. Available at: https://www.ft.com/content/61f3c8fc-9c86-11e8-9702-5946bae86e6d

量を見せつつ、構成要素の変遷も見せるには
——積み上げ面グラフ

通常のY軸を持つ、従来からある**積み上げ面グラフ**も、構成要素の純粋な変化を見るのに効果的だ。イギリス国内の送電網における石炭燃料使用の著しい低下を示した**図表5-29**にあるとおりだ。過去50年間のどの時点においても、使用する燃料の割合と構成要素の関係は非常にはっきりとしており、石炭の役割は衰退している。

図表5-29 積み上げ面グラフを使うと、どの時点でも構成要素がわかる

イギリスの送電網における石炭の重要性は急速に落ちている

発電に必要な燃料（%）

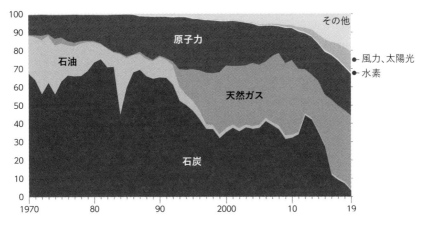

出典：Digest of UK Energy Statistics, 2020 appeared in UK coal mine plan pits local needs against global green ambitions. Available at: https://www.ft.com/content/0e731ce2-1f45-4f50-bcb2-729467156d75

面グラフは、構成要素の変化を、変動する総数が組み合わさったものとして表現することもできる。つまり、量や大きさそのものが示せるということだ。イギリス人のアルコール消費量を視覚化した**図表5-30**では、このように図解の層が並べられることで、1980年代以降ワインの消費量の増加が、長期にわたるビール消費量の減少を埋め合わせてきたことが簡単に読み取れる。

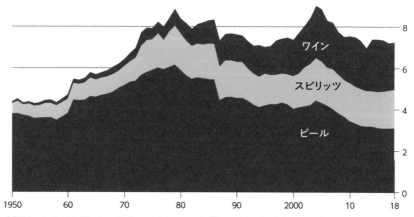

図表5-30 総数の変遷もわかるようにした積み上げ面グラフ

1980年代以降、多くのイギリス人がビールからワインに切り替えている

人口1人あたりの消費量（単位：リットル）

出典：University of Adelaide Wine Economics Research Centre appeared in UK wine drinkers face higher prices as Brexit hangover kicks in. Available at: https://www.ft.com/content/2747ddf8-7f6c-4b34-9e40-36d6c4178203

　これらすべての面グラフには、ウィリアム・プレイフェアの思想の影響が今も息づいていることがわかるはずだ。グラフに直接ラベルが付されることで、それぞれの図解が「ひとつの記憶行為」において割合や時間の推移、量を結びつけているのだ。

学習ポイント ── フローレンス・ナイチンゲールの鶏頭図

　時系列変化と、割合と構成要素を表すビジュアライゼーションについて語る際に、フローレンス・ナイチンゲールの功績に言及しないわけにはいかない。彼女の功績は、よく表現されたデータが状況を一変させたさまを示す先駆的な例である。

　ナイチンゲールは、クリミア戦争中のイギリス軍の死因について、細部まで正確に数値を収集した。1858年、膨大な報告書の一部として、彼女はこのデータをもとにグラフを作成し、ビクトリア女王と、そして軍の衛生状況調査にあたる王立委員会に提出した。

　彼女の図解は、月ごとの死亡率の割合に注意が向けられるようにデザインされていた。「予防もしくは軽減可能な発酵病〔細菌性疾患について当時このように呼ばれていた〕」(各月に表示される青色のくさび) が、負傷 (赤いくさび) による死亡よりもはるかに多かったためだ。

　ナイチンゲールがどれほどの時間と労力を費やし、このグラフの読み方と、衛生改革の重要性を強調したこの結果の解釈の仕方を説明したかがよくわかるだろう。

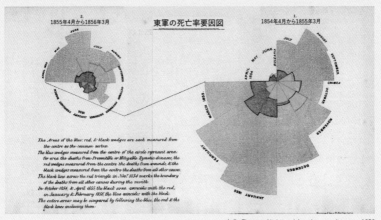

出典：Florence Nightingale's polar area diagrams 1858

第6章
相関関係を表す

　ふたつ以上の変数間の関係性を表す。その変数について説明がなければ、読者の多くはそれらの関係性に因果関係があると思い込んでしまう（ひとつの変数がもうひとつの変数を引き起こすというように考える）ので注意が必要。

2変数の関係性を図解で見せるには

「相関関係」という言葉は、おそらく「有意差」に次いで殴り合いの喧嘩を引き起こす統計学用語だろう（いや、統計学者のほとんどは教養ある集団なので、ここでは「激しい議論」にとどめておこうか）。

　相関関係は、ふたつの物事がどの程度関連しているかを見せるものである。これはとても便利なツールだ。たとえば、もしあるものの値が高いときに、必ずもうひとつの値は低くなるということを知っているならば（「負の相関関係」）、予想を立てることが可能となるからだ。

学習ポイント――相関関係は因果関係を意味しない

　これより先に話を進める前に、統計学の世界で何度も繰り返して取りあげられる失敗をひとつ知らせておきたい。

　相関関係は因果関係（寒い日が高額な暖房費の原因となる）かもしれないし、つながりの見えない第3の変数に関連しているものかもしれない（アイスクリームの売り上げと暴力犯罪は相関関係にある。どちらも温暖な気候と関連しているからだ）。そしてある**相関関係はまったくのうそであることもある**のだ……。

　www.tylervigen.comでは、人口1人あたりのチーズ消費量が、ベッドシーツに絡まって死亡する人の数と強い相関関係があることや、ワイオミング

州の婚姻率がアメリカ国内で製造された乗用車の数と相関関係があること
などがわかる。

　統計学は、内在する原因を判別するよい手段であるとは必ずしも断言で
きないが、パターンを見るのには役立つ。手助けとなるツールのひとつだ
と認識しよう。

　相関関係の視覚化は重要だ。物事がどの程度関連しているかがわかるよう
になるからだ。

　私たちがすでに見た図解の関係性、つまり時系列変化（折れ線グラフ）や
量（棒グラフ）などと同様に、相関関係においても私たちの視覚的な思考を
占領する図解タイプがひとつある。**散布図**の世界へようこそ。

相関関係を見せたいならまずはこれ
── 散布図

　データ・ビジュアライゼーションの歴史研究者であるマイケル・フレンドリ
ーとダニエル・デニスは、天文学者のジョン・ハーシェルが最初の散布図を
1833年に発表したとしている。フランシス・ゴルトン〔イギリスの遺伝学者であり、統計

図表6-1 散布図の構造

変数X VS 変数Y

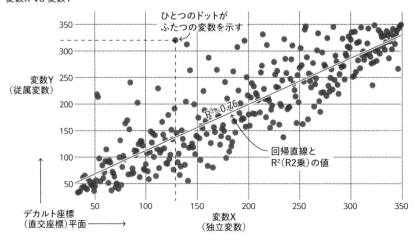

学の祖と呼ばれる〕が使用したのがきっかけで散布図が科学者コミュニティで主要なツールとなったのよりも、50年も前のことだ。

　散布図の基本原理は、2次元のデカルト座標面だ。そこで直交する2軸（X軸とY軸）は、各データの点がふたつの値を表すことを意味しており、その値はそれぞれの軸上の点の位置に対応している（**図表6-1**）。

　慣例的に、横軸（X軸）がいわゆる「独立」変数に使われ、縦軸（Y軸）が「従属」変数に使われる。これらの用語は、原因と結果という議論を呼ぶ見解と関連している。独立変数が「原因」、従属変数が「結果」というわけだ。

　たとえば、薄毛の男性についての研究データをプロットするとき、年齢を横軸（独立変数）に、薄毛の程度をY軸（従属変数）に置くことになる。

　実際に使われている散布図では、「因果」関係を表現していないものが多いが、慣例を知っておくことは有益だ。

　最後に、現実世界（とりわけ学術論文）で散布図を見かけると、「回帰直線」がその上に描かれている場合が多いだろう。それはふたつの変数間の傾向を要約している。この回帰直線には、その傾向の強さを表す決定係数（R^2）が付される。値は−1から1までのあいだとなる。**図表6-2**に示す例のとおりだ。

図表6-2 **散布図の3パターン**

変数X VS 変数Y

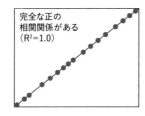
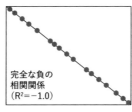
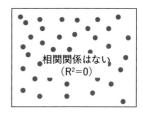

散布図で留意すべき問題のひとつが、単純にドットの数が過剰になる可能性があるということだ。 たとえば、イギリスにおける収入と健康の相関関係を表した**図表6-3**を例にとろう。この図解上には3万2844のドットが描かれており（なにも数えてくれとは言わないので、心配ご無用だ）、各ドットは小居住区ひとつのデータを表している。

　回帰直線を付与することで、そこに潜む関係性の強さと傾きが見えるよう

になる（**図表6-4**）。しかし、図解の残りの部分を見えづらくすることにもなる。

図表6-3 ドットの数が多すぎる散布図
イギリスの地区（※）ごとの貧困と不健康（2019年）

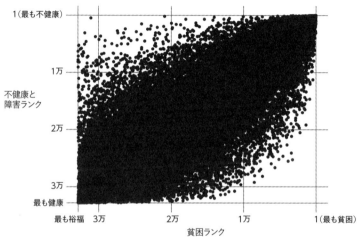

（※）1000人から3000人の人口を抱える小地域調査区
出典：英国住宅・コミュニティ・地方自治省

図表6-4 回帰直線を追加して、散布図を（少しだけ）見やすくする
イギリスの地区（※）ごとの貧困と不健康（2019年）

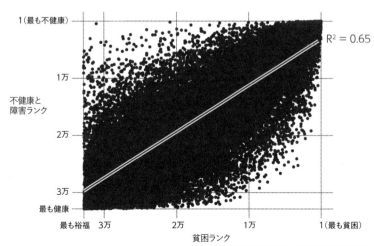

（※）1000人から3000人の人口を抱える小地域調査区
出典：英国住宅・コミュニティ・地方自治省

ひとつの方法として、**それぞれのドットの輪郭だけを残すか、透明度を増すかして、ドットに使われている「インク」の量を減らすこともできる（図表6-5）**。そうすれば全体の数が見えてくる。今回の貧困図解に透明度を加えると若干の改善が見えるが、いまだにとてつもない数のデータが密集している。

図表6-5 ドットの透明度を上げて散布図を見やすくする

イギリスの地区（※）ごとの貧困と不健康（2019年）

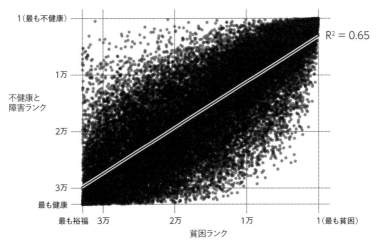

（※）1000人から3000人の人口を抱える小地域調査区
出典：英国住宅・コミュニティ・地方自治省

モザイク化して散布図を見やすくする
──XYヒートマップ

　ひとつの代替案は、プロットの面をモザイク化し、色を使って各「セル」に入るドットの数を表現することだ。こうして作られた図解は**XYヒートマップ**として知られている。**図表6-6**では六角形を用いた。モザイクがよく表現できるからだが、四角形でも問題ない。プロット自体によって視覚パターンが示されているので、関係性の強さや傾きを見せるために回帰直線を付す必要がないことがわかるだろう（回帰直線を付けたければ付けてもよい）。

　このアプローチの欠点は何だろうか？　すべてのデータ（3万2844ポイント）をプロットする必要はなくなったが、集計データの要約がプロットされ

ていることになる。これはつまり、個々のレベルで興味深い特徴を見逃す恐れがあるということだ。

図表6-6 XYヒートマップを使って色の濃さでプロットの数を見せる
貧困と不健康には明確なつながりがある

イギリスの地区（※）ごとの貧困と不健康（2019年）

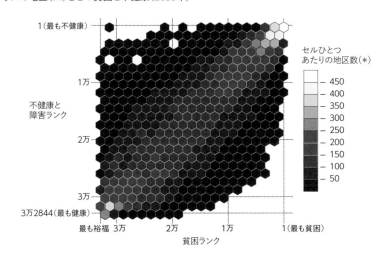

複数のグループを統合すると
傾向が逆になるときがある

　実際、散布図に示されているすべてのデータを見たからといって、私たちがもうだまされないかというと、そうとも限らない。**図表6-7**は、2017年のドイツ連邦議会選挙で「ドイツのための選択肢（AfD）」〔ドイツの右派ポピュリスト政党〕に投票した有権者の割合と、非キリスト教徒の有権者の割合をプロットしている。

　これは一見、単純明快で、R^2値が0.33の正の相関関係にあるように見える。キリスト教徒が少ない地域ほど、AfDに投票する傾向にあることがわかる（ここで設定した従属変数と独立変数を見逃さないでほしい）。

ドイツのための選択肢（AfD）〔ドイツの右派ポピュリスト政党〕への投票： キリスト教徒が少ない選挙区との正の相関関係

それぞれのドットがドイツの1選挙区を示す

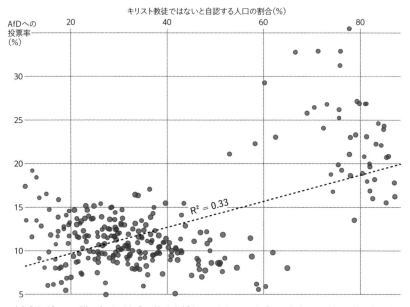

出典：Federal Returning Officer Graphic: John Burn-Murdoch / @jburnmurdoch appeared in Germany's election and the trouble with correlation. Available at: https://www.ft.com/content/94e3acec-a767-11e7-ab55-27219df83c97

　しかし、同じデータで、今度は有権者の居住区が東か西かでドットを色分けした**図表6-8**を見てみよう。すると驚くことに、図解に表れる傾向はとても異なって見える。というよりも、まったく逆転しているのだ！

　『フィナンシャル・タイムズ（FT）』の同僚のジョン・バーン・マードックによって作成されたこのチャートは、エドワード・シンプソンの名を冠したパラドックスの一例だ。シンプソンはブレッチリー・パーク〔第二次世界大戦中のイギリスの暗号解読拠点〕の暗号解読者で、最初にこれを完全に説明した人物だ。少し驚いてしまうのだが、パラドックスの最も重要な点は、**データ上で異なるグループがプロットされているとき、それらグループが統合されてしまうと、見えていた傾向が逆転してしまう**ということだ。

図表6-8 **グループ別に見ると、傾向が逆転した**

シンプソンのパラドックス：全国の傾向は、東西の違いを無視して決定づけられており、地域レベルで見るとその傾向は逆転する

それぞれのドットがドイツの1選挙区を示す

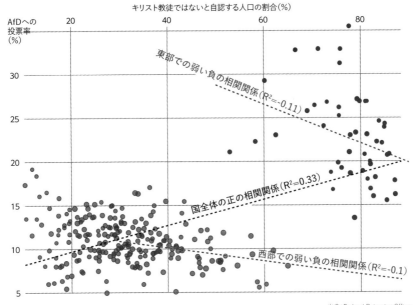

キリスト教徒ではないと自認する人口の割合(%)

AfDへの投票率(%)

東部での弱い負の相関関係(R²=-0.11)

国全体の正の相関関係(R²=0.33)

西部での弱い負の相関関係(R²=-0.1)

出典：Federal Returning Officer

図解：John Burn-Murdoch / @jburnmurdoch appeared in Germany's election and the trouble with correlation. Available at: https://www.ft.com/content/94e3acec-a767-11e7-ab55-27219df83c97

学習ポイント
──シンプソンのパラドックスが教えてくれること

　シンプソンのパラドックスが教えてくれているのは、よりよい図解リテラシーを育むには、**グラフで表されている変数を考えるのと同様に、表されていない変数を考える必要があるということ**だ。そしてここで取り上げた事例においてシンプソンのパラドックスが示しているように、散布図にさらに情報を付け加えることも可能なのである。

散布図に「量」と「分布」の関係性を追加した図解
── バブルチャート

　21世紀初頭に登場した最も注目に値する図解作成者のひとりが、今は亡きハンス・ロスリングだ。彼は天賦の才を持ったサイエンスコミュニケーター〔科学技術の専門家と一般社会のあいだに立ち、相互理解を促す役割を担う人々のこと〕だった。ロスリングは散布図を頻繁に使用したが、彼にとってみればそれらはデータ・ビジュアライゼーション・デザインのとっかかりにすぎなかった。2006年に彼が行った有名なTEDトーク「最高の統計を披露する（The best stats you've ever seen）」から、象徴的な図解のひとつを取り上げて詳しく見てみよう（**図表6-9**）。

図表6-9 **ロスリングがTEDトークで使った散布図**

収入と寿命の正の相関関係

1人あたり所得と出生時平均寿命（2019年）

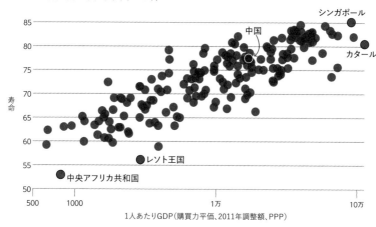

出典：Gapminder (includes data based on World Bank, Maddison Lindgren, IMF and others) appeared in The storytelling genius of unveiling truths through charts by Alan Smith, February 10, 2017. Available at: https://www.ft.com/content/e2eba288-ef83-11e6-930f-061b01e23655

　ロスリングの図解は従来型の散布図として登場する（X軸が対数スケールで取られていることに注目しよう。このようなデザインが採用される詳細については、第14章の「『軸』が知覚を歪ませる」を参照してほしい）。

　正の相関関係を見出すのは簡単だ。高所得国ほど平均寿命が長い傾向にあ

るということだ（図解の右下、つまり豊かで平均寿命が短い国があるとしたらプロットされる位置にはどの国も該当しないことに注目しよう）。

ロスリングが色を付け、地域的なグループのまとまりが見えるようになると、さらにおもしろくなる（**図表6-10**）。これは地図を挿入することなしに、図解に地理的な関係性を取り入れている。たとえば、アフリカ諸国（貧しく、寿命も短い）と、南北アメリカ大陸諸国（豊かで、寿命も長い）のあいだには、いくらかの重なりはあるものの、違いがあることが見えてくる。

ロスリングの図解で展開する次のステージでは、各国の人口に合わせて図解上のそれぞれのドットの大きさが調整される（**図表6-11**）。これによって、各国の人口の大きさ（量）と、所得と寿命の関係についての世界全体の人口分布の両方を見ることができるようになる。

ロスリングの図解が決定的に天才的だと言えるのは、このストーリーにとって各国がどのような時系列変化を示したかがとても重要であると認識していたことである。そのために、彼はアニメーションのテクニックを使った（**図表6-12**）。

ロスリングは、世界はよりよくなっているという強い信念を持っていた。人々はより豊かになり、より長く生きるようになったということだ。最終的には、動くバブルチャートを完成させたことで、それを目の当たりにさせた。中国のバブルが1989年以降大躍進し、他国と比べて所得も寿命も大幅な改善を見せたことがわかるだろう。

もちろん、紙に印刷すると、「映写スライド」を見ることにならざるを得ないのだが、画面上でロスリングの図解が悠々と動く様が人々を魅了したのは間違いない。このスライドが映し出されている彼のTEDトークは、公開以降1500万回以上も再生されている。

そして、標準的な散布図から生まれたものではあるが、ロスリングのアニメーション化したバブルチャートは、ＦＴの「図解の言語」が示す9つの統計関係性のうち5つも示しているのだ。

ロスリングのバブルチャートが示している要素

要素1　相関関係──散布図におけるX軸とY軸

要素2　量の比較──各国の人口の大きさに合わせて描かれた円

要素3　地図を使った表現──地域別に色分けされた円

図表6-10 散布図に色をつけて、「分布」がわかるようにする

1人あたり所得と出生時平均寿命（2019年）

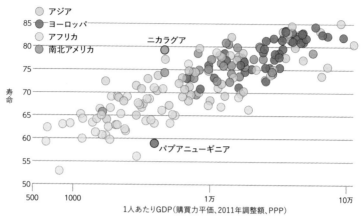

出典：Gapminder (includes data based on World Bank, Maddison Lindgren, IMF and others) appeared in The storytelling genius of unveiling truths through charts by Alan Smith, February 10, 2017. Available at: https://www.ft.com/content/e2eba288-ef83-11e6-930f-061b01e23655

図表6-11 ドットの大きさで量を表す

1人あたり所得と出生時平均寿命（2019年）

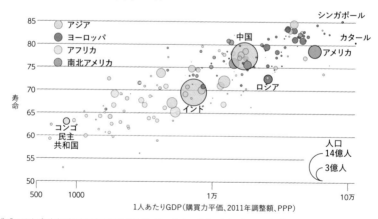

出典：Gapminder (includes data based on World Bank, Maddison Lindgren, IMF and others) appeared in The storytelling genius of unveiling truths through charts by Alan Smith, February 10, 2017. Available at: https://www.ft.com/content/e2eba288-ef83-11e6-930f-061b01e23655

図表6-12 アニメーションで時系列変化も見せる

1人あたり所得と出生時平均寿命（2019年）

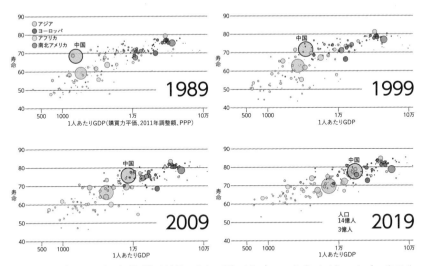

出典：Gapminder (includes data based on World Bank, Maddison Lindgren, IMF and others) appeared in The storytelling genius of unveiling truths through charts by Alan Smith, February 10, 2017. Available at: https://www.ft.com/content/e2eba288-ef83-11e6-930f-061b01e23655

要素4 分布——二軸と人口比に合わせて描かれた大小の円が組み合わさることで、世界のGDPと平均寿命の分布についておおよその概観が見渡せている

要素5 時系列変化——アニメーション化されたことで図解データの展開を見ることができる

　ここから導き出せる最大のポイントは、ロスリングは情報をそぎ落としたり、内容のレベルを下げたりするのではなく、図解に情報を付け加えたことで、広く一般社会の関心を引きつけたことだ。これはデータ・コミュニケーションの分野におけるめざましい功績だ。ロスリングの取り組みによる直接的な結果として、**バブルチャートの使用が近年増えてきている。そしてそれが持つ可能性は、単純な相関関係の表現にとどまらない。**

　図表6-13のバブルチャートは金融サービス企業のデータをプロットしたもので、上級職での女性の割合（Y軸）と、組織全体での女性の割合（X軸）

バブルチャートで偏った分布を見せる

多くの金融サービス企業では女性の数が男性の数を上回っている
──しかし上級職で男女平等を達成している企業は1社もない

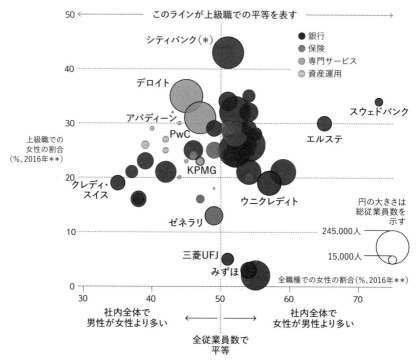

*シティバンクの「上級職」には中間管理職も含む
**一部の組織については本社所在地の数値のみ
図解：FT graphic Alan Smith/Laura Noonan
出典：Companies, FT research appeared in Women still miss out on management in finance. Available at: https://ig.ft.com/managements-miss-ing-women-data. Used by permission from The Financial Times Limited.

を表したものである。

　一見すると、相関関係はあまりないように見える。ふたつの変数に明確な
つながりがないように見えるのだ。しかし、この図解が示している重要な点
は、一企業における女性全体の割合に関係なく（下位のクレディ・スイスか
ら上位のスウェドバンクにいたるまで）、上級職でジェンダー平等を達成し
ている（図解の上部にある、Y軸上の50％の位置に到達している）企業は1社
もないということだ。

　実際に、軸を伸ばして図解上で表示可能なすべての値（両軸ともに0から
100まで）をあらわにすれば、ここで語られるべきストーリーはバブルにあ

るのではなく、図解の余白にあることがわかる（**図表6-14**）。これは最も大胆で、しかも多くの場合最も効果的な図解デザインの選択のひとつだ。つまり、プロット・エリアのごく一部にだけ、データを意図的にプロットするということだ。図解上の4象限の隅にそれぞれ説明が付されることで、本当のストーリー、つまりデータのない範囲があるということに注意が向きやすくなっている。

　前章で、かたつむりチャートは、相関関係の時系列変化の様相を表現するよい方法だと述べた。次の図解は、医療費とOECDの平均寿命について比較したものだ。おそらく予想されるとおり、医療費が増えるごとに平均寿命も延びる。しかし、この図解には重要な外れ値がある。

図表6-14 **余白を使うと、偏った分布がより明らかになる**

多くの金融サービス企業では女性の数が男性の数を上回っている
──しかし上級職で男女平等を達成している企業は1社もない

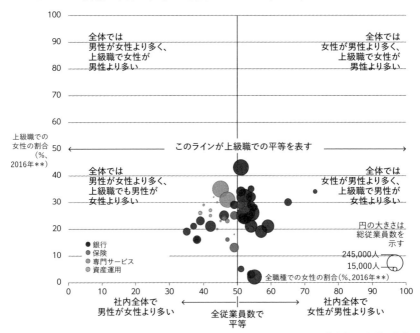

*シティバンクの「上級職」には中間管理職も含む
**一部の組織については本社所在地の数値のみ
図解：FT graphic Alan Smith/Laura Noonan
出典：Companies, FT research appeared in Women still miss out on management in finance by Laura Noonan, Alan Smith, David Blood and Martin Stabe, April 4, 2017. Available at: https://ig.ft.com/managements-missing-women-data/

かたつむりチャートで相関関係の足跡をたどる

アメリカでは、人口1人あたりが支払う医療費は、他国の経験から見て一般的に予想されるような平均寿命の延びには寄与していない（**図表6-15**）。アメリカの線がほかの線よりも長いことに注目してほしい。これは、医療費が他国よりも速いペースで増額してきたことを示している。どの線も、長さにかかわらず、同じ期間を表しているからだ。

この図解は、これまでのアメリカの道のりがほかのOECD諸国と大きく異なることをよく表している。しかし、なぜこの軌跡がここまで違うのかについては、私たちは知ることができない。それを知るためには、このデータのなかにあるもうひとつの統計関係について見る必要がある。これについては次章で改めて述べたい。

図表6-15 **かたつむりチャートで2変数間の変遷を比較する**
アメリカの平均寿命は医療費に見合うほど延びていない
各線はOECD各国を表す

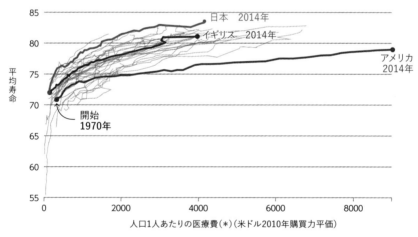

*医療関連商品やサービスの最終消費（つまり医療費の経常支出）や個人の治療費、サービス全体を含むが、投資への支出は除く
出典：United Nations Population Division, OECD appeared in The huge disparities in US life expectancy in five charts. Available at: https://www.ft.com/content/80a76f38-e3be-11e6-8405-9e5580d6e5fb

かたつむりチャートは、世代間の比較にもとても有効である。アメリカの異なるコホート〔群〕が、どのように豊かになってきたかを示した**図表6-16**も

そうだ。X軸には時間ではなく中央年齢がとられたことで、異なる世代での富の発展を同期間で比較することができる。どの線をとっても年齢と富には正の相関関係があることは明確だが、世代間で比較すると、ミレニアル世代にとって喜ばしいデータであるとは言えないだろう。

図表6-16 世代間の比較にかたつむりチャートを使う

2020年では、家計資産に占めるミレニアル世代の割合は
依然として低いままだ

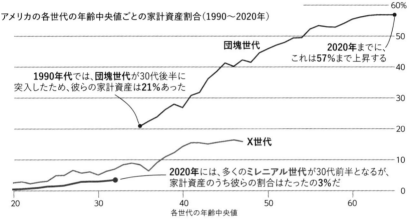

アメリカの各世代の年齢中央値ごとの家計資産割合（1990〜2020年）

団塊世代

2020年までに、これは**57%**まで上昇する

1990年代では、**団塊世代**が30代後半に突入したため、彼らの家計資産は**21%**あった

X世代

2020年には、多くの**ミレニアル世代**が30代前半となるが、家計資産のうち彼らの割合はたったの**3%**だ

各世代の年齢中央値

出典：Federal Reserve distributional financial accounts FT graphic: Aleksandra Wisniewska appeared in The Recessionals: why coronavirus is another cruel setback for millennials | Free to read. Available at: https://www.ft.com/content/241f0fe4-08f8-4d42-a268-4f0a399a0063

XYヒートマップのもうひとつの活用法

ふたつの連続変数〔重さや温度など、連続した値をとる変数のこと。統計で扱う変数には、連続変数のほかに、腫瘍の進行度のステージⅠやⅡのようなカテゴリーを順序付けた順序変数と、性別や血液型など順序の関係がない名義変数がある〕のあいだにある相関関係の比較にそれほど関心はないが、ひとつの指標を分解してふたつの下位区分について分析したい、というときがある。こうした場合には、本章の前半で見たXYヒートマップのアプローチに立ち戻ればよい。**図表6-17**は、死亡もしくは障害を負うことで健康でいられる年数が一般的にどれほど失われるかを、異なる所得レベルで比較したものだ。注意して見てみる価値のある図解だ。

全体的なパターンでは、低所得グループでより長い年数が失われている。

図表6-17 XYヒートマップを使って下位区分ごとの相関を見せる

低所得国の若者にとっての病気の「二重負担」

死亡や障害による健康的な生活の損失年数（15〜29歳の1000人あたり*）

健康的な生活の損失年数			所得レベル			
2 4 6 8 10 20 30 40			低所得	下位中所得	上位中所得	高所得
感染症	結核		15.5	7.9	1.1	0.1
	性感染症（STD）（HIVを除く）		1.8	0.8	1.0	0.4
	HIV/AIDS		17.9	6.0	3.9	0.3
	下痢		14.6	5.3	0.7	0.3
	髄膜炎		8.8	2.6	0.4	0.1
	寄生虫、媒介生物		15.4	3.8	0.5	0.03
	その他感染症		7.6	5.8	1.6	0.5
	呼吸器疾患		10.0	4.9	2.4	1.9
	妊娠中の疾患		21.2	8.0	0.9	0.3
	新生児の疾患		1.5	2.6	1.6	1.6
	栄養欠乏症		8.5	7.9	1.9	1.0
非感染症	腫瘍		8.9	6.1	6.1	4.0
	糖尿病		1.9	1.7	1.7	1.0
	内分泌・血液・免疫疾患		4.9	3.4	1.4	1.2
	精神障害・物質使用障害		26.7	24.4	26.8	39.2
	精神疾患		10.0	10.1	7.6	9.1
	感覚器系疾患		6.3	5.9	4.7	3.4
	循環器系疾患		11.7	9.4	5.4	3.4
	呼吸器系疾患		4.8	3.3	2.4	3.0
	消化器系疾患		8.5	7.8	1.8	1.4
	泌尿器系疾患		5.9	5.5	3.6	2.3
	皮膚疾患		3.7	3.5	3.4	3.5
	筋骨格系疾患		5.8	7.6	7.2	10.5
	先天性異常		3.1	2.7	2.3	2.4
	口腔疾患		1.2	1.2	1.1	1.2
けが	不慮の事故		42.4	31.4	23.6	15.2
	故意による負傷		25.1	21.2	17.7	12.1

(*)障害調整生存年（Disability-Adjusted Life Years: DALY）の指標にもとづく
FT graphic: Chelsea Bruce-Lockhart; Chris Campbell Source: World Health Organization appeared in In charts: Healthcare apps target tech-savvy youth. Available at: https://www.ft.com/content/7aba9066-dffe-4829-a1cd-1d557b963a82

しかし、精神障害・物質使用障害〔物質の使用により問題が生じているのにもかかわらず、その使用を続けてしまうこと。アルコールや麻薬などの依存症を指す〕に関してはそのパターンを大きく外れており、高所得グループのほうが長い年数が失われている。

　ここでは**X軸もY軸もどちらも分類ごとに並べられており、ヒートマップの各セルの色の濃淡によって測定値が表現されている**ことにお気づきだろうか。これは、一般的にふたつの連続変数の軸を持つ散布図とは大きな違いである。

　ヒートマップの弱点のひとつは、それぞれの値が異なる分類にふるいわけられることで、値そのものの大きさについての比較が難しくなることだ。たとえば、低所得グループで、妊娠中の疾患と精神障害・物質使用障害を比較すると、後者のほうが5％ポイント以上も高いのにもかかわらず、どちらも同じ濃さの色で塗られている。セル内に表示された実際の数値を確認することが大事な場合もあり、そのときはこの図解はどちらかといえば洗練された表として機能する。数字が実際の値を示し、その背景の色分けがパターンを表現するからだ。

　XYヒートマップや散布図とはまた趣の異なる図解をいくつか見て、本章を終えることにしよう。

複雑な図解は、ふたつの変数をひとつにまとめて見やすくする

　リスクとエビデンスのコミュニケーションに関するウィントン・センターは、対称棒グラフを用いて、アストラゼネカ製の新型コロナウイルスワクチンが持つ潜在的リスクとベネフィットについて明らかにした。ワクチン接種者からの血栓などの症例報告が声高に公表されるなか、ウィントン・センターの時宜を得た研究が示唆したのは、ひとつのシナリオを除いて、潜在的なベネフィットのほうがリスクを十分に上回っているということだった。リスクがベネフィットを上回ったのは、曝露レベルが低い若年層成人のグループのみだった。

　図表6-18は、曝露レベルが低い人のベネフィットとリスクを数量化することには成功しているが、すべての年代にわたるベネフィットとリスクの割合を比較することは少し難しくなっている。そしてすべての曝露リスクレベルに対応したシナリオを見るには、やむを得ないがこの図解を3パターン用意するしかない。

　このデータを別の視点で見てみよう。リスクとベネフィットを比率に変換して、「血栓一例あたりのICU入院回避率」というひとつの変数にまとめることができる（**図表6-19**）。この新しい指標を導入することで、3種類のリスク曝露シナリオをコンパクトにまとめ、リスクがベネフィットを上回る（比率が1以下の）年齢とリスクの組み合わせ、つまり低リスク環境の20代の成

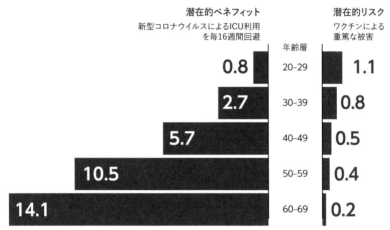

図表6-18 対称棒グラフだと、曝露リスクごとの比較がしづらい

リスクを理解する：アストラゼネカ製ワクチン

曝露リスクが低い人10万人あたり*

潜在的ベネフィット 新型コロナウイルスによるICU利用 を毎16週間回避	年齢層	潜在的リスク ワクチンによる 重篤な被害
0.8	20–29	1.1
2.7	30–39	0.8
5.7	40–49	0.5
10.5	50–59	0.4
14.1	60–69	0.2

(*)新型コロナウイルス感染率を10万人あたり20件と仮定した場合

出典：Winton Centre for Risk and Evidence Communication appeared in Why we shouldn't worry about Covid vaccine blood clots. Available at: https://www.ft.com/content/090f1b3c-95d9-4b10-9a7c-ba3a7f290fee

---

図表6-19 ベネフィットとリスクを1変数にまとめることで、リスクを比較できるようにする

アストロゼネカ製ワクチンの潜在的ベネフィットは
ひとつのシナリオを除いて有害性を上回る

血栓一例あたりのICU入院回避率（年齢・曝露リスク別）*

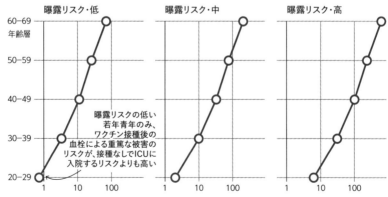

曝露リスクの低い若年青年のみ、ワクチン接種後の血栓による重篤な被害のリスクが、接種なしでICUに入院するリスクよりも高い

(*)以下の新型コロナウイルス感染率にもとづく：
低：1万人あたり2人（およそ2021年3月のイギリスの割合）、中：1万人あたり6人（2021年2月時の割合）、高：1万人あたり20人（イギリスの第2波のピークとなる2021年1月の割合）
数値は、一定の曝露量における16週間の潜在的な被害リスクとベネフィットのおおよその平均値
出典：Winton Centre for Risk and Evidence Communication appeared in Experts back UK age limit for rollout of AstraZeneca vaccine. Available at: https://www.ft.com/content/5db4a13f-11b1-4f1e-891b-9f68c639a6f9

人グループに焦点を当てることができる。X軸が対数スケールでとられていることがこの図解の読みやすさに一役買っていることにも注目してほしい。

2軸の図解を使うときのふたつの注意点

悪名高い「2軸の」図解を紹介することなしに、ふたつの変数の表現方法の紹介は終えられないだろう。2軸の図解は一般的に共通のX軸を持ち、時系列変化を表すふたつの異なる図解が重なって示されるものだ。

私が「悪名高い」と言ったのは、多くのデータ・ビジュアライゼーションの実務家がこの図解は使うべきでないと言っているからだ。

第一に、**ふたつの異なる縦軸を使うと、この図解タイプは読みにくくなる**という主張がある。

第二に、2軸の図解は、一方または両方の軸の目盛を恣意的に設定することで**改ざんしやすく、存在しない視覚的な関係性を作ってしまう**と言う人もいる。どちらの主張も懐疑的になるには十分な根拠である。しかしだからといって、それが必ずしもこの図解をすべて禁じてしまう理由だとは言えない。

色や形を使った効果的なデザインのテクニックを駆使すれば、読者もふたつの異なったデータの組み合わせを理解しやすくなるし、私のFTでの経験から言えば、特定の読み手（市場アナリストたちであればこうした図解は毎日見ている）には、この図解を読み解く技術は十分にある。

ふたつのデータの組み合わせのあいだに「よく似た」傾向が示されるとき、この図解は最も効果を発揮するだろう。ビットコインの先物取引の過去3年間の取引量と価値の変化を示す**図表6-20**がその例だ。

ハンス・ロスリングのことを最後に述べて、相関関係についてのこの章を閉じたいと思う。

2010年、私は光栄にも、ニューヨークの国連会議の場でパネリストとして彼と一緒に登壇した。聴衆の中にいたひとりの統計家が、少し見下すように、この熱意ある私の同僚に質問した。ふたつの変数（彼のバブルチャートに示されていた相関関係）さえ与えれば、すべての政策当局者の意思決定に情報が与えられると考えるのはなぜか、と。ロスリングは少しの間をおき、失礼のないように微笑むと、目をきらりと輝かせてこう返答した。「私がたったひとつの変数のみを用いて政策当局に意思決定させることができるな

ら、それは大きな進歩になるでしょうね」。

図表6-20 縦軸がふたつある図解は読みにくく、改ざんしやすい

ヘッジファンドやビッグマネー経営者らは
ビットコインの先物取引を活発にしている

ビットコイン先物取引の1日あたり平均取引量

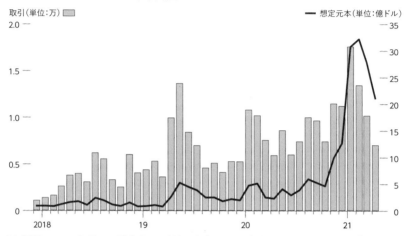

出典：CME Group appeared in Netscape 2.0: Coinbase stock debut rekindles memories of web breakthrough. Available at: https://www.ft.com/content/cbd46d95-6866-4c32-b7af-51b1772e388d

第7章
分布を見る

　データセットの各値とそれが生じる頻度を示す。分布の形状（もしくは「いびつさ」）によって、データの不均一性や不均衡性が強調され、記憶に残りやすくなる。

アメリカ大統領選に影響を及ぼした1枚の図解

　2016年4月初め、民主党の大統領候補指名争いが最終局面に突入した。予備選の前倒しによって、この争いは権力者層に支持されたヒラリー・クリントンと、無所属のバーモント州上院議員のバーニー・サンダースとの直接対決にまで絞り込まれた。

　サンダースのキャンペーンで傑出していたのが、アメリカ国内の所得と富の不均衡に切り込んだことだった。彼を勢いづけたソーシャル・メディアでもこのトピックはしばしば投稿された。

　4月11日、サンダースはフェイスブックに次のように投稿した。「実際は、これまでの40年間で、この国では中流階級から最富裕層への大きな富の転換があったのです」。この投稿には、ある図解の短い紹介と、ピュリッツァー賞受賞者で『ロサンゼルス・タイムズ』紙のジャーナリストであるマイケル・ヒルチックの記事へのリンクが含まれていた。

　この記事の見出し「見事にアニメ化された図解に見る、アメリカにおける富の不均衡の爆発的増加」に私は目をとめた。（コロナ拡大前は）ニュースの見出しに図解が前面に押し出されることは、まだ比較的めずらしかったからだ。だが読んでいくうちに、だんだんと懐かしい感覚に包まれた。ここで問題になっている図解は私のよく知るものだった。なぜなら、私が作成したからだ。

　このアニメーションは、サンダース上院議員のフェイスブックに登場する

6カ月前に作成されたもので、ピュー研究所の新しい分析を利用しつつ、『フィナンシャル・タイムズ（FT）』がアメリカの中流階級について書いた記事の一部でもあった。これは、インフレーションの調整はあるものの、アメリカの世帯所得の分布が1971年から2015年のあいだにどのように変化したかを示したものだ。アニメーションをひとつずつ見ていこう（**図表7-1**）。

　最初に、1971年のアメリカの世帯所得の概観が示されている。アメリカ人のほとんどが図解の左側（世帯所得が10万ドル以下）に位置している。そしてとても薄く「長いしっぽ」が右に延び、20万ドル以上の世帯所得で生活する人々を表す目盛が、V字状にちょこんと突き出て終結している。

　そして、世帯所得の中央値の3分の2から2倍の範囲を「中間所得」とするというピュー研究所の定義によって、その範囲に影が付けられている。

　アニメーションが本格的に始まる前に、最初の値がその後も見えるように濃い青の線が図解の上部に引かれる。そして図解の形は変わり、アメリカの所得分布の数十年の変化を2015年まで追うことができる。

　この図解の変貌で視覚的に、最も衝撃を与えている要素は、疑いようもなく、1971年の20万ドル以上の人々（たった1%強にすぎない）を示した「ちょこんと飛び出た突起物」が、2015年までに高くそびえる大きな山（およそ8%）になっていく様を描いたことだ。しかし、この図解にはほかにもたくさんのストーリーがある。

　たとえば、**1971年の分布である青の「メモリーライン」と2015年の最終形とのあいだの差は、アメリカの中流階級が「くり抜かれた」ことを示している。**1971年には図解の左側にはっきりと映っていたこぶが徐々に失われていったのだ。これは、この分布図で描かれた中流階級の多くが右側に移行したからである（つまり所得が上昇したことを意味する）。

　しかし、この図解上で最も貧しい人の割合（図解の左端の棒で、世帯所得が0から5000ドルの人々）が、1971年よりも2015年で高くなっていることにも注目してほしい。2011年の絵でその傾向が出現していることがわかるだろう。これは2008年の金融危機後に起こっていることだ。ここではっきりとすることは、大多数の人にとっては前進した時間であっても、すべての人々にそれがあてはまるわけではなかった、ということだ。

　この図解が与えた印象はとても残酷だったため、2015年12月のFTの印刷版の第一面で取り上げる理由としては十分だった。

　サンダース上院議員のおかげも少なからずあり、**このアニメーション版図解は、とりわけソーシャル・メディア上で、その後数カ月間にわたって広く共有され議論され続けた。**これはマス・コミュニケーションの対象としての図解が持つ力について、多くのことを物語っている。このアニメーションを見た人のほとんどが、最初に発行された記事以外の別の場所でも見たのだ。

　コメンテーターのなかには、このプレゼンテーションにはバイアスがかかっていると私を非難する者もいた。突起物、もしくはそびえたつ山として、20万ドル以上の所得がある世帯はすべてひとつにまとめられ、それが注目を集める柱となっているという。反対に、そのレベル以下の所得は5000ドルごとに細かく区分けされているではないか、というのだ。誤解を招こうとした意図はさらさらないのだが、これに対する説明は単純なものだ。

　統計予測では、20万ドル以上の所得レベルの人口は少なく、あまりにも不確実であるため、ピュー研究所自身が彼らの分析のなかで、20万ドル以上の人々をひとつの分類にまとめていたのだ。私の図解は入手可能なデータのなかで最大限の粒度を示したにすぎない。20万ドル以上の分類を隠してしまうと、この図解はもっと罪深くなってしまうだろう。そうすればもはやそのデータセット全体の要約ではなくなってしまう。

　いずれにせよ、このそびえたつ山が世論をかき乱したことについて、私はまったく失望などしていない。下着の絵に収めてしまうよりも、図解に関心を持ってもらうよい方法だったといえる（冷酷かもしれないが、第2章の「信頼性を犠牲にしないで読み手の関心を引くには」の項を今一度確認していただきたい）。

　最終的には、この図解はかなりの数の（たいていは一方に偏った）議論を呼び起こした。この事実自体が、のちの2016年の新大統領選で投票所に向かう有権者について多くのことを明らかにした。ＦＴの一面の見出しが予想したように、ここで描かれた分裂した社会が、ついにはドナルド・トランプのキャンペーンの成功を焚きつけたのだ。

図表7-1 アメリカの分断を残酷なまでに表した分布のグラフ

アメリカの所得分布の形の変化

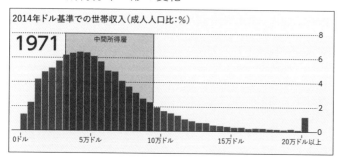

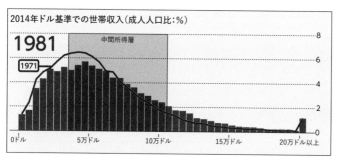

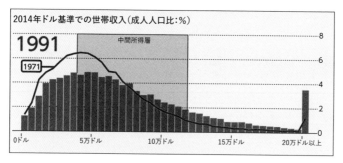

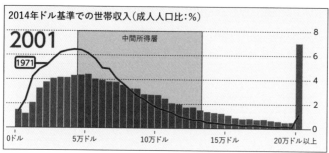

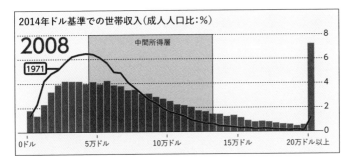

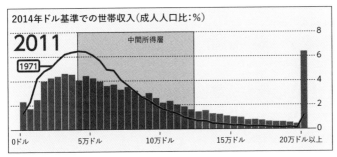

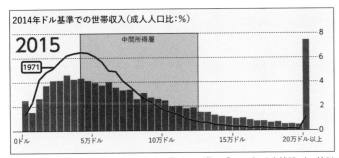

出典：Data from Pew Research Center appeared in Sam Fleming and Shawn Donnan, America's Middle-class Meltdown: Core shrinks to half of US homes, Financial Times, December 10, 2015. Available at: https://www.ft.com/content/98ce14ee-99a6-11e5-95c7-d47aa298f769

データの分布を見せたいときは
──ヒストグラム

　ほんの少しのあいだ、このアニメーション化された図解は、おそらく世界でもっとも有名で広く議論されたヒストグラムだっただろう。ここから興味深い疑問が導き出される。**ヒストグラム**とはいったい何なのだろうか？　そして棒グラフとはどのように違うものなのだろうか？

　ヒストグラムの形は、データ（私たちの最初の例であれば所得）が均等に分布されているかどうかについて、およびその結果として、平均値のような単純化された要約をどれほど信用していいかについて、私たちに多くのことを教えてくれる（**図表7-2**）。

図表7-2 ヒストグラムの読み方

ヒストグラムは、データセットを「ビン」（似たような値をひとつにまとめた入れ物）にまとめるものだ。
こうすることで、データが値の範囲のなかでどのように分布しているかがわかる。

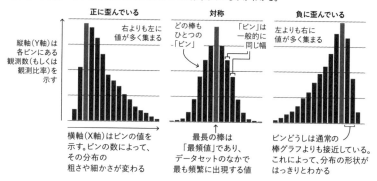

　左右対称の分布では、平均値、中央値、最頻値はほぼ同一（たとえば図解の中央の位置）となる。データが均等に分布しているからだ。しかし、歪んだ分布では、それが正の歪みであっても負の歪みであっても、データは均等に分布していないことを意味し、それゆえに平均値を使ってデータを要約する際には細心の注意を払う必要がある。

　中央値（データが順番どおりに並べられた場合に中央にくる値）は、一般的に要約した値として最も多く使われる。極端な値（いわゆる「外れ値」）に影響されないからだ。このために、統計家らは中央値を「抵抗性のある」指

標とみなしている。

　しかし、中央値であっても、要約した値にはならない場合もある。架空の試験スコアについてまとめた**図表7-3**が表すとおりだ。このデータでは、ふたつの最頻値があるため、ひとつの要約した値を用いるだけでこのデータセットを適切に説明できないのである。

図表7-3 中央値が分布を要約しないとき

双峰分布

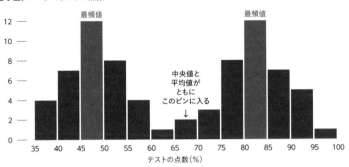

学習ポイント──双峰分布

　このような「双峰」分布は、データセットのなかで、たいてい見えない現象やグループ分けが影響していることを意味する。ヒストグラムを手掛かりにすれば、拙速に値の要約に走るのではなく、調査を開始することができる。私たちが示した異なる学生グループについては、この問題の真実をあらわにするのに深い調査は必要ないだろう（**図表7-4**）。

図表7-4 峰がふたつあるときは、たいてい見えないグループ分けの影響がある

双峰分布

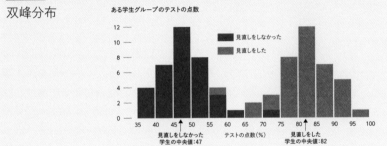

人口分布を見せるのに最適
── 人口ピラミッド

　人口統計学者に使用されるとても特殊なヒストグラムが、**人口ピラミッド**だ。**基本的に、ふたつの垂直ヒストグラムが背中合わせで並べられ、年齢と性別ごとの人口や人口比を表す。**

　この図解で形容詞的に使われる「ピラミッド」という言葉が示すように、この類の図解の意義はその形を解釈し、比較することにある。若い世代が年配者よりも多い国や地域は典型的な三角形を形づくるが、多くの国々は将来、逆さのピラミッドになると予測し、懸念を強めている。つまり、出生率が下がり平均寿命が延びることで高齢化社会になることを恐れているのだ。

　人口ピラミッドが時の流れに応じてどのように変化しているかに関心があるなら、アメリカの所得分配の図解で見たように、ここでもアニメーションや「メモリーライン」を用いて、過去、現在、未来を比較すると変化がわかりやすい。

　図表7-5では6ヵ国の人口ピラミッドを取り上げ、1960年の人口構成と国連が予測する2050年の人口構成を比較し、さらに世代別コホートの情報を追加している。異なる形状の解釈の仕方がここで補足情報として付け加えられているが、それがこの図解タイプになじみのない読者にとって有益なガイドとなっていることに注目しよう。

　実は、このような人口ピラミッドこそ、**現代のデータ・ビジュアライゼーションの世界に私が足を踏み入れるきっかけ**だった。ここから、私はコミュニケーションや政策ツールとしての図解の可能性について考えるようになったのである。

　2003年、英国家統計局で働いていたとき、私は地方のデータを用いて双方向的でアニメーション化された人口ピラミッドを複数作成した。実験的な図解だったために、読み手はこれをどのように見るのか、私は興味があった。公表されてすぐに、私はひとりの教育アナリストから一通の手紙を受け取り大喜びした。手紙のなかで彼女は、学校の責任者会合のなかでこのアニメーションを使い、学区における入学率の低下について説明した様子を伝えてくれていた。「これまでこのような会合でデータを使ったことはありませんでした！」と彼女は興奮した様子で記していた。このときから、私は見事に視

覚化された人口ピラミッドが大好きなのだ。

図表7-5 人口ピラミッドで国同士の人口分布を比較する

Z世代の上昇

2050年の人口の年齢別・性別分布予想（単位：%）

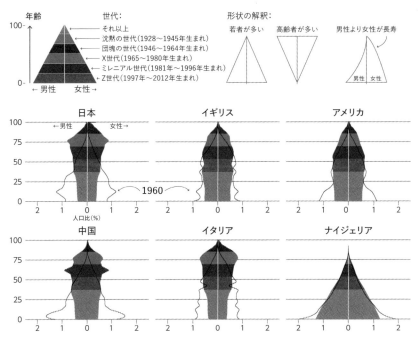

出典：UN appeared in Alan Smith, Tomorrow's world in charts: Gen Z, climate change, China, Brexit and global trade, Financial Times, December 16, 2020. Available at: https://www.ft.com/content/af4631f3-fed3-476c-b9c0-bd460a930a48

個々のデータを強調しつつ分布を見せる
──ドット・ストリップ・プロット

　私もヒストグラムの大ファンではあるが、私たちが見ているものはデータセットにあるすべての値の要約であるということは、忘れてはならない。ときに、すべてのデータをプロットすることが得策となることもある。

　線上の散布図（ドット・ストリップ・プロット）を使えば、これが可能となる。列を使って複数のサブカテゴリーを表すことができるからだ。この形式には潜在的に、ヒストグラムにはないふたつの利便性がある。

ひとつ目は、**分布の中にある個々のデータを特定し、そして強調できるこ**とだ。

　ふたつ目は、**ヒストグラムで表すよりもはっきりとパターンを見せられる**ことだ。

　国ごとの廃棄物排出量を示した**図表7-6**は、所得レベルによって大別して整理されており、先ほど述べた利便性のふたつともがうまく機能していることがわかる。最大値、最小値、中央値がプロットされ、その概要が国の所得レベルのデータとともに表示できていることに注目してほしい。

図表7-6 ドット・ストリップ・プロットで個々例と傾向を同時に見せる

所得レベルによっていかに廃棄物排出量が異なるか

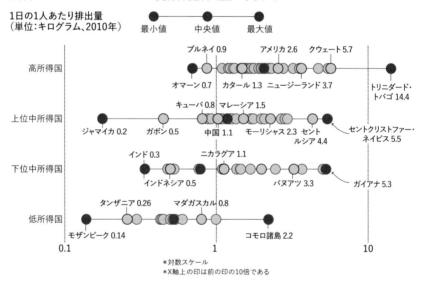

出典：Jambeck Research Group: Report 'Plastic waste inputs from land into the ocean, (2015)' appeared in Consumer goods groups join war on plastic by John Aglionby in Nairobi, Anna Nicolaou in New York and Scheherazade Daneshkhu in London, January 22, 2018. Available at: https://www.ft.com/content/61629224-fc9f-11e7-9b32-d7d59aace167

シンプルに要約統計量のみで分布を見せる ――ドット・プロット

　実際のところ、要約統計量のみであっても図解の焦点となり得るため、**ドット・プロット**としてシンプルに表現することもできる（**図表7-7**）。要約統計量のみのドット・プロットで妥協しなければならないこととして、**国の所得レベルによる廃棄物排出量の差異はより明確になる一方で、各国の実績を比較するための詳細情報は犠牲にしている**点が挙げられる。実際に、ヒストグラムで示したときよりも、要約された情報は少なくなっている。つまり、歪みなどの特徴を見ることはできない。

図表7-7 ドット・プロットで、差異を明確に見せる

所得レベルによっていかに廃棄物排出量が異なるか

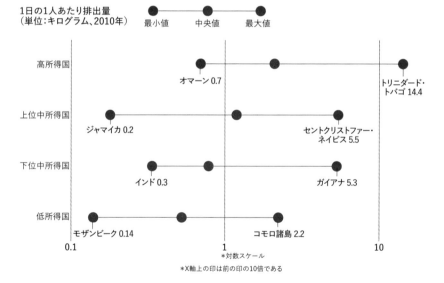

129

値が密集しているときは
―― バーコード・プロット

　ドット・ストリップ・プロットと似た図解タイプが、**バーコード・プロット**である。ふたつの表現方法は似ているが、バーコード・プロットでは異なる種類の細い縦じまをドットの代わりに用いる。このアプローチの利点は何だろうか？　それは、**値どうしが近くに集まっているときに分布が見やすい**ということだ。重なったドットだとあいだが詰まって閉塞感が出てきてしまう。

　トニー賞受賞作品の、受賞シーズン後のチケット売り上げの伸び幅について描かれた**図表7-8**がよい例だ。もしこれがドット・ストリップ・プロットだったら、円がそれぞれかなり近くに寄っていただろう。

図表7-8　**バーコード・プロットは値が密集していても見やすい**

主演・作品賞受賞作品はいつもトニー賞〔アメリカの演劇とミュージカルに関する賞。映画界のアカデミー賞に匹敵する〕受賞後、収益が上昇する

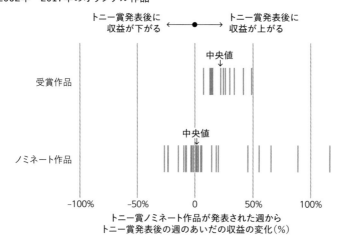

2002年～2017年のオリジナル作品

出典：The Broadway League, FT Research appeared in Tony winner Oslo set for ticket sales boost. Available at: https://www.ft.com/content/e864eb26-4e00-11e7-bfb8-997009366969. Used by permission from The Financial Times Limited.

　ドット・ストリップ・プロットやバーコード・プロットがあるならば、分布の要約統計量を消し、データセットの全体像を見せることにのみ注力すべきだ

と考える人もいるかもしれない。しかし、実世界のデータはもっとごちゃごちゃしているため、いつもそれができるとは限らず、また望ましいとも言えない。

このことを説明するために、**図表7-9**を見てみよう。これは2021年のイングランド地方選挙で、地方（選挙区）レベルにおける労働党への投票率の変化をプロットしたものだ。

図表7-9 **値が密集しすぎてよくわからないグラフ**
労働党への不支持

地域ごとの投票行動の変化（単位：%、各点が1選挙区を示す）

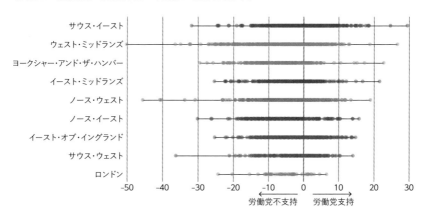

複数人候補者を抱える選挙区では、投票割合は各党で最も得票数の高い候補者の数値を反映している
出典：Britain Elects appeared in Based on Boris Johnson's levelling-up agenda takes toll on southern Tories by George Parker. Available at: https://www.ft.com/content/273c58af-6d3e-4c36-h4a5-4f4e7d941875

データは地域ごとに分割されているが、1行のなかだけでもデータの分布が見づらく、ましてや分布間を比較することなど到底できない。イングランドには8000以上の選挙区があり、バーコード・プロットを用いたとしても、このような小さなスペースに生データが密集しているため、見やすさは変わらないだろう。

このような複数の分布を比較するために、統計ツールキットのなかから別の図解を取り出してみよう。箱ひげ図の紹介だ。

分布をシンプルに表し、グループ間の比較が容易に
──箱ひげ図

箱ひげ図は、データ・ビジュアライゼーションの先駆者であるメアリー・エレノア・スピアによって1950年代に成し遂げられた業績が基礎となっている。統計学者のジョン・テューキーがのちに洗練させ、データ分析の入門的なテクニックとして、1970年代に世に広めた。

多くの読者には知られていないだろうが、実をいうと箱ひげ図は、一度慣れてしまえば読みやすいシンプルな図解なのである（**図表7-10**）。

図表7-10 箱ひげ図の構造

箱ひげ図はデータセットの値がどのように分布しているかを端的に表す

a) 基本形では、箱ひげ図は最小値、最大値、25パーセンタイル、50パーセンタイル（中央値）、75パーセンタイルの位置を示す。データセットの値の50％は、中央の箱（これを「四分位範囲」という）の中にある。

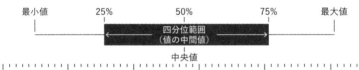

b) 「ひげ」の始点と終点は、最小値と最大値以外に設定されることもある。下図の例では5パーセンタイルと95パーセンタイルに設定されている。また、ひげの長さを四分位範囲の1.5倍とすることもよくある。このとき、ひげの外にある値は「外れ値」となり、個別にプロットされる。

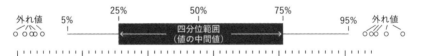

c) 箱ひげ図は、本章前半のヒストグラムの項で見た、分布の正負の傾きを明らかにすることができる。複数の分布の形状を比較する場合、スペースを有効活用できる箱ひげ図がより効果的だろう。

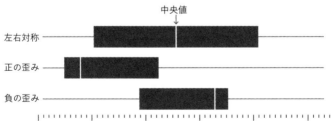

　箱ひげ図は縦向きでも横向きでも描くことができる。複数の分布を視覚化するために（これが最も効果的な使い方だ）、私は横向きの箱ひげ図を気に入っている。効率的にデータを並べられるし、ラベルを書くのも簡単だからだ。

　この風変わりな図解タイプを読めるとどんなメリットがあるだろうか？図表7-9で示した地方選挙のデータを箱ひげ図の形で見てみよう（**図表7-11**）。

図表7-11 箱ひげ図を使えば分布の要約統計量が一目瞭然
労働党のサウス・イーストでの勝利が、全体的な不振を補った

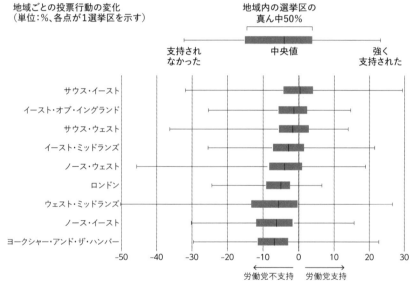

複数人候補者を抱える選挙区では、投票割合は各党で最も投票数の高い候補者の数値を反映している
出典：Britain Elects appeared in George Parker, Boris Johnson's levelling-up agenda takes toll on southern Tories, Financial Times, May 14 2021.
Available at: https://www.ft.com/content/273c58af-6d3e-4c36-b4a5-4f4e7d941875

　これを見れば、地方での労働党の勢力が明らかになる。サウス・イーストが、選挙区での中央値がゼロ以上（つまり、労働党を支持した人がわずかばかり多かった）となった唯一の地域だったことがわかる。

　そのほかの地域では、分布の端はこの図解上の「支持されなかった」ほうに偏っていることがわかるだろう。**中央値の順で上列から並べられているた**

めに、**ランキングの関係についてもこのデータから読み取ることができる**（サウス・イーストの業績が最もよく、ヨークシャー・アンド・ザ・ハンバーが最も悪いということだ）。

　すべての図解タイプがそうであるように、箱ひげ図にも強みと弱みがある。分布の図解ではあるが、ヒストグラムでできたような双峰分布を箱ひげ図で示すことはできない。しかし、地方選挙の例で見たように、**箱ひげ図はスペ**

図表7-12 要約統計量しかわからなくても、メッセージは伝わる
ロンドンの地下鉄通勤を避ければ、呼吸がしやすくなる

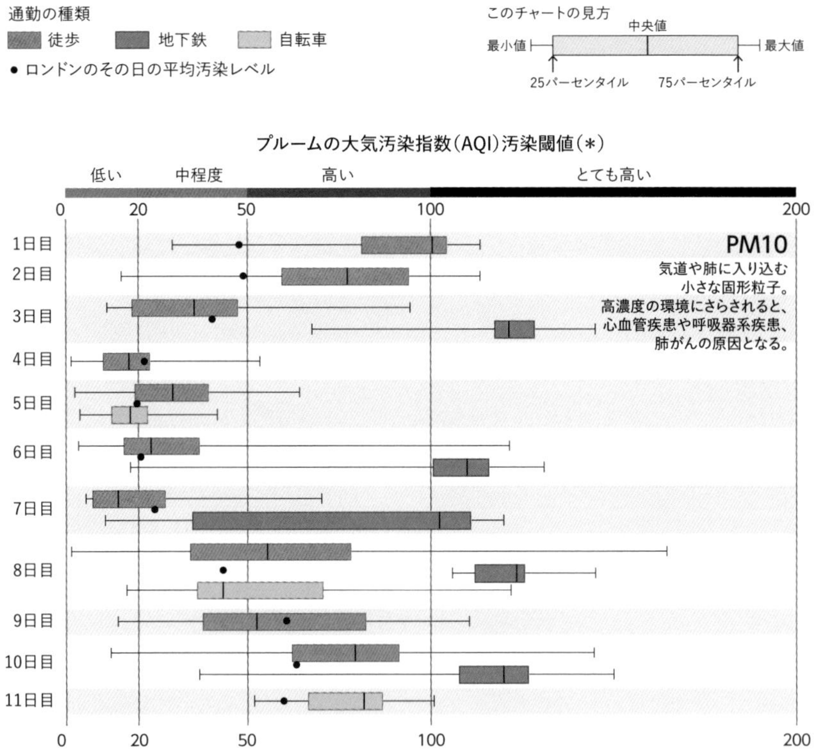

通勤の種類
▨ 徒歩　　▨ 地下鉄　　▨ 自転車
● ロンドンのその日の平均汚染レベル

このチャートの見方
最小値　｜──┤　　中央値　　├──｜　最大値
　　　　　25パーセンタイル　75パーセンタイル

プルームの大気汚染指数（AQI）汚染閾値（＊）

低い　　中程度　　　高い　　　　とても高い
0　　　20　　　　50　　　100　　　　　　　　200

1日目
2日目
3日目
4日目
5日目
6日目
7日目
8日目
9日目
10日目
11日目

PM10
気道や肺に入り込む
小さな固形粒子。
高濃度の環境にさらされると、
心血管疾患や呼吸器系疾患、
肺がんの原因となる。

0　　　20　　　　50　　　100　　　　　　　　200

＊WHOガイドラインにもとづきプルーム・ラブズが作成した大気汚染指数の汚染閾値
　低い：1年間汚染環境にさらされても閾値より下にある
　中程度：1年間汚染環境にさらされると閾値を超える
　高い：24時間汚染環境にさらされると閾値を超える
　とても高い：1時間汚染環境にさらされると閾値を超える

図解作成：Steven Bernard

出典：Plume Labs; Defra; FT research appeared in Leslie Hook, Neil Munshi, How safe is the air we breathe?, Financial Times, September 5, 2019.
Available at: https://www.ft.com/content/7d54cfb8-cea5-11e9-b018-ca4456540ea6

ースを有効に使って複数の分布を表せるとてもよい方法だ。

箱ひげ図の読み方が一度わかれば、洗練されつつも教育的意味のある図解を作ることができ、箱ひげ図の価値がより際立ってくる。ロンドンの通勤者が直面している大気汚染について、同僚のスティーブ・バーナードが作成した**図表7-12**はよい例だ。

スティーブは、箱ひげ図の各列をうまく使い、日別のデータを表すことで、分布に加えて時系列変化をひと目で理解させることに成功した。移動手段ごとに色分けされたことで、このデータが持つとても明確なメッセージ（最高レベルの汚染を避けたいならば、地下鉄に乗ってはいけない）を、読み取ることができるのだ。この調査で収集された数千にも及ぶデータすべてをプロットすることも必要ない。

全データを使いつつ、分布間の比較ができる —— ビースウォーム・プロット

データ・ビジュアライゼーションの分野は絶えず革新され、従来の図解タイプの限界を超える新たな方法が見つけ出されている。分布の図解にあたっては、「ビースウォーム・プロット（蜂群図）」という想像力を掻き立てるようなネーミングの図解が昨今急激に人気を博している。

図表7-13では、ドット・ストリップ・プロットのようにすべてのポイントがプロットされているが、ポイントが重なるのを避けるために、それぞれのポイントはランダムに、あるいは「小刻みに動くように」配置されている。そうすることで、**すべてのデータと分布の形を見ることができる**。これはすばらしく効果的なテクニックである。

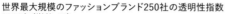

図表7-13 ビースウォーム・プロットなら、全データがあっても見やすい

ブーフー（Boohoo）は業界の透明性指数で低い結果を出した

世界最大規模のファッションブランド250社の透明性指数
2020年（単位：%）

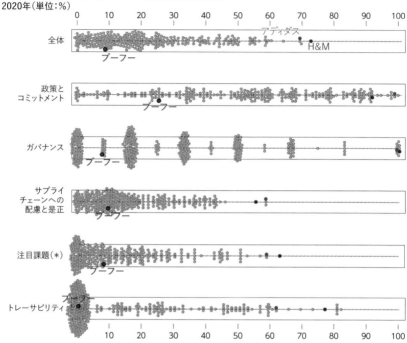

*強制労働、ジェンダー平等、生活賃金、集会の自由、廃棄物、循環、過剰生産、持続的な原料の使用、マイクロプラスチック、森林破壊、気候変動、水利用
といった課題への対処のためにブランドが行う活動の指標
出典：Fashion Transparency Index appeared in How Boohoo came to rule the roost in Leicester's underground textile trade by Robert Wright in
Leicester and Patricia Nilsson in London, July 11, 2020. Available at: https://www.ft.com/content/bbe5dfc5-3b5c-41d2-9637-50e91c58b26b

「小刻みに動く」ことで、ドットが本来の位置から離れているのがわかる。たとえば、「トレーサビリティ」の左側に密に集まっているドットの値はすべてゼロだ。この図解のアルゴリズムによって、ドットが重ならず、可能な限りゼロに近づいているのである。

これは効果的なテクニックではあるが、精度についてはやや妥協しなければならない。私がビースウォームを使うのは、分布のなかで値が広範に広がっている場合に個々の点を強調するときだが（このブーフーの例がまさにそうだ）、読者が軸上の値を読み上げて個々の点の値を知りたい場合には使わない。

　散布図と同様、ビースウォーム・プロットにも色やサイズのバリエーションを取り入れて分類や量の要素を図解に加えることができる。**図表7-14**のビースウォーム・プロットは金融サービス企業における、下級、中級、上級それぞれの職位の女性の分布を示している。ほかにも企業が抱える従業員数や、金融セクターの業種によってさまざまであることも読み取れる。

図表7-14 色を使って分類も表せる

管理職にジェンダーの多様性はない

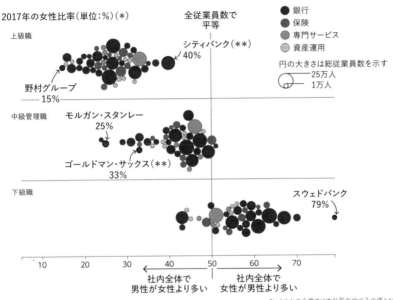

*いくつかの企業では本社所在地のみの値となる
**FTによる予想も含む。シティバンクの「上級職」には中間管理職レベルの数値も含む
図解作成：Liz Faunce, Helena Robertson

出典：Companies, FT research appeared in Executives optimistic on improving gender diversity by Laura Noonan, Oliver Ralph and Jennifer Thompson, September 10, 2018. Available at: https://www.ft.com/content/80200a46-b27c-11e8-8d14-6f049d06439c

所得の不平等を見せるためだけに考案された図解 ── ローレンツ曲線

　私たちは、所得の不平等という、分布の視覚的分析ではよく使われるトピックを確認することからこの章を始めた。実は、**この目的のみのために考案された図解タイプがひとつある。**

アメリカの経済学者マックス・オット・ローレンツが1905年にシンプルな見た目の図表を開発したとき、当時彼はまだ学部生だった。彼が開発したのは、人口の累積割合と、それに伴う所得の累積割合を対応させた図解だった。

今日の慣例では、人口比が横軸（X軸）にとられ、所得比が縦軸（Y軸）にとられることになっているが、おもしろいことに、これはローレンツが最初に開発したときのものとは逆の配置となっている。

ローレンツ曲線では、左下から右上に引かれる対角線に重要な文脈が表れている（**図表7-15**）。これが完全に平等な分布（所得がすべての人々に均等に配分されること）を意味している。数値化されたデータがプロットされれば、解釈の準備は整った。ローレンツは次のように述べている。

> 不均衡な分布では、曲線はつねに、均衡な曲線と同じ点（0）で始まり同じ点（100）で終わるが、中間で曲がることになる。そして原則的に解釈すれば、弓が曲がれば曲がるほど、富の集中が高まっていることを意味するのだ。

図表7-15 ローレンツ曲線の見方

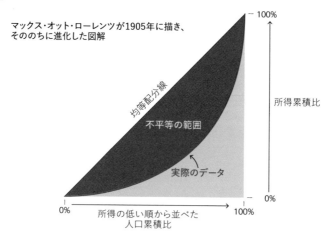

マックス・オット・ローレンツが1905年に描き、そののちに進化した図解

均等配分線

不平等の範囲

実際のデータ

所得累積比

人口累積比

所得の低い順から並べた

0%　100%　0%　100%

言い換えれば、曲線が（実際の値を反映して）斜めの線から離れて深くなればなるほど、不平等のレベルが大きくなるということだ。

　ローレンツの「曲がった弓」のイメージがしっかりと持てたなら、相関関係について記した前章で見たアメリカの医療費パラドックスに立ち戻りたい。アメリカ人は多額を医療に費やしているが、平均寿命の改善にはほとんど寄与していない。このことをどのように表せるだろうか？

　その答えを考えるうえで特に重要なのが、アメリカでは医療費が平等に分配されていないという点だ。実際、医療費における不平等は驚くべきものがあり、上位5％の医療費支出者が、この国の全医療費支出額の半分を拠出しているのである（**図表7-16**）。

図表7-16 **5％の人が医療費の半分を占めている**

アメリカでの医療費は公平に分配されていない

総医療費の累積比（％）

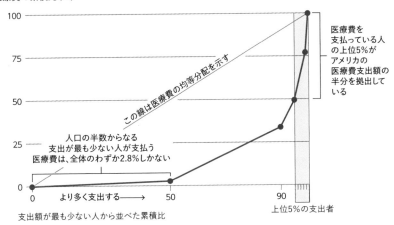

出典：Medical Expenditure Panel Survey (Nov 2016) appeared in The huge disparities in US life expectancy in five charts. Available at: https://www.ft.com/content/80a76f38-e3be-11e6-8405-9e5580d6e5fb

　これはローレンツ曲線を用いる絶好の機会だ。「曲がった弓」がぽきっと折れそうなほどである。

　図表7-16のように歪んだ分布を視覚化すれば、単純に国の平均を鵜呑みにすることがなぜ自分の身を危険にさらすことになるかが、よく理解できるだろう。

第8章

流れを表す

ある状態や状況からもうひとつ（もしくはそれ以上の）状態や状況へ変化するときの動きの量や密度を読者に示す。この、一方からもう一方への流れは、論理的な順序であることもあれば、地理的なモノの移動も含まれる。

複雑な「流れ」は、シンプルな図解では表現しづらい

多くの人が、この世に必要な図解というのは、私たちが数世紀も手にしてきているもの、つまり折れ線グラフ、棒グラフ、円グラフのみであると信じている。それ以外のものは「複雑すぎる」と片付けてしまうのだ。だが本当に、どの図解も初見から5秒以内に理解できなければならないのだろうか？

画像表示を見て、そこから判断するまでの時間が最短でなければならないときもある。車のダッシュボードの表示はよい例だ。どのドライバーも、読み取るスピードの速さをもっとも重視するはずだ。

シンプルな図解のもうひとつのメリットは、概して、読者に対して読み方を説明する必要がないことだ。シンプルな図解がほかのどの図解よりも「直感的に理解できる」ものであるとは限らないが、ほとんどの人が教育段階の初期で、おそらくもう小学校のときに、その読み方の専門スキルを高めていると思う。

しかし、**シンプルな図解の最大のメリットである簡潔性は、最大の制約でもある。**このことをもっともはっきりと認識するのは、流れを含むデータを見るときだ。

人間にはもともと交流欲求があるということを考えれば、流れは当然生まれるものである。人（移民）、モノ（貿易）、カネ（金融）、さらには企業の所有権などはすべて、取引やつながり、移動を伴うもので、たいていは複雑な

性質のものである。

数値が書かれた**図表8-1**を見てみよう。一見したところ、それほど恐ろしいものではなさそうだ。全部合わせてもここには64の数値しかない。このデータを、私たちに何かを訴えかけるような図解にするには、どれぐらいの手間がかかるのか、見てみよう。

図表8-1 データに潜むパターンがわかりづらい図解

世界の企業合併買収（M&A）

地域別、2017年（単位：10億ドル）

出発地 （売り手側）↓	目的地（買い手側）→ 中国	北アメリカ	ラテンアメリカ	ヨーロッパ	アジア	日本	その他	
中国	431.1	3.6	1.2	0.9	28.6	5.8	0.1	471.4
北アメリカ	15.4	1,297.7	11.3	122.3	23.5	31.4	6.4	1,508.2
ラテンアメリカ	7.8	19.8	48.0	24.9	6.6	0.1	0.2	107.4
ヨーロッパ	41.4	167.6	7.2	576.7	38.7	6.8	9.4	847.9
アジア	69.7	33.8	6.6	53.8	252.5	12.2	5.5	434.2
日本	2.0	23.9	0.0	1.3	2.8	40.0	0.0	70.0
その他	4.1	26.0	1.9	11.1	1.4	2.0	18.0	64.6
	571.6	1,572.5	76.3	791.1	354.1	98.3	39.8	3,503.7

出典：Data from Refinitiv

この表が示しているのは、2017年の全世界の企業合併買収（いわゆるM&A）の値であり、7つの地域に大別されている。どの地域も表内に2度登場し、縦の列の先頭と、横の行の先頭にそれぞれ地域名が書かれていることがわかるだろう。このタイプのデータセットは、OD表として知られ、2方向の流れを表す。被買収企業（売り手）である出発地の地域からの流れと、買収企業（買い手）や被合併企業である目的地の地域からの流れである。

図解について考えなくとも、表それ自体がかなり有益だということがわかるはずだ。その構成はわかりやすく、目的地の地域が列として左から右に並べられ、出発地の地域は行として上から下に並べられている。そうすることで読者は、合計値を含むあらゆる値をすばやく正確に探し当てることができる。これが表の得意とするところだ。

しかし、**表の欠点は、データに潜むパターンの特定が難しい点にある。**数値間の関係性を理解しようとしても、それは難しい。お互いの数値を比較す

るためには、読者は作業記憶にたくさんの情報をとどめておかなければならず、それは心理学者の言う「認知負荷」が高まる状況になってしまうからだ。

今こそ、データ・ビジュアライゼーションを活用するときだ。まずは、伝統的な図解で何ができるかを確認しよう。

一般的に「シンプル」とされる3つの図解のなかで、私たちが頼ってしまうのはおそらく円グラフだろう。なんといっても、これは割合と構成要素の関係性を表すためにデザインされたもので、手元にあるのは、構成要素に分割された世界のM＆A活動だ。

しかし、すぐにある問題にぶつかってしまう。円グラフが賢明にも一度で対処できるのは、このデータのなかのひとつの列や行のみなのである。たとえば、中国が目的地となるM＆A活動の構成については表すことができても、それ以外については表せない（**図表8-2**）。

図表8-2 単一の円グラフでは1列・1行しか見せられない

単一の円グラフは流れを持つデータにはふさわしくない
中国の対内M&A、2017年（単位：10億ドル）

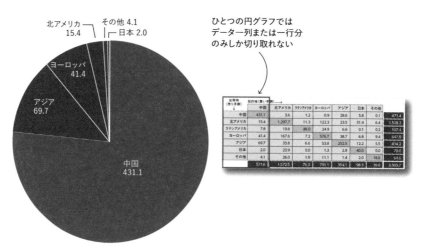

出典：Data from Refinitiv

もちろん、7つの独立した円グラフ（各地域に対しひとつの円グラフ）を作ることはできるが、そうしたとしても、外から中に向かうM＆A活動のみを見ることになる。ほかの7つの円グラフが中から外に向かう地域別活動を

表現するために、そしてさらにふたつの円グラフ（内部、外部にひとつずつ）が合計値を表すために必要となってくる。

　合計16個の異なる円グラフの要素を比較してパターンを理解しようとしたところで、表を見るよりももっと難しくなるだろう。だから、このようなばかげた行動に走ることは止めなければならない。ずらっと並んだ円グラフを使うと、私たちが表を読むときに向こうに放り出そうとした記憶の問題にまた戻る羽目になってしまうのだ。

　この種のデータに対応するためにデザインされた図解の形を試してみよう。「弦グラフ（コード）」を紹介するときがきたようだ。

複雑な流れのパターンがひと目でわかる
　——弦グラフ（コード）

　この図解タイプが初めて認知されたのは、比較ゲノミクスのビジュアライゼーションを手がけるCircosのツールとして世に出たときだ。弦グラフはバンクーバーに拠点を置くマイケル・スミス・ゲノム科学センターの研究者らによって開発されたものだった。

　この説明だけでも、この図解は複雑なデータを表現するために科学者らによってデザインされた、洗練されたビジュアライゼーションだということがわかるのではないだろうか。なじみのない図解ではお決まりだが、私たちはこの図解の読み方を学習する必要がある。段階ごとに取り組んでみよう。

　弦グラフを作成するために最初にやるべきことは、外側の構成要素を構築することだ。この作業は円グラフを作るのと同じである。先の例でいえば、地域ごとに、外に向かう取引（表でいえば、出発地）の値を表そう。ここまでは、とてもシンプルだ（**図表8-3**）。

　次に、少し複雑な作業を受け入れなければならない。円上の各地域の構成要素がM＆A取引の目的地ごとに分割される。**図表8-4**に示すのは、北アメリカの外側に向かう取引を細分化し、目的地を地域別に表したものだ。

　この段階になって、私たちはこのデータの根幹である2方向の流れについて考える必要が出てくる。北アメリカの企業はヨーロッパ企業を買収しているが、その逆も然り、ということだ。このふたつのデータポイントをつなぐ「弦」を描けば、北アメリカとヨーロッパの相互関係が視覚化されることに

図表8-3 弦グラフ作成ステップ1　まず出発地を表す

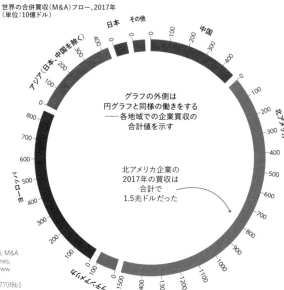

世界の合併買収（M&A）フロー、2017年
（単位：10億ドル）

図表8-4 弦グラフ作成ステップ2　目的地を表す

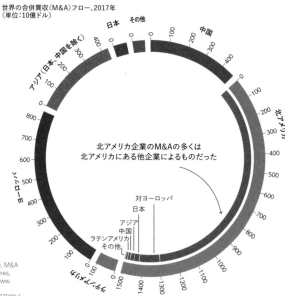

世界の合併買収（M&A）フロー、2017年
（単位：10億ドル）

図表8-5 弦グラフ作成ステップ3　データポイントを弦でつなぐ

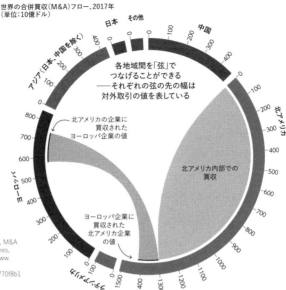

世界の合併買収（M&A）フロー、2017年
（単位：10億ドル）

各地域間を「弦」で
つなげることができる
——それぞれの弦の先の幅は
対外取引の値を表している

北アメリカの企業に
買収された
ヨーロッパ企業の値

北アメリカ内部での
買収

ヨーロッパ企業に
買収された
北アメリカ企業
の値

出典：Refinitiv appeared in Arash Massoudi, M&A
boom set to continue in 2017, Financial Times,
December 30, 2016. Available at: https://www.
ft.com/
content/0e9afdce-cdb6-11e6-b8ce-b9c03770f8b1

図表8-6 弦グラフ作成ステップ4　すべての地域をつなぐ

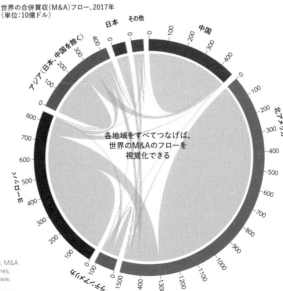

世界の合併買収（M&A）フロー、2017年
（単位：10億ドル）

各地域をすべてつなげば、
世界のM&Aのフローを
視覚化できる

出典：Refinitiv appeared in Arash Massoudi, M&A
boom set to continue in 2017, Financial Times,
December 30, 2016. Available at: https://www.
ft.com/
content/0e9afdce-cdb6-11e6-b8ce-b9c03770f8b1

なる。弦の両端の太さは、その地域から出ていく取引の大きさを反映している（**図表8-5**）。

　このデータセットを占める大部分は、その地域を決して出ることのない取引であることに注意してほしい。たとえば、北アメリカの企業は、北アメリカのほかの企業に買収されている。地域間をシンプルにつなげる弦を引くことで、これらを明らかにすることができるのだ。

　外に向かって伸びる構成要素すべてと目的地の構成要素のあいだに弦を引くと、出発地と目的地を示した64のすべての数値が、ひとつの図の中で見えてくる（**図表8-6**）。しかし、このデータに潜むパターンを明らかにするには、もう少しわかりやすく見せる必要がある。

　色付けすることで、弦が表しているものについて、さらなるメッセージが浮かび上がる（**図表8-7**）。この例では、**色分けすることによってM＆Aの関係で支配的なパートナーがどれかがよくわかる。**

　たとえば、最初に弦を描いた北アメリカとヨーロッパのあいだの線を見ると、この図解では外側の円と近い色の水色の線となる。北アメリカがヨーロッパの企業を買収する金額は、反対方向のヨーロッパが北アメリカを買収する金額よりも大きいからだ。

　ここで中国の弦を見てみよう。どれも比較的細いが、日本とつながる弦を除いて、中国につながる弦は赤くなっている。これはつまり、すべての地域間M＆A取引において、中国は事実上支配的なパートナーであるということだ。

　この図解の仕組みをしっかりと理解すると、ほかのパターンも見えてくる。次のような特徴だ。

図表8-7からわかる3つの特徴

特徴1　北アメリカは外に向かうM＆A活動の金額という点においては最大の地域である。そして北アメリカの活動のほとんどが、北アメリカ域内で起こっている。

特徴2　アジアとの関係においては、ヨーロッパが優勢である。

特徴3　日本は、全体の活動規模は比較的小さいが、国内のM＆A活動が主である。

図表8-7 弦グラフ作成ステップ5　地域ごとに色分けする

M&A活動の世界的な視点

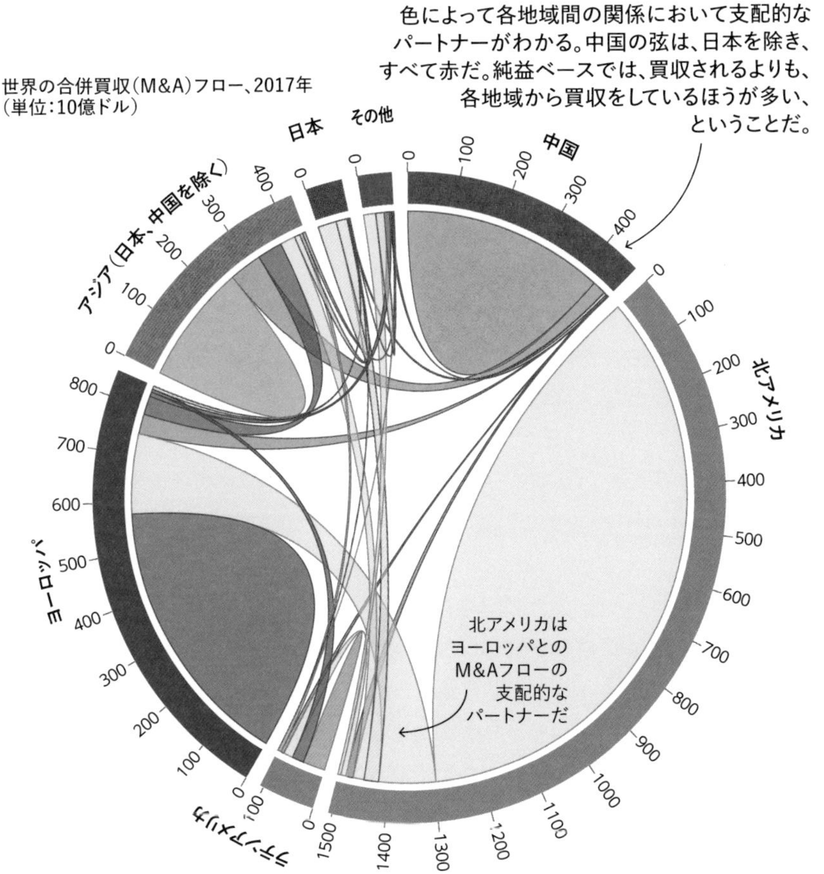
色によって各地域間の関係において支配的な
パートナーがわかる。中国の弦は、日本を除き、
すべて赤だ。純益ベースでは、買収されるよりも、
各地域から買収をしているほうが多い、
ということだ。
世界の合併買収（M&A）フロー、2017年
（単位：10億ドル）
日本
その他
中国
北アメリカ
ヨーロッパ
ラテンアメリカ
アジア（日本、中国を除く）
北アメリカは
ヨーロッパとの
M&Aフローの
支配的な
パートナーだ

出典：Refinitiv appeared in Arash Massoudi, M&A boom set to continue in 2017, Financial Times, December 30, 2016. Available at: https://www.ft.com/content/0e9afdce-cdb6-11e6-b8ce-b9c03770f8b1

『フィナンシャル・タイムズ（ＦＴ）』で、2017年12月のＭ＆Ａ活動の年末総まとめとして、私たちは読み方ガイド付きでこの弦グラフを発表した。図解は、オンラインと翌日の紙面の両方に掲載された。

これは新しい図解の形を読者に伝えるうえで、とても計画的になされた試みだった。そしてこのデザインは定期的に再利用されることになった（ＦＴは通常、四半期ごとにＭ＆Ａ活動の概要を発表している）。

オンラインと紙面では、図解の掲載のされ方は多くの点で異なる。もっとも明らかな違いのひとつは、オンラインではコメント欄を通じてすぐさまフィードバックがあることだ。そこで、図解が紙面に美しく印刷されて準備が整ったころに、FT.comを覗いて読者の考えを見てみることにした。

数分もしないうちに、最初の読者コメントが転がり込んできた。「Simple Truth（シンプルな真実）」というユーザーネームがもう十分に残酷である。

> この弦グラフは、情報を伝えるにはひどい代物だ。

このメッセージにはすぐに「いいね」（親指を立てたアイコン）が別の5人の読者からつけられた。この段階で、正直なところ、私は少し意気消沈していた。しかし数分後、異なるフィードバックが現れはじめたのだ。

> すばらしい図解だ。複雑な量的情報を、効果的で視覚的に表現できている。図解・オブ・ザ・イヤーは、この「弦」グラフに1票 [24いいね]

この成功を、いや、この図解の成功を振り返れば、読者のコメントに関して私にとって最も重要な要素は、この「いいね」アイコンの比率。5つの「わるい」評価と24の「いい」評価を見れば明らかだ。私たちは読者に新しく複雑な図解タイプを理解してもらおうとしたのだが、多くの読者は得られた情報のほうに価値があると考えたのだといえる。

「わるい」の評価に見られるように、すべての図解は、円グラフや折れ線グラフ、棒グラフで表せるし、表すべきだと考えている人が、いつになっても一定数いるのだろう。この例が示すように、かたくなな姿勢でいると、重要な洞察を手放しかねない。

弦グラフについての描写として最後に述べたいのは、色の使い方である。読者のなかには、特に色覚障がいの人たちにとっては、難しさを感じるかもしれない。この問題の解決法のひとつとして、データセットの特定の部分に単純に焦点を絞るというやり方がある。この例でいえば、中国がそうだ（**図表8-8**）。

色の使用を制限することで、中国とそのほかの弦との差を効果的に対比させることができる。グレースケールで表現されていても同様だ（**図表8-9**）。

図表8-8 特定の地域にのみ色を付けて焦点を絞る

中国はほとんどの地域のM&A取引において支配的なパートナーだ

世界の合併買収（M&A）フロー、2017年
（単位：10億ドル）

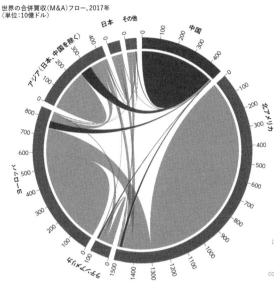

出典：Refinitiv appeared in Arash Massoudi, M&A boom set to continue in 2017, Financial Times, December 30, 2016. Available at: https://www.ft.com/content/0e9afdce-cdb6-11e6-b8ce-b9c03770f8b1

図表8-9 グレースケールでも焦点は伝わる

中国はほとんどの地域のM&A取引において支配的なパートナーだ

世界の合併買収（M&A）フロー、2017年
（単位：10億ドル）

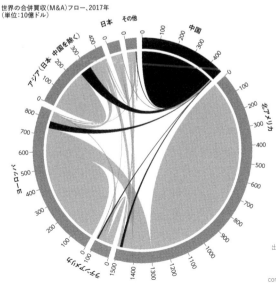

出典：Refinitiv appeared in Arash Massoudi, M&A boom set to continue in 2017, Financial Times, December 30, 2016. Available at: https://www.ft.com/content/0e9afdce-cdb6-11e6-b8ce-b9c03770f8b1

オンラインでは、このような複雑な図解においては、双方向性を持たせることでより有効に機能する。読者は、ひとつの視点ではなく、データを何度も見返し、詳細を見ることが可能になる。

2回のフランス大統領選のあいだにある ストーリーを描くには

新型コロナウイルスのパンデミックを別にすれば、最も頻繁にデータ・ビジュアライゼーションが活用される出来事が選挙だろう。選挙前の期間で世論調査が繰り返し行われ、当日の夜に結果が出ると、何が起こったか回顧的な分析が行われる。これらすべてが、巧みな図解の活用によって下支えされている。

しかし、「シンプルさを保つ」ためとして、私たちは選挙データを示すとんでもなくストレートな図解をよく目にする。2017年のフランス大統領選での出口調査データから作られた、目に優しいビジュアライゼーションである**図表8-10**についてはどうだろうか？

これはすっきりとしていて、明確で、各候補者の得票数の量（エマニュエル・マクロンがブノワ・アモンの3倍の得票数で勝利した）とランキング（マリーヌ・ル・ペンが2位で、ジャン＝リュック・メランションとフランソワ・フィヨンが3位に並んでいる）の両方が簡単に見て取れる。これは制限があるとしても、有益な図解である。

選挙がおもしろい理由のひとつに、それが政治生命の衰退を反映していることがある。**図表8-11**に示すのは、同じ出口調査対象者に対し、5年前の前回選挙での投票行動を尋ねた結果である。

ここでも、2012年の候補者の得票率を比較するのは簡単だ。しかし、2012年と2017年のふたつの図解を見たときに、あいだにある政治のストーリーを見るのはほぼ不可能だ。どちらもある一時点のスナップショットであるため、それらを比較して解釈することは難しい。候補者リストが大きく変わっているが、これらを同時に見て何かしら重要なポイントを見出す方法はあるだろうか？

図表8-10 **とんでもなくシンプルな棒グラフ**

マクロンがル・ペンに競り勝つ

2017年フランス大統領選の第1回投票（%）

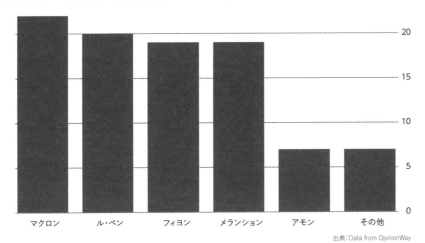

出典：Data from OpinionWay

図表8-11 **5年前の選挙行動のデータ**

オランドが第1回投票を制す

2012年フランス大統領選の第1回投票（%）

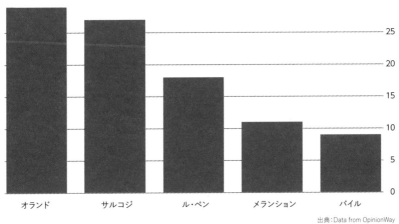

出典：Data from OpinionWay

流れを表すもうひとつの図解
—— サンキーグラフ

　流れを表す別の図解を試すときがきた。これから紹介するグラフは19世紀の工兵で船長でもあったマシュー・ヘンリー・フィニアス・リアル・サンキーにちなんで名づけられたものだ。ありがたいことに、簡潔さを求めて譲歩されたのか、この図解は彼の苗字だけを冠している。それが**サンキーグラフ**だ（**図表8-12**）。

図表8-12 **サンキーグラフなら選挙間の流れが一目瞭然**
支持の変化

フランス大統領選の第1回投票 (%)

出典：OpinionWay, based on exit polls of 9,010 people conducted in 2017 appeared in Eir Nolsoe and Ella Hollowood, Emmanuel Macron's election victory over Marine Le Pen in charts, Financial Times, April 25, 2022. Available at: https://www.ft.com/content/f9f5009b-9f67-4d16-920e-22e91449a031

　この図解は先ほど見た棒グラフと同じデータを示しているが、出口調査からの追加情報も盛り込まれている。M＆A取引を描いた弦グラフと同じように、追加情報はデータのマトリックスを作っており、その結果、2012年から2017年の投票者の流れが理解できるようになっている。

　そしてここでも、棒グラフで確認したまったく同じ情報を読み取ることが

できる。図解の左端と右端に、2012年と2017年の候補者の最終的な得票率が示されているからだ。しかし、決定的に異なるのは、**この図解では2017年の候補者の票はどこから来たのかという、とても有益な洞察が得られる**ことであり、異なる候補者間の票の流れが、各流れの割合の大きさに比例した幅とともに示されていることである。

マクロンについて見てみると、彼の票の多くが前回はフランソワ・オランドを指示していた有権者から来ていて、ニコラス・サルコジやフランソワ・バイルから流れてきたのはわずかだったことがわかる。これは、2017年にマリーヌ・ル・ペンに向かった票の流れとは対照的だ。彼女の票のほぼすべては5年前にも彼女に投じられていたからだ。ここからわかるのは、彼女にはとても熱心なファンがいる一方で、それ以外のところから強力な支持を得ることにおおよそ失敗した、ということだ。

これは美しく魅力的な図解で、私たちが作成した弦グラフのように、読者は若干の時間、おそらく数分程度をかけて、読み方を学ぶ必要がある。先に示した棒グラフほどすぐさま理解できるものではないだろうが、棒グラフ以上のことを伝えてくれる。

フランス大統領選の図解は、読者がこれから目にするサンキーグラフのなかでもシンプルなもののひとつになるだろう。そのほかのデータ・ビジュアライゼーションの先駆者、たとえばウィリアム・プレイフェアやシャルル・ミナールのように、サンキー船長はエンジニアだった。彼の名を冠した図解はもっと複雑なシステムを表現するのに広く使われている。私たちの例ではたったふたつの選挙の表現だったが、より多くの「局面」が表現されることが多い。

ＦＴの同僚イアン・ボットが作成した**図表8-13**のサンキーグラフは、2021年にイギリスが実施した新型コロナウイルスワクチン事業の優先グループを表したものだ。中央に置かれた9つの優先グループの前には13の個別のデータがあった。グループ2が実際は3つに分かれるサブグループから構成されていることに注目してほしい。優先グループはその後、それ以外のイギリスの成人人口と右端で統合される。円グラフではこのような情報を伝達することはできない。

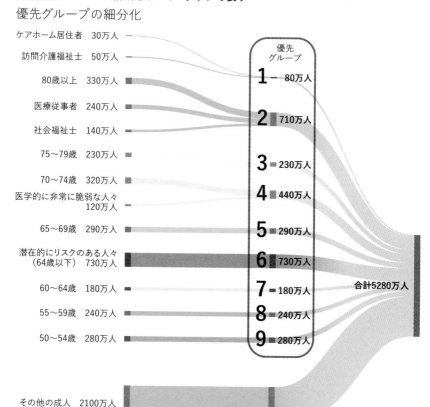

図表8-13 グループの構成をサンキーグラフで表す

優先グループの細分化

ケアホーム居住者　30万人

訪問介護福祉士　50万人

80歳以上　330万人

医療従事者　240万人

社会福祉士　140万人

75～79歳　230万人

70～74歳　320万人

医学的に非常に脆弱な人々
120万人

65～69歳　290万人

潜在的にリスクのある人々
（64歳以下）730万人

60～64歳　180万人

55～59歳　240万人

50～54歳　280万人

その他の成人　2100万人

優先
グループ

1　80万人

2　710万人

3　230万人

4　440万人

5　290万人

6　730万人

7　180万人

8　240万人

9　280万人

合計5280万人

出典：Department of Health and Social Care Graphic: Ian Bott appeared in Ian Bott and Clive Cookson
図解：the UK vaccine supply chain, Financial Times, January 30 2021. Available at: https://www.ft.com/
content/8b48a853-5b14-4378-91d4-17026fa15472

　もうひとつの例で、クリスティン・チャンは、ニューヨーク市長選挙にお
ける新しい優先順位付投票制の12回のラウンドがどのように実施されたか
を示した（**図表8-14**）。RCVis.com が作成したように、個々の投票ラウンドは、
間違いなく、棒グラフで明確に示すことができる。しかし、繰り返される投
票ラウンドの複合的な視点を一度で表現するのなら、サンキーグラフが最も
洗練された方法となる。

　最後に、流れや相互作用を視覚化するうえでの課題やそれによってもたら

されるメリットについて取り上げた本章の締めくくりとして、クリスティーンによる相互的なビジュアライゼーションの力強い例をもうひとつ取り上げることにしよう。

図表8-14 12回の投票の流れもサンキーグラフで表せる

ニューヨーク市長予備選挙の直近の調査では、優先順位付投票の12回に及ぶラウンドを繰り返した結果、**エリック・アダムス**が勝者となった

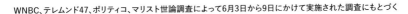

WNBC、テレムンド47、ポリティコ、マリスト世論調査によって6月3日から9日にかけて実施された調査にもとづく

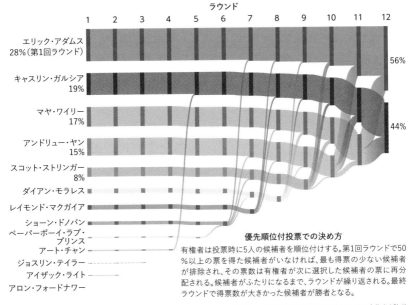

優先順位付投票での決め方

有権者は投票時に5人の候補者を順位付けする。第1回ラウンドで50％以上の票を得た候補者がいなければ、最も得票の少ない候補者が排除され、その票数は有権者が次に選択した候補者の票に再分配される。候補者がふたりになるまで、ラウンドが繰り返される。最終ラウンドで得票数が大きかった候補者が勝者となる。

RCVis.comをもとに作成（投票先を確定していない有権者を除く）

出典：Inspired by a graphic on RCVis.com. Excludes undecided voters Source: FairVote calculations using WNBC/Telemundo 47/POLITICO/Marist Poll of 876 likely Democratic primary voters FT Graphic: Christine Zhang / @christinezhang appeared in Gordon Smith, Jennifer Creery and Emily Goldberg, FirstFT: Today's top stories, Financial Times, June 22, 2021. Available at: https://www.ft.com/content/ebc5fc9d-fa13-4649-bb57-85baf18715c3

個々のつながりを見せたいときは
──ネットワークグラフ

　警察の不正行為に関する調査は、2020年に起こったミネアポリスの警官によるジョージ・フロイド氏の殺害事件以降、増加した。問題の警官、デレク・ショーヴィンは、彼の19年のキャリアのなかで、クレームを少なくとも17

件受けていた。そのうちたった1件が懲戒処分につながったのだ。しかし、このようなクレームの数々はどれほど常態化しているのだろうか？　そして、彼の同僚たちも同じような振る舞いをしていて、ショーヴィンの振る舞いはその一例にすぎなかったのだろうか？

　ノースウエスタン大学の社会学者アンドリュー・パパクリストとその研究チームは、比較的まれではあるが、多くのクレームを受ける警官は同僚を「不正行為ネットワーク」と呼ばれる複数のクレームに名を連ねる警官のグループに引き込む可能性があることを示した。

　彼らの研究が示した**図表8-15**のネットワークグラフは、不正行為についてのクレームに同時に名指しされたシカゴ警察第5管区の警官どうしのつながりを表している。各線が、警官らのつながりである。多くがもうひとり別の警官のみとつながっている一方で、この図解によって露呈した驚くべき傾向は、つながった警官によっていくつかのクラスターが形成されているということだった。

図表8-15 **ネットワークグラフで傾向がはっきり見える**
警察の不正行為ネットワーク
シカゴ警察管区で、一般市民が直面した不正行為への苦情に1件以上名前が挙げられた警官

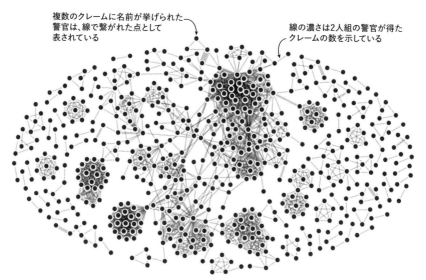

複数のクレームに名前が挙げられた
警官は、線で繋がれた点として
表されている

線の濃さは2人組の警官が得た
クレームの数を示している

出典：Invisible Institute, George Wood, Daria Roithmayr, Andrew Papachristos appeared in Claire Bushey, Small share of US police draw third of complaints in big cities, Financial Times, May 28 2021. Available at: https://www.ft.com/content/141182fc-7727-4af8-a555-5418fa46d09e

　この図解がすばらしいのは、その数量化ではない。この図解上にあるドットを数えるのは誰にも感謝されない仕事だ。この図解が持つ力はその集団の存在にある。多くのデータ・ビジュアライゼーションに共通することとして、重要なのはパターンであり、数字ではない。そして、アンドリュー・パパクリストは次のように述べている。「異常なのは集団の行動だ……『周りに悪影響を及ぼす人』だけの問題だと考えていると、そのほかの同類者については考えが及ばなくなる。バッド・アップルは集団を腐らせるのである」

第9章
ランキングを表す

リスト上に並べられたデータ項目の位置が、絶対値や相対値より重要な場合に使用する。注目してほしいポイントを強調するのを恐れてはいけない。

ランキングは順位と値両方が重要

図解が本当に洞察に満ちたものであるためには、文脈が重要になる。なぜなら、重要な問い「何と比較されているのか」に対して視覚的に回答してくれるからだ。数字それ自体に、もとから大きい、小さい、というのはない。そう判断するためには、文脈が必要なのだ。

図解における文脈の比較でよくあるのは、時間との比較（「昨年と比較して……」）や場所との比較（「北部と比較して……」）である。ランキングでは、文脈は相対化された実績（「私たちのライバルと比較すると……」）によって浮かび上がる。

順位を強調する図解では、データのなかの順序立った位置、たとえば1番目、2番目、3番目の位置などを見ることが、そのランキングのもとになる数字を見るのと同じぐらい重要なことが多い。「図解の言語」の関係性でいえば、この図解タイプは勝者や敗者に焦点を当てている。

実のところ、順位に焦点を絞るあまり、そこにある測定値を一緒に見ることができなくなってしまう図解タイプもいくつかある。

ランキングの推移を表すときは
── バンプチャート

図表9-1のバンプチャートは、サッカーの長者番付リストで急上昇したマンチェスター・シティについて示したものだが、ここではクラブが生み出し

図表9-1 バンプチャートでランキングを見せる

マンチェスター・シティがサッカークラブの長者番付リストで急上昇

総収入ランキング

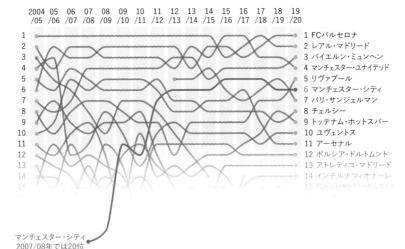

マンチェスター・シティ
2007/08年では20位

出典：Deloitte appeared in Adapted from Man Utd's financial success belies its on-pitch performance by Murad Ahmed and Patrick Mathurin, January 25, 2019. Available at: https://www.ft.com/content/9d1e5e68-208b-11e9-b126-46fc3ad87c65

た収益額についてはわからない。そのかわり、クラブの収益リスト上の順位がどのような時系列変化を経たかを示しており、この図解はとても明確にその役目を果たしている。

　第5章「時系列変化を表す」で見た基本的な折れ線グラフのテクニックを借用していることに注目してほしい。ほとんどの線は背景にあり、重要なデータ（この例では、マンチェスター・シティ）が前面に出てきている。このテクニックによってわかりやすく手入れされていないと、こんがらがったスパゲッティになるところだった。

　バンプチャートは、主要な傾向を見るうえで、リスト上で定期的に変化する位置さえ示せばよいときに有効となる。鉱業会社のBHPが時価総額でFTSE100〔イギリスの代表的な株価指数〕の最上位に浮上したことを表した**図表9-2**がよい例だ。サッカーのマネー・リーグと同様に、時価総額そのもののデータについては読み取れないが、相対化された株価の動きについて、シンプルな傾向は見ることができる。これさえわかればいい、というときもあるだろう。

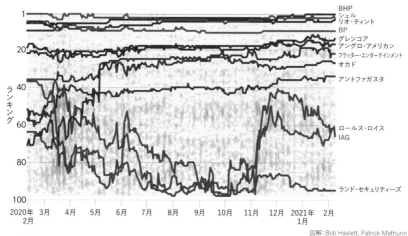

図表9-2 相対的な株価のみをバンプチャートで見せる

BHP、FTSE100のトップに躍り出る

持ち高ランキング ── 原料 ── エネルギー ── 上昇企業 ── 下降企業

BHP
シェル
リオ・ティント
BP
グレンコア
アングロ・アメリカン
フラッター・エンターテインメント
オカド
アントファガスタ
ロールス・ロイス
IAG
ランド・セキュリティーズ

図解：Bob Haslett, Patrick Mathurin
出典：Bloomberg appeared in Neil Hume, How BHP became the UK's biggest listed company, Financial Times, February 13, 2021. Available at:
https://www.ft.com/content/2da09da5-3034-4418-9eef-029dbef7fcfe

しかし、順位に加えて、そのデータが持つ値についても知りたいときはどうすればよいだろうか？

ランキングの他に分布も見せる
──ドット・ストリップ・プロット

　最初のバンプチャートで見たデータに戻ってみると、**ドット・ストリップ・プロット**を使えば、世界のトップクラブの収益額の分布を効果的かつコンパクトに視覚化できる。すべてのドットが同じ線上に収益額順に整列されることで、ドットの順序（順位）についても簡単に知ることができる。

　図表9-3では、バンプチャートでは隠されていたデータについて多くのことがわかる。特に、収益額のデータのなかの差異やクラスターについては、単純な順序どおりのランキングでは見えなかったものだ。しかしドット・ストリップ・プロットだと、バンプチャートによって明らかになった昨今の躍進とは裏腹に、マンチェスター・シティはいまだ首位から1億5000万ユーロ以上離されていることがわかる。

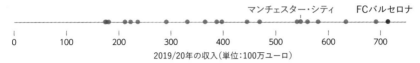

図表9-3 ドット・ストリップ・プロットなら収益額の差異も見せられる

FCバルセロナは上位サッカークラブの長者番付リストでトップだ

2019/20年の上位20チームの収入（単位：100万ユーロ）

出典：Data from Deloitte

　しかし、順位の時系列変化の推移は確認できなくなってしまうのと同時に、ドット・ストリップ・プロットのその簡潔な形ゆえに個々のクラブを見分けることも難しくなる。複数のドットが集まっている場所であればなおさらだ。これについては、ドット・ストリップ・プロットを複数の行に、国別で細分化することで改善できる（**図表9-4**）。このアプローチのメリットは、各国のなかの順位と全体の順位を見ることができる点だ。たとえば、マンチェスター・ユナイテッドの収益は全体で4位だが、イングランドで見ると1位であることがわかる。

図表9-4 国別に細分化して個々の点を見やすくする

スペインの巨人たちはサッカークラブの長者番付リストのトップに
君臨するが、英プレミア・リーグが財政面で強いのは明らかだ

2019/20年の上位20チームの収入（単位：100万ユーロ）

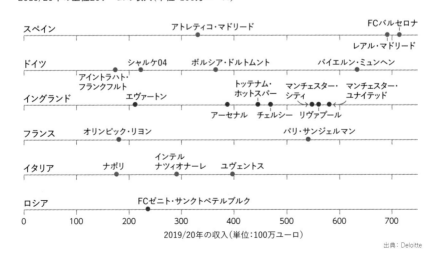

出典：Deloitte

161

棒グラフでランキングを見せたいときの注意点

　もちろん、単純に棒グラフを使って値順で棒を並べ替えることもできる。**図表9-5**が示すのは、**ランキングは補完的な関係としてほかの要素（この場合は、クラブの収益額の大きさ）と一緒に視覚化されて使われることが多く、それによってわかりやすくなっている。**

図表9-5 棒グラフで収益額とランキングを伝える

FCバルセロナは上位サッカークラブの長者番付リストでトップだ

2019/20年の上位20チームの収入（単位：100万ユーロ）

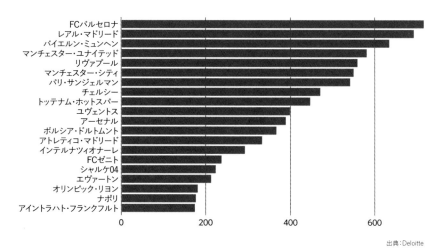

出典：Deloitte

　もしこのデータが収益額ではなくアルファベット順に並べられていたら、図解はとげとげとした山になり、数値を比較することも、順位を見ることも、とても難しくなってしまう。これを確認するために、**図表9-6**のグラフを見て収益が7番目に多いクラブを特定してみよう。可能ではあるが、必要以上に難しい……（賭けてもいいが、あなたは今、頭のなかで順位を数えているはずだ）。

図表9-6 データ分類次第で見やすさはこんなに変わる

アルファベット順では
アーセナルがサッカーの長者番付リストでトップに立つ

2019/20年の上位20チームの収入（単位：100万ユーロ）

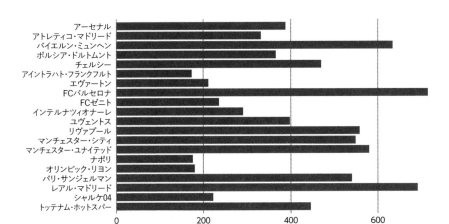

出典：Deloitte

　データをアルファベット順に見せるのが有効なときもある。とくに、読者がデータをざっと見て特定の要素を探すことを想定している場合だ。しかし、多くの場合、この方法をとるのが最適なのは、データが図解ではなく、表形式で示されているときだ。

　値順にランキングごとに並べると、ひどい見た目の図解も最低限読みやすくはできる。**図表9-7**のアメリカの銀行の配当金について示した二重棒グラフは、アルファベット順にしたサッカーの図解と似たような問題に直面している。しかしこの事例では、このデータをこの順に並べる論理性はまったくない。時系列変化の要素（古い配当金と新しい配当金の差異）を読み取ろうとすると、私たちはさらに混乱してしまう。

　次に、新しい配当金額順に並び替えられたデータを見てみよう（**図表9-8**）。この図解は目に優しいと感じるはずだ。私たちの眼が、新旧の数値に大きな開きがある銀行（たとえばモルガン・スタンレー）に行くこともわかるだろう。データを並び替えるという簡単なことをするだけで、かなりのメリットがあるのだ。

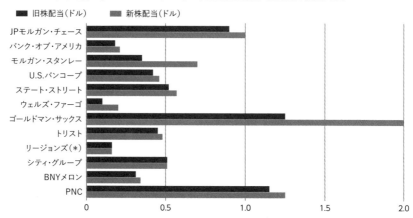

図表9-7 データの並び方に意味がないグラフ

配当の喜び

アメリカの大手銀行の多くがFRBのストレステスト〔健全性審査〕後に配当金を増額させた

■ 旧株配当（ドル）　■ 新株配当（ドル）

*リージョンズは2021年7月の取締役会で増配を検討予定
出典：Bank public statements appeared in Joshua Franklin and Imani Moise, US banks to pay extra $2bn in quarterly dividends, Financial Times, June 29, 2021. Available at: https://www.ft.com/content/1c904432-479c-45b3-84e5-857a06bdadb5

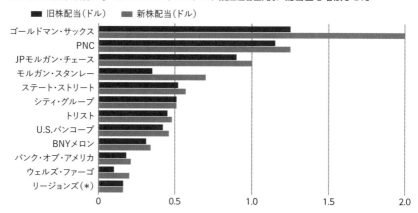

図表9-8 並び方を変えるだけで見やすさは段違い

配当の喜び

アメリカの大手銀行の多くがFRBのストレステスト〔健全性審査〕後に配当金を増額させた

■ 旧株配当（ドル）　■ 新株配当（ドル）

*リージョンズは2021年7月の取締役会で増配を検討予定
出典：Bank public statements appeared in Joshua Franklin and Imani Moise, US banks to pay extra $2bn in quarterly dividends, Financial Times, June 29, 2021. Available at: https://www.ft.com/content/1c904432-479c-45b3-84e5-857a06bdadb5

164

　しかし、変化する順位を表現するのがこの方法しかないと早合点してはいけない。**二重棒グラフの並び替えの大きな欠点は、ひとつの要素（前か後か）でしか並び替えができないこと**だ。

　二重棒グラフで、ふたつの時期の順位を両方正確に表現することは不可能だ。たとえば、**図表9-9**の生産性向上について示した図解では、データは1996年から2005年の期間の成長率に応じて並べられている。この期間の順位を確認するのは簡単だが、直近の期間の順位をまとめるためには、私たちは「数値を数えて覚える」という作業に戻らなければならない。

図表9-9 **二重棒グラフで、両方のデータの順位を同時には見せられない**

2005年以降、主要経済国で生産性は急降下した

労働生産性の年間比率（単位：%）

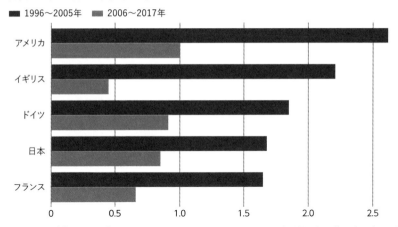

出典：University of Oxford appeared in How to create a durable economic recovery. Available at: https://www.ft.com/content/cfb2bd91-6a77-4b5a-8423-b922f6754179

量・時系列・ランキングを同時に見せる
──スロープ・チャート

　同じデータでも、**スロープ・チャート**はもっといい解決策であり、ひと目でこのデータにある量、時系列変化、そしてランキングの関係性がわかるようになる（**図表9-10**）。

　ここで、どちらの時間軸でも各国の順位をはっきりと確認できていること

スロープ・チャートなら、異なる時間軸のランキングを同時に見せられる

2005年以降、主要経済国で生産性は急降下した

労働生産性の年間比率（単位：%）

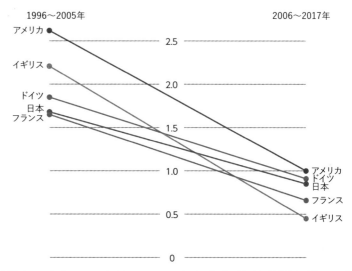

出典：University of Oxford appeared in How to create a durable economic recovery from Covid by Chris Giles, May 27, 2021. Available at: https://www.ft.com/content/cfb2bd91-6a77-4b5a-8423-b922f6754179

に注目してほしい。アメリカが1位にとどまり、イギリスは2位から5位（このリストの最下位）に転落している。もとの二重棒グラフよりも明らかに、私たちの目はこの動向に注目する。

　さらに、スロープ・チャートにすることで図解のタイトルの説得力が増している。線の急角度は生産性が急降下していることを表している。あまり使われていない手法ではあるが、非常に便利で、とても読みやすい図解を作ることができる。

　色分けは図解、特にランキングを表す図解のデザインを考えるうえで重要な要素となる。色を使うことでほかの情報について伝えることができるからだ。**図表9-11**でいえば、地理的な情報である。

　しかし、ランキングにおいては、私たちは極値、つまり最上位や最下位にのみ関心があることが多い。そのため、関心のある値のみ色をつけて強調するだけで十分なときもある（**図表9-12**）。こうすれば、図解のタイトルと図

解の内容が組み合わさったときに、それぞれの文章や図の説得力が増すことになる。

図表9-11 色分けで地理的情報も加える

スペインの巨人たちがサッカーのマネー・リーグを支配する

2019/20年の上位20クラブの収入（単位：100万ユーロ）

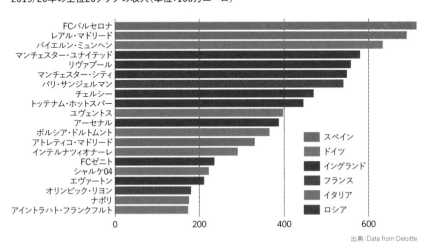

出典：Data from Deloitte

図表9-12 焦点のみに色をつけると見やすい

スペインの巨人たちがサッカーのマネー・リーグを支配する

2019/20年の上位20クラブの収入（単位：100万ユーロ）

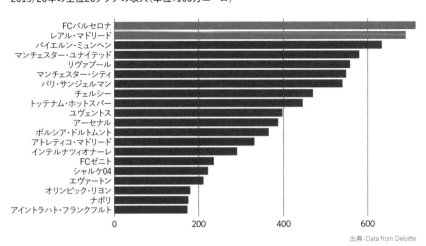

出典：Data from Deloitte

シンプルだがランキングに最適
——表

　順序のあるデータの視覚化について急ぎ足で見てきたが、最後に、**表**もランキングのツールキットの一部としてしかるべきだと申し添えておきたい。**表の構造化された形式は、データのなかのランキングをすぐに特定するには最適**だ。つまり、位置が重要なのである。そのため、サッカーファンは何十年にもわたってリーグ表の読み方を学んできたのだ（**図表9-13**）。

図表9-13 表は最もシンプルなランキングの図解

ランキングだけが重要になることもよくある

1949/50年イングランド1部リーグ——最終順位表

順位	チーム名	消化試合回数	勝ち	引分	負	得点数	失点数	平均得点数	勝ち点	
1	ポーツマス	42	22	9	11	74	38	1.947	53	優勝
2	ウルヴァーハンプトン・ワンダラーズ	42	20	13	9	76	49	1.551	53	
3	サンダーランド	42	21	10	11	83	62	1.339	52	
4	マンチェスター・ユナイテッド	42	18	14	10	69	44	1.568	50	
5	ニューカッスル・ユナイテッド	42	19	12	11	77	55	1.400	50	
6	アーセナル	42	19	11	12	79	55	1.436	49	
7	ブラックプール	42	17	15	10	46	35	1.314	49	
8	リヴァプール	42	17	14	11	64	54	1.185	48	
9	ミドルズブラ	42	20	7	15	59	48	1.229	47	
10	バーンリー	42	16	13	13	40	40	1.000	45	
11	ダービー・カウンティ	42	17	10	15	69	61	1.131	44	
12	アストン・ヴィラ	42	15	12	15	61	61	1.000	42	
13	チェルシー	42	12	16	14	58	65	0.892	40	
14	ウェスト・ブロムウィッチ・アルビオン	42	14	12	16	47	53	0.887	40	
15	ハダースフィールド・タウン	42	14	9	19	52	73	0.712	37	
16	ボルトン・ワンダラーズ	42	10	14	18	45	59	0.763	34	
17	フラム	42	10	14	18	41	54	0.759	34	
18	エヴァートン	42	10	14	18	42	66	0.636	34	
19	ストーク・シティ	42	11	12	19	45	75	0.600	34	
20	チャールトン・アスレティック	42	13	6	23	53	65	0.815	32	
21	マンチェスター・シティ	42	8	13	21	36	68	0.529	29	降格
22	バーミンガム・シティ	42	7	14	21	31	67	0.463	28	降格

　表は、数字のリストにすぎないではないかと考えてしまいがちだが、図解と同じく、見やすくさせる法則がある。

表を見やすくさせるふたつの法則

法則1　フォントの幅を調整し数字を右揃えにする。そうすることで、数字を一覧しやすくなり、また数字の位（小数や10の位、100の位など）が縦に揃う。

法則2　同じ精度で表示する。平均得点数において、数値がシンプルに1の場合であっても、すべて小数点以下3桁まで表示されていることに注意しよう。

　そしてこの例の図解では、最上位と最下位という重要な行を強調することで、要点に注意を向けている（文字どおりの、勝者と敗者である）。

　この古くからある表という遺物は、順位の重要性を際立たせる。サッカーのポイント制がこのときから変更されていること（1980年代に勝ち点は2から3に、そして平均得点数は得失点差に変更された）は問題ではない。ポーツマス（優勝王者）や、マンチェスター・シティ、バーミンガム・シティ（降格チーム）のファンにとって重要なのは、どの数字よりもリスト上の位置なのだ。

第10章
へだたりを見せる

　固定の基準点をどれほど上回ったり下回ったりしているかを強調する。基準点は0の場合が多いが、目標値や長期平均に設定するときもある。また、「賛成」「どちらでもない」「反対」といった意見の違いを表す場合にもよく使われる。

図解は「これひとつで成立」しなければならない

　2014年、私はユネスコからアジア太平洋地域の教育格差に関するレポートに付ける図解の見直しを頼まれた。バンコクに1週間滞在し、知識が豊富で非常に意欲的なチームと気持ちよく仕事をした。どの図解にも欠陥が見つかり、私たちは原因を探るため議論を重ねた。

　たとえば、**図表10-1**の「初等教育の調整後純入学率におけるジェンダー格差指標（2009年）」を見てみよう。「普遍的な初等教育」のレポートに掲載されている、実に覚えやすいタイトルのグラフだ。

　このグラフは、データ・ビジュアライゼーションの基本ルールを守っていない。つまり、これひとつだけでは成立しない。レポートの残り73ページを読まないと、グラフの意味がわからないのだ。仮に読者がジェンダー格差指標（GPI）を知っていたとしても、グラフのなかの不思議な灰色のゾーンが何を示しているのかがわからない。

　さらに、この図は体にもよくない。国名の文字が横向きのため、集中して読んだあとはカイロプラクティックで体の歪みを直さないといけない。グラフ全面に惜しげもなく使っている鮮やかな赤は、太文字だけで書いた文章がまるで怒鳴っているように感じられるのと同じ印象を与える。

　どうすればこのデータを役に立つグラフに変えられるだろうか。

　常に最初に考えなければいけないのは、注目すべきデータの関係性だ。そ

図表10-1 「これひとつで成立」していないグラフ

初等教育の調整後純入学率におけるジェンダー格差指標（2009年）

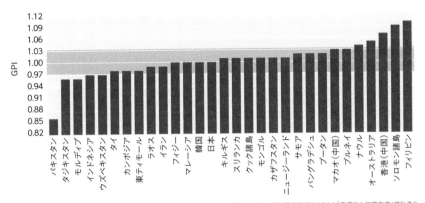

出典：ユネスコ統計研究所（2011年）の「普遍的な初等教育」統計表2
https://unesdoc.unesco.org/in/documentViewer.xhtml?v=2.1.196&id=p::usmarcdef_0000221200&file=/in/rest/annotationSVC/DownloadWater-markedAttachment/attach_import_ee89607b-66bc-45d6-a7fd-から閲覧可能。

れを念頭に置いて、まずグラフの縦軸を見よう。GPIの目盛りはなぜ0.82から1.12なのか。理由はひとつで、単に図解作成ソフトが初めに設定した値をそのまま使っているからにすぎない。

　GPIは、初等教育を受ける男女間で平等がどれほど達成されているかを測る指標で、1の値が平等な水準だ。つまり**注目すべきなのは、各国のGPI値（規模）ではなく、各GPIの1からのへだたりである。** この重要な点がわかれば、グラフの大胆な改造に取りかかれる。

基準点からのへだたりを正負両方で示す
── 分岐横棒グラフ

　まず、GPIの1を基準にグラフの各柱が左右に分岐するように置き、柱の長さによって基準点からのへだたりを表す（**図表10-2**）。

　これによって**グラフが横向きになり、国名が読みやすくなる。** 必要最小限の軸の目盛りと矢印で、各柱の長さや、長さの意味がわかる。

　次に、例の不思議な灰色ゾーンをグラフに入れ直す（**図表10-3**）。これは、ユネスコの達成目標だ。グラフの大事な要素で、これにより各国のデータが

ジェンダー格差指標

初等教育の調整後純入学率（2009年）より

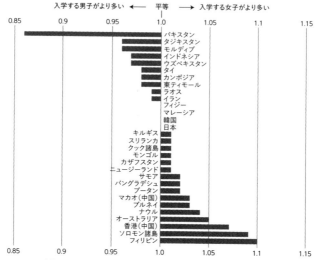

出典：ユネスコ統計研究所(2011年)の統計表2、フィナンシャル・タイムズ「データの可視化の失敗例と防ぎ方」に掲載
https://www.ft.com/content/3b59f690-d129-11e7-b781-794ce08b24dcから閲覧可能

図表10-3 目標範囲に色をつける

ジェンダー格差指標

初等教育の調整後純入学率（2009年）より

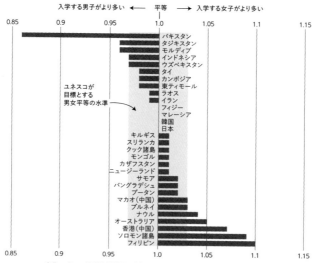

出典：ユネスコ統計研究所(2011年)の統計表2、フィナンシャル・タイムズ「データの可視化の失敗例と防ぎ方」に掲載
https://www.ft.com/content/3b59f690-d129-11e7-b781-794ce08b24dcから閲覧可能

意味を帯びるようになる。

さらに、色を加えて、ユネスコの目標を達成していない国々だけを際立たせる（**図表10-4**）。識別しやすい2色を使い、達成できない理由がふたつあることを明示する。注釈を加えると、これらの国々を目立たせた意図を簡潔に伝えられる。

最後に、**明確なタイトルをつけると、読者がこのグラフをどう見ればいいかが伝わる**（**図表10-5**）。細かい点はサブタイトルや脚注に回せばよい。これらは大事ではあるが、読者が最初に頭に入れなくてもよい情報だ。

完成した新しいグラフと元のグラフを比べると、同じデータを見ているとは思えない。以前のグラフではパキスタンは目立たない存在だったが、今では、同国の女子が男子に比べてはるかに恵まれない境遇にあることが強く伝わってくる。

このグラフは、手直しを経て初めてその有用性がわかった。同じ手法でいつもグラフを作り替えられるわけではない。だからこそ、**図解の作成者は、「見せるデータはできるだけ少なく、しかしできるだけわかりやすく」作ること**を心がけてほしい。

学習ポイント ── 図表と文章は並行して作成しよう

大事なのは、適切なグラフを選んで、**鍵となるポイント「何が」「どのくらい」を示し、レポート本文ではその先の重要な問題「なぜ」「その結果」に焦点を当てる**ことだ。そのようにして図表と文章を並行して作成すれば、わかりやすくかつ簡潔で、信憑性のあるレポートに仕立てられる。

ユネスコのスタッフが自分たちの資料を進んで批評し、改良しようとした姿勢も重要だ。外部の人間がいくら助言しても、当事者に改善の意思がなければ、持続的な質の向上は望めない。

へだたりを見せる図解と言えば、絶対的な値（利益と損失、など）にせよ、相対的な値（営業成績が目標を上回るか下回るか、など）にせよ、プラス・マイナスの値が関わると思いがちだ。

しかし**グラフの分岐点は、データの基準となるのであれば、どんな値でもいい**。先のGPIグラフでは、男女比の平等な水準を示す1.0を分岐点とした。

図表10-4 一部を目立たせ、注釈をつける

ジェンダー格差指標

初等教育の調整後純入学率（2009年）より

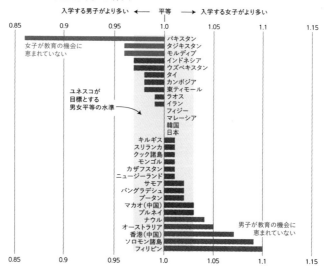

出典：ユネスコ統計研究所（2011年）の統計表2、フィナンシャル・タイムズ「データ可視化の失敗例と防ぎ方」に掲載
https://www.ft.com/content/3b59f690-d129-11e7-b781-794ce08b24dcから閲覧可能。

図表10-5 明確なタイトルでグラフの見方を伝える

パキスタンの女子は初等教育の機会に恵まれていない

アジア太平洋地域におけるジェンダー格差指標（2009年）*

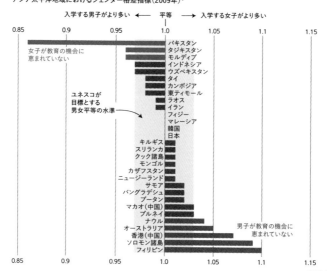

*調整後純入学率より
出典：ユネスコ統計研究所（2011年）の統計表2、フィナンシャル・タイムズ「データ可視化の失敗例と防ぎ方」に掲載、
https://www.ft.com/content/3b59f690-d129-11e7-b781-794ce08b24dcから閲覧可能

レポートの指標GPIをそのまま用いているので、グラフの傾向を説明する際に、データの基調となった数値に言及できる。

　一方、**データの相対的なへだたりのみを表した図解では、元々の数値が見えなくなる点に注意しなければならない。**

　たとえば、次のヨーロッパの気候異常を表した**図表10-6**では、縦軸は実際の気温ではなく、長期平均気温からのへだたりのみを示している。グラフの焦点は純粋にへだたりであり、量ではないので、たとえば2021年6月の平均気温が何度だったかという情報は、このグラフからはわからない。

　だからと言って、このグラフが役に立たないというわけではない。ここでは2色を有効に使い、注目すべき重要なへだたりを際立たせている。最近の数年間は、それまで記録されたことのないほど暑い6月が続いているのだ。

図表10-6 **へだたりの図解からは、絶対値がわからない**
ヨーロッパでは史上2番目に暑い6月を記録

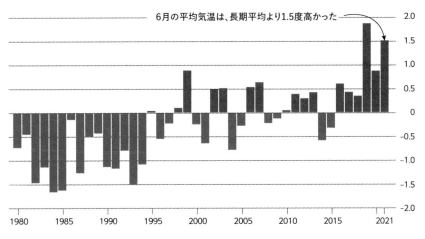

6月の地表気温の平年差（摂氏）*

6月の平均気温は、長期平均より1.5度高かった

*1991-2020年平均との比較

グラフィック：スティーブ・バーナード
出典：コペルニクス気候変動サービス、レズリー・フックとスティーブ・バーナードによる
2021年7月9日付フィナンシャル・タイムズ「北米とヨーロッパにおける6月の記録的猛暑、気候変動と関係」に掲載
https://www.ft.com/content/f08156a6-c8ac-4c00-94df-2a955dc56da9から閲覧可能

変動する基準値とのへだたりを示す
──損益面グラフ

　基準値が変動するときもある。その場合は、**損益面グラフを使うと測定値が基準を上回ったり下回ったりする様子がよくわかる。**第5章「時系列変化を表す」では、ウィリアム・プレイフェアのグラフに着想を得たこの手法が、輸出入額のような経済データを示すのにいかに有効かを見た。しかし、**図表10-7**のように、富の対比が主目的の時系列比較にも使える。

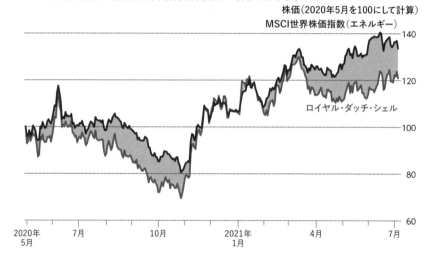

図表10-7 損益面グラフで基準値とのへだたりが時系列で伝わる

シェルは配当金の減配以降、競合他社の株価を下回った

株価（2020年5月を100にして計算）
MSCI世界株価指数（エネルギー）

ロイヤル・ダッチ・シェル

出典：リフィニティブ、2021年7月7日付フィナンシャル・タイムズ「シェル 配当抑制で株主混乱」に掲載
https://www.ft.com/content/209b0ec3-28f4-4d44-bcd9-5a79f33a9c40から閲覧可能

意見の対立を示すのに最適
──対称棒グラフ

　対立する意見のデータを表すときは、対称棒グラフが使える。ワクチン懐疑論の世界的広がりを示した**図表10-8**は、「わからない」と回答した層を右脇に外したことで、国ごとの賛成と反対の差が強調されている。

図表10-8 対称棒グラフで賛否の比率を見せる

ワクチン懐疑論が世界的に広がっている
新型コロナウイルス感染症のワクチンが利用可能になったら接種しますか?

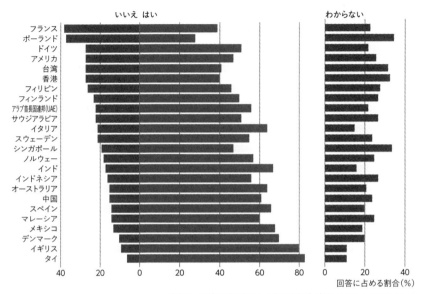

出典:ユーガブ(2020年11月17日ー2021年1月10日)、デイビッド・ロバート・グライムスによる
2021年2月5日付フィナンシャル・タイムズ「コロナ陰謀説にどう対処する」に掲載
https://www.ft.com/content/6660cb80-8c11-476a-b107-e0193fa975f9から閲覧可能。フィナンシャル・タイムズの許可を得て使用。

　対称棒グラフは、データ(この場合は、「いいえ」と回答した層)を順位付けて置くと、最も効果を発揮する。前にも触れた話だが、**ほかのデータの関係性を表したグラフにランキングの関係性を補足すると、おもしろくなる。**

　このグラフでは回答が「はい」「いいえ」「わからない」だけだが、対称的な選択肢(たとえば、「大いに反対」「反対」「どちらでもない」「賛成」「大いに賛成」から選ぶ)、いわゆる「リッカート尺度」を使った調査でも、たいてい対称棒グラフは有効だ。

　比較として、コロナに関する同じデータを元に作られた**図表10-9**の標準的な積み上げ棒グラフを見てほしい。このグラフでより強調されているのは、割合と構成要素という関係性だ(このため、各国の「はい」「いいえ」「わからない」は合計100%になる)。これも効果的だが、「はい」と「いいえ」のあいだのへだたり具合は、少し見づらいかもしれない。

積み上げ棒グラフにすると、「割合と構成要素」が強調される

ワクチン懐疑論が世界的に広がっている
新型コロナウイルス感染症のワクチンが利用可能になったら接種しますか?

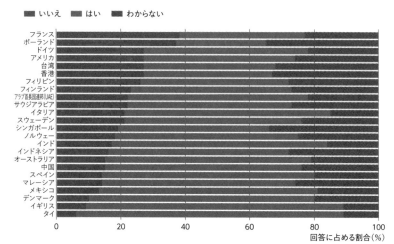

出典:ユーガブ(2020年11月17日―2021年1月10日)、デイビッド・ロバート・グライムスによる
2021年2月5日付フィナンシャル・タイムズ「コロナ陰謀説にどう対処する」に掲載
https://www.ft.com/content/6660cb80-8c11-476a-b107-e0193fa975f9から閲覧可能、フィナンシャル・タイムズより許可を得て使用

　最後に、外交活動に関する**図表10-10**は、世界各国によるロシア人外交官の追放と、ロシアから追い出された各国外交官との関係をはっきりと示している。へだたりを示す型を使いながら、追放された外交官一人ひとりを点で表すことによって、「仕返し」外交の様子がくっきりと浮かび上がっている。

へだたりを見せながら、絶対値も見せる方法

仕返し　152人の外交官が国外追放された(4月15日以降)

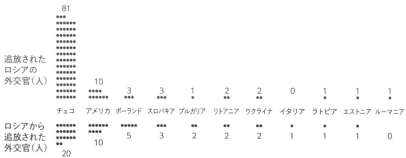

グラフィック:アイアン・ポット
出典:フィナンシャル・タイムズ リサーチ、「外交官追放により東欧でのロシア勢力圏が縮小」に掲載
https://www.ft.com/content/9476edbf-0ea4-44b9-a27e-0d9bae29cbb7から閲覧可能

第11章

割合と構成要素を表す

全体を構成する各要素の割合を示す。要素の大小を比べるのが第一目的であれば、第4章の「量を比較する」タイプの図解を選んだほうがよい。

割合と構成要素がいちばんわかりやすいグラフ
　　── 円グラフ

図解の話題で最も議論を呼ぶのは、間違いなく**円グラフ**だろう。データ・ビジュアライゼーションの関係者のなかには、円グラフは図解世界の「コミック・サンズ（Comic Sans）だ」と言う者もいる。皆が使い回しているこのマイクロソフトの書体を毛嫌いする愛好家と同様に、円グラフさえなければ世の中はもっと進歩するのに、とケチを付けるのだ。

しかし、こうした**誹謗中傷にもかかわらず、円グラフは学校の教室から企業の役員室まで、さまざまな生態系で依然として隆盛を誇っている**。絶滅が間近に迫っている気配はみじんもない。円グラフは良くも悪くも、一般の図解作成では欠かせない存在なのだ。

『フィナンシャル・タイムズ（ＦＴ）』の「図解の言語」にも円グラフがあると知って驚く人は多い。確かに**円グラフは乱用されているが、使い方を厳しく定めれば、れっきとした役割がある**。その理由がわかれば、200年以上前にウィリアム・プレイフェアがわざわざ円グラフを発明したのもうなずけるだろう。

円グラフは、割合と構成要素を表す。つまり、ある全体を構成する複数の要素の相対的な大きさを伝える。

「割合と構成要素」の関係性を知っていると、クラスの生徒たちの目の色にせよ、企業の部門ごとの収益にせよ、データの構成をつかむことができる。

図表11-1のように、円グラフは割合も単なる量も表現できる。

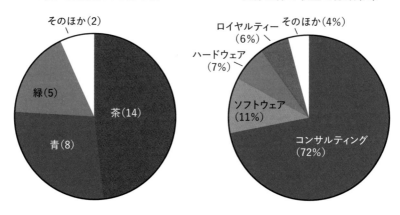

図表11-1 円グラフでは正確な「量」はわからない

円グラフは教室から役員室までいたる所でよく使われる

4F組の生徒29人の目の色

そのほか(2)
緑(5)
青(8)
茶(14)

世界全体の収益の分類(%)

ロイヤルティー（6%）
ハードウェア（7%）
そのほか(4%)
ソフトウェア（11%）
コンサルティング（72%）

　ただ純粋に各要素の量を比較するのなら、円グラフは棒グラフほど効果的ではない（両グラフの比較については第13章「図解はどのように読み取られるか」で取り上げる）。**見る側にとって、円グラフは正確な量を見積もるのが難しい**のだ。この欠点を暗に認めているかのように、この例でも見られるとおり、円グラフはほぼ常に各セグメント（構成部分）にそれぞれの値が書き込まれている。

　それでも、私の職場で円グラフが小さいながらも確かな役割を持ち続けているのは、クラスの全生徒であれ多国籍企業の年間収益であれ、**各要素が合わさって意味のある全体が成立している点がこれほどわかりやすい図解は、ほかにない**からだ。この視覚的特徴がどれほど強烈か物語る例がいくつかある。

　まずひとつに、円グラフには世界中でさまざまな名称があるが、ほぼ必ず割合と構成要素（切り分けられるもの）を思い起こさせる言葉が使われている。たとえばフランスでは「カマンベール図」、ポルトガルでは「ピザ図」だ。美食の文脈で語られるのは、円グラフも例外ではないようだ。

　ほとんどの人が、人生の早い段階、多くの場合小学校で円グラフを習うことも、おそらく関係があるだろう。これほど「直感的に」理解できる類の図解はないのだろう。

　さらには、社会における円グラフの浸透を証明するかのように、円グラフで間違うと、ニュースのトップを飾る大騒ぎに発展する。

　2009年11月、フォックスニュースが2012年大統領選挙の共和党候補者選びで作った円グラフが、ソーシャルメディアを駆けめぐった。グラフの３つのセグメントが、「ペイリンを支持」(70%)、「ハッカビーを支持」(63%)、「ロムニーを支持」(60%)と、合計で193%になったのだ。円グラフは合計100%だと私たちは当然小学校で習っているわけで、大勢の非難を一気に浴びた。

　この例は明らかな円グラフの悪用だったが、細かいことを言わせてもらうと、円グラフの合計は常にきっかり100%になるわけではない。単に数値が丸められている場合もあるからで、99.9%や100.1%になる場合もある。しかし、193%は論外だ。

　2016年のドリュー・スカウとロバート・コサラによる研究 (https://kosara.net/papers/2016/Skau-EuroVis-2016.pdf) は、人が円グラフをどう読むかについて、多くのことを教えてくれた。円グラフの各セグメントの扇形は、角度、弧の長さ（セグメントの外側の線）、面積のさまざまな組み合わせによって、多様な情報を伝えられるという（**図表11-2**）。

　彼らもおそらく驚いたと思われる結果が、人が円グラフを読む際に最も参考にしないのは各セグメントの角度で、最も参考にするのが弧の長さらしいということだ。

図表11-2 **人は円グラフの「弧の長さ」から情報を読み取る**

円グラフにおける視覚的な3つの符号

弧の長さ　　　　　　　　　角度　　　　　　　　　面積

円グラフの中心に情報を入れたいときに
──ドーナツ型円グラフ

　円グラフと同じ系統に**ドーナツ型円グラフ**がある（**図表11-3**）。**このグラフが便利なのは、中心の「穴」に合計値や総数的な情報を入れられる点**だ。これによって、データの「母集団」、ときには非常に具体的な母集団を強調することができる。

図表11-3 中心に総数的な情報を入れて母集団を強調する
アルアラムの顧客は「アルアラム」が何者かを知らない

身元不詳
5

コメントなし・
無回答
6

ワイヤーカードの
財務報告書における
アルアラム
ソリューションズの
顧客
34人

アルアラム
を聞いた
ことがない
15

2017年までに
廃業
8

出典：フィナンシャル・タイムズ リサーチ、ダン・マクラムによる2019年10月15日付
フィナンシャル・タイムズ「ワイヤーカードの不正会計 実態明らかに」に掲載
（https://www.ft.com/content/19c6be2a-ee67-11e9-bfa4-b25f11f42901）。

　興味深いことに、スカウとコサラの研究によると、人はドーナツ型円グラフと一般的な円グラフを同じくらい正確に読み取れる。理由は、おそらく両グラフのあいだで弧の長さが変わらないからだという。

　円グラフとドーナツ型円グラフは、いくつかの簡単なルールを守って使えば、惨事にはならない。

円グラフとドーナツ型円グラフで守るべき3つのルール

ルール1　「100％ルール」。つまり、**円グラフは完全なデータセットから成立していなければならない。**

ルール2　**セグメントを3次元で表現したり、全体から切り離したりしない。**
　　　　これは、美観だけの問題ではなく、スカウとコサラによれば、セ

グメントを切り離すと誤読が起こりやすくなるからだ（弧の連続
性が切れるためだろう）。

ルール3　**項目名や値は、できるだけ各セグメントの上に書き込む。**そして、
あまり多くのセグメントを作らない。微妙な量の比較や項目の読
解が難しくなるからだ。

「図解の言語」の観点から言えば、最も大事な点は、**割合と構成要素を表す
方法は、円グラフやドーナツ型円グラフのほかにもある**ということだ。円グ
ラフを禁止するより、状況に合わせてより効果的な図解を選ぶようにすれば、
世の中にあふれる円グラフをかなり減らせるはずだ。

　たとえば、「割合と構成要素」を表すデータのなかには、マイナスの数値を
含むものもある。マイナスはもちろん、ゼロの値のセグメントを含む円グラ
フを私はいまだかつて見たことがない。

マイナス値の要素も含めて構成を見せる
── 滝グラフ

　プラス、マイナス両方の要素を表現できる**滝グラフ**は、イギリス財務大臣
による予算案発表日にＦＴがデータ・ビジュアライゼーションで使う定番だ
（**図表11-4**）。

　経営破綻した航空会社のオーナーが利益を得ていた可能性を伝える滝グラ
フも、円グラフには到底できないデータの見せ方だろう。

ハモンド財政の余地に危機

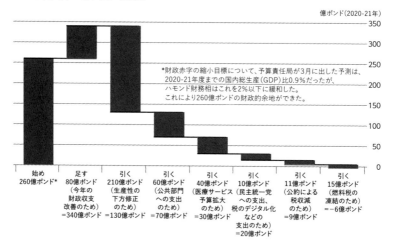

億ポンド(2020-21年)

*財政赤字の縮小目標について、予算責任局が3月に出した予測は、2020-21年度までの国内総生産(GDP)比0.9%だったが、ハモンド財務相はこれを2%以下に緩和した。これにより260億ポンドの財政的余地ができた。

| 始め 260億ポンド* | 足す 80億ポンド (今年の財政収支改善のため) =340億ポンド | 引く 210億ポンド (生産性の下方修正のため) =130億ポンド | 引く 60億ポンド (公共部門への支出のため) =70億ポンド | 引く 40億ポンド (医療サービス予算拡大のため) =30億ポンド | 引く 10億ポンド (民主統一党への支出、税のデジタル化などの支出のため) =20億ポンド | 引く 11億ポンド (公約による税収減のため) =9億ポンド | 引く 15億ポンド (燃料税の凍結のため) =−6億ポンド |

出典:財政研究所、HSBC、ナッフィールド・トラスト、フィナンシャル・タイムズ リサーチ、ジョージ・パーカーとクリス・ジャイルズ(ロンドン)による 2017年11月14日付フィナンシャル・タイムズ 「ブレグジットと財政 ハモンド財務相に強く大胆に出るよう求める声」に掲載 (https://www.ft.com/content/66f8e992-c85e-11e7-ab18-7a9fb7d6163e)。

モナーク航空が破綻してもグレイブルに利益が残った

回復の機会もあったが、経営破綻した航空会社のオーナーは結局1500万ポンドの利益を得た

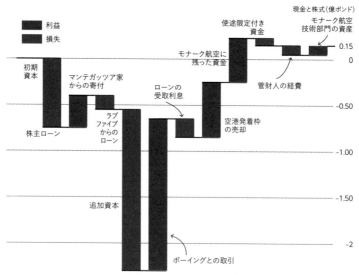

現金と株式(億ポンド)

■ 利益
■ 損失

初期資本　マンテガッツア家からの寄付　ローンの受取利息　モナーク航空に残った資金　使途限定付き資金　モナーク航空技術部門の資産　管財人の経費　空港発着枠の売却　株主ローン　ラブファイブからのローン　追加資本　ボーイングとの取引

0.15
0
-0.50
-1.00
-1.50
-2

出典:フィナンシャル・タイムズ リサーチ、「モナーク航空破綻してもグレイブルは上昇気流」に掲載 (https://www.ft.com/content/9dbf9aae-a8ea-11e7-93c5-648314d2c72c)。

階層ごとに割合と構成要素を示すには
── 陽光チャート

「割合と構成要素」に関するデータがいくつかの階層に分かれているときは、円グラフを応用できる。ロンドン証券取引所（LSE）の収入を表した**図表11-5**の円グラフの変形が一例で、ときに**陽光チャート**と呼ばれる。10のセグメントが大きな3部類に整理されている。この種のグラフは、項目名や値を入れるのが難しいときもあり、セグメントと説明文をつなぐ「引き出し線」も多くなりがちだ。

図表11-5 **陽光チャートで階層別に構成を示す**

ロンドン証券取引所はデータ事業を最大の収入源にしている

億ポンド（2020年）

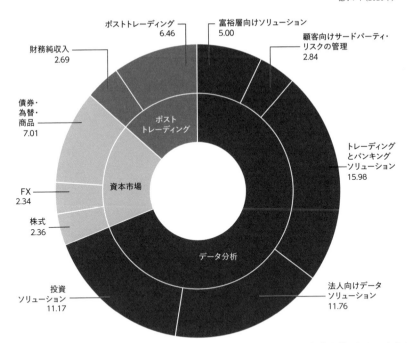

出典：カンパニー、フィリップ・スタフォードとアレックス・バーカーによる2021年6月30日付フィナンシャル・タイムズ「課題山積のロンドン証券取引所、リフィニティブ買収で色あせる輝き」に掲載（https://www.ft.com/content/0c7c6931-9f56-4e43-87cf-91422630a146）。

すべてのセグメントに多くを書き込むには
——ツリーマップ

図表11-6は、同じデータを元に作った「**ツリーマップ**」だ。長方形を階層的に置き、それぞれの面積によって各要素の構成割合を表している。陽光チャートと比較して、この例ではすべてのセグメントの上に項目や値が書き込めている。

図表11-6 ツリーマップで階層も示し、全セグメント上に項目も書き込む
ロンドン証券取引所はデータ事業を最大の収入源にしている

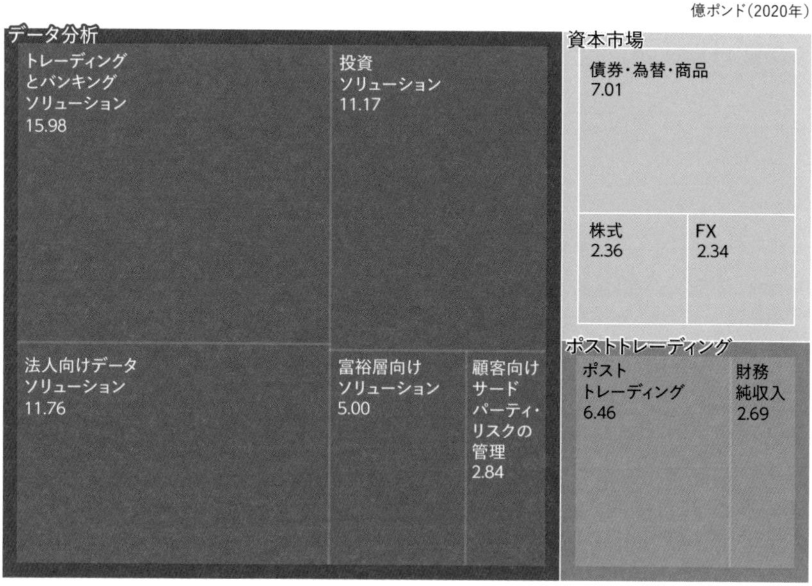

億ポンド（2020年）

データ分析
| トレーディング
とバンキング
ソリューション
15.98

投資
ソリューション
11.17

資本市場
債券・為替・商品
7.01

株式
2.36

FX
2.34

法人向けデータ
ソリューション
11.76

富裕層向け
ソリューション
5.00

顧客向け
サード
パーティ・
リスクの
管理
2.84

ポストトレーディング
ポスト
トレーディング
6.46

財務
純収入
2.69

出典：カンパニー、フィリップ・スタフォードとアレックス・バーカーによる
2021年6月30日付フィナンシャル・タイムズ「課題山積のロンドン証券取引所、リフィニティブ買収で色あせる輝き」に掲載
（https://www.ft.com/content/0c7c6931-9f56-4e43-87cf-91422630a146）。

複数の「割合と構成要素」を比較するには
── グリッドプロット

円グラフについて指摘する最後の点として、**複数の円グラフが並んだとき、グラフ間で各セグメントを比較するのは非常に難しくなる**（図表11-7）。

図表11-7 円グラフ間ではセグメントを比較しにくい

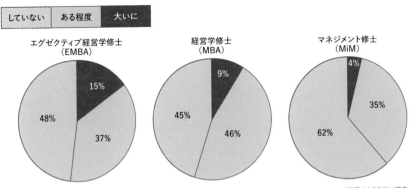

キャリアアップの状況
ヨーロッパのビジネススクール卒業生たちはキャリアアップしたのか*

していない　ある程度　大いに

エグゼクティブ経営学修士
（EMBA）
15%　48%　37%

経営学修士
（MBA）
9%　45%　46%

マネジメント修士
（MiM）
4%　35%　62%

*卒業から3年後に調査
出典:フィナンシャル・タイムズ ビジネスエデュケーションのデータ、レオ・クレモネツィとサム・スティーブンスによる
2000年12月6日付フィナンシャル・タイムズ「図表で見る ヨーロッパのビジネススクール卒業生たちのその後」に掲載
(https://www.ft.com/content/5d834702-daf5-4fcc-b6a7-52afe043e716)。

このようにデータを提示されると、読者はデータをあれこれ記憶しながら見なければならない。しかも、この例は3セグメントしかない3つの円グラフに過ぎない。もっと複雑なデータを扱う場合は、問題はより深刻になる。

この円グラフと同じデータを元に同僚のクリス・キャンベルが作成したのが**図表11-8のグリッドプロット**だ。円グラフと同じ9つの値を、視覚的に分量を把握しやすい形で見せている。**モザイク調に並んだ正方形で数値を表したため、ひとマスを1%として数えられる点**にも注目してほしい。

グリッドプロットの構造は自由に変更できるので、さまざまなレイアウト（10×10、5×20など）に対応できる。複数の「割合と構成要素」を比較するのに、とても便利に使える図解だ。

キャリアアップの状況

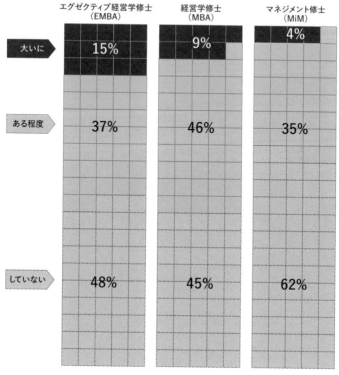

ヨーロッパのビジネススクール卒業生たちはキャリアアップしたのか*

エグゼクティブ経営学修士　　経営学修士　　マネジメント修士
（EMBA）　　　　　　（MBA）　　　　　（MiM）

大いに　15%　9%　4%

ある程度　37%　46%　35%

していない　48%　45%　62%

*卒業から3年後に調査
出典：フィナンシャル・タイムズ ビジネスエデュケーションのデータ、レオ・クレモネツィとサム・スティーブンスによる
2000年12月6日付フィナンシャル・タイムズ「図表で見る ヨーロッパのビジネススクール卒業生たちのその後」に掲載
（https://www.ft.com/content/5d834702-daf5-4fcc-b6a7-52afe043e716）。

値を書かずに構成要素を示せる
──積み上げ横棒グラフ

　ひとつの円グラフとも複数の円グラフとも代替できるもうひとつの効果的な図解が、積み上げ横棒グラフだ（**図表11-9**）。目盛り付きの軸のおかげで、円グラフのように各項目の値を必ずしも書き込まなくてもいい。項目名もたいていきれいに入れられる。

図表11-9 積み上げ横棒グラフなら円グラフに代替できる

コロナ禍のエネルギー多消費型産業に対する政府支援は化石燃料が半分以上を受けた

主要7カ国（G7）が投じた公的資金（2020年1月―2021年3月）

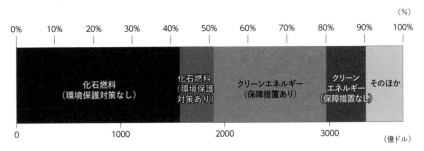

出典：ティアファンド、カミラ・ホジソンによる
2021年6月2日付フィナンシャル・タイムズ「環境保護にひも付けないG7政府支援に批判」に掲載
（https://www.ft.com/content/fdae5476-28b8-4a81-96b7-55a660f24558）。

　最後に、「割合と構成要素」のほかにも、視覚化すべきデータがある場合の図解を考えてみたい。

　世界のエネルギー供給で石炭が占める位置を示した**図表11-10**を見てほしい。一見したところ、シンプルな図解だ。積み上げ横棒グラフで、地域ごとに伸びた柱はそれぞれ合計100％になる。石炭のセグメントを見ると、アジアでは最も大きな割合を占め、南北・中央アメリカでは最も小さいとわかる。至ってシンプルなグラフだ。

　しかし、ここで注意が必要だ。石炭の項目に注目してほしい。**図解の世界ではときに、アスタリスクほど不吉なものはない**。最上段のアジアの項目にあるそれに従って脚注へ目を向けると、数値の単位がペタジュールだとわかる。これは、図解が割合を示していることと合致しない。実際、石炭の柱に注目すると、単位がかみ合っていない問題がはっきりとわかる。オセアニアの長い柱が1863ペタジュールしかないのに、それよりも柱が短いヨーロッパやアメリカ大陸全体はそれぞれ1万4720ペタジュール、1万3979ペタジュールもあるのだ。

　データ・ビジュアライゼーションにおいて最も悩ましくも繰り返し起こる問題に、この図解の作成者もぶつかったというわけだ。つまり、複数の合計とそれぞれの構成要素がある場合、ひとつの図解にどうまとめるのかという

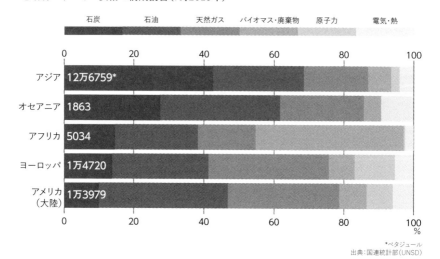

図表11-10 たったひとつのアスタリスクのせいで台無しになったグラフ

世界のエネルギー供給における石炭の役割

地域別エネルギー供給の構成割合（％、2019年）

*ペタジュール
出典：国連統計部（UNSD）

問題だ。ここにデータ・ビジュアライゼーションにおける墓場があり、異様な食い違いのある円グラフやアスタリスクの数々がこれまで葬られてきた。

　この問題にどう対処すべきなのか。

「図解の言語」の言葉を参照すれば、図解で表したいのは量（エネルギー供給量の比較）と、割合と構成要素（地域ごとのエネルギー別割合）ということになる。ふたつを同時に表現できる図解が、「図解の言語」にはひとつだけ存在する。それでは、素晴らしいマリメッコの世界へご案内しよう。

「量」と「割合と構成要素」の両方を表す
── マリメッコ（比例積み上げ横棒グラフ）

　その名を聞くだけでイメージが目に浮かぶようではないか。名前の由来は、色鮮やかな柄の繰り返しが特徴的な生地やインテリアで知られるフィンランドのブランドのことで、1960年アメリカ大統領選挙中のジャクリーン・ケネディが身につけたドレスでも話題になった。

　マリメッコ（モザイク図、比例積み上げ横棒グラフとも呼ばれる）は、通

常の積み上げ横棒グラフに、もうひとつ軸が加わったものと考えればいい（**図表11-11**）。これを使うと、**割合を示す軸と量を示す軸がともに備わった図解を作れて、全体のエネルギー供給量も面積で表せる**。地域ごとのエネルギーの総量とエネルギー別割合も比べられるようになる。

図表11-11 **マリメッコのおかげでグラフ間の比較ができるようになった**

世界のエネルギー供給における石炭の役割
地域別エネルギー供給の構成割合（%、2019年）

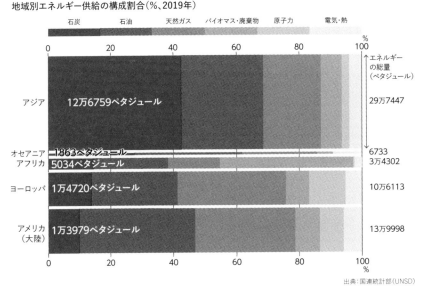

出典：国連統計部（UNSD）

　作り直した図解を見ると、アジアの石炭エネルギー量に圧倒される。ほかの地域の石炭エネルギーの合計をも上回るのだ。石炭の割合ではオセアニアは地域別では全体の2位だが、そのエネルギー量がはるかに小さいことも見て取れる。アフリカとヨーロッパそれぞれの石炭の割合は似たようなものだが、エネルギー量ではヨーロッパのほうがはるかに大きいこともわかる。

　ひとつのデータセットからふたつ以上の関係性を図解で表そうとすると、必ずどこかで妥協が必要になる。それはマリメッコも例外ではない。ビジネス・インテリジェンスと情報デザインの専門家ステファン・フューが指摘しているとおり、**マリメッコは面積によって量を表現する点に問題がある**。私たちの知覚能力は、二次元（面積）より一次元（長さや軸上の位置）に対して、

191

より正確に働くのだ。

さらにフューは、マリメッコは「どんな積み上げ横棒グラフにも存在する問題を抱えている。つまり、**柱の各セグメントが同じ基準線から一緒に伸びていないため、それぞれの幅や高さの詳細な比較がしづらい**」と言う。これも確かに言えることだ。マリメッコの各構成要素の差異を精密に測るのは難しい。データセットの規模が大きければなおさらだ。

フューは、マリメッコをいくつかの標準的な図解に分解し、データの関係性をひとつひとつ表現すべきだと提案する。機能的にはそれで解決するだろう。それでも私は、マリメッコをひとつの道具として持っておく意味はあると思っている。データセットのなかの割合と構成要素の特質を、ひとつの印象的な図解のなかに表現できるのだ。それのほうが細かな差異を確認するより大事なときもある。

世界的な金融危機における銀行の救済資金の大きさを視覚化する際に、私はマリメッコを使った（**図表11-12**）。X軸は各国の国内総生産（GDP）における救済資金の規模の「割合」を表している。Y軸は各国の経済規模を表す。

キプロスの救済規模（230億ドルのうちの20%）とアメリカの救済規模（17.4兆ドルの4.3%）の違いを読者が確認できるように、図解は縦に長く伸びている。本書に掲載すると長すぎてしまうのだが、**ネット上に掲載したのでスクロールできる**。完璧だ！　これだけ長く伸びた分、図解のなかに引用文を盛り込んで、数字に意味合いを持たせることもできた。さらにもう一工夫して、アメリカの回復ぶりをクローズアップした部分を柄の繰り返しを使って強調し、原点であるマリメッコの生地をそれとなく匂わせた。

マリメッコは、「図解の言語」の多くの図解と同様、すべてを解決する手法にはならないだろうが、大事な割合を破綻させずに表現する際に、たまに便利に使えるだろう。

図表11-12

長すぎるマリメッコも
ネット上ならスクロールできる

金融機関の救済資金は
巨額だが、思ったほどではない

出典：国連統計部（UNSD）

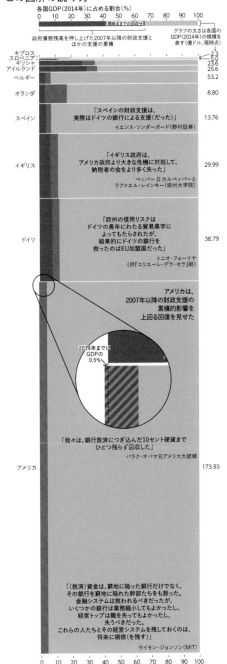

この図解の読み方

各国GDP（2014年）に占める割合（％）

0　10　20　30　40　50　60　70　80　90　100

規時点までの回収分

政府債務残高を押し上げた2007年以降の財政支援と
ほかの支援の累積

グラフの太さは各国の
GDP（2014年）の規模を
表す（億ドル、現時点）

キプロス	2.3
スロベニア	5.0
ギリシャ	23.6
アイルランド	25.6
ベルギー	53.2
オランダ	8.80
スペイン	13.76
イギリス	29.99
ドイツ	38.79
アメリカ	173.93

「スペインの財政支援は、
実際はドイツの銀行による支援（だった）」
イエンス・ソンダーガード（野村証券）

「イギリス政府は、
アメリカ政府より大きな危機に対処して、
納税者の金をより多く失った」
ペッパー D カルペッパーと
ラファエル・レインキー（欧州大学院）

「欧州の信用リスクは
ドイツの長年にわたる貿易黒字に
よってもたらされたが、
結果的にドイツの銀行を
救ったのはEU加盟国だった」
トニオ・フォーリャ
（伊『コリエーレ・デラ・セラ』紙）

アメリカは、
2007年以降の財政支援の
累積的影響を
上回る回復を見せた

2014年までに
GDPの
0.5%

「我々は、銀行教済につぎ込んだ10セント硬貨まで
ひとつ残らず回収した」
バラク・オバマ元アメリカ大統領

「（救済）資金は、窮地に陥った銀行だけでなく、
その銀行を窮地に隠れた幹部たちをも救った。
金融システムは救われるべきだったが、
いくつかの銀行は業務縮小してもよかったし、
経営トップは職を失ってもよかったし、
失うべきだった。
これらの人たちとその経営システムを残しておくのは、
将来に禍根（を残す）」
サイモン・ジョンソン（MIT）

グラフィック：アラン・スミスとステファン・フォーリーによる
2017年8月8日付フィナンシャル・タイムズ
「救済資金の支出 長年の重荷に」に掲載
(https://www.ft.com/content/b823371a-76e6-11e7-90c0-
90a9d1bc9691)。

0　10　20　30　40　50　60　70　80　90　100

第12章
地図を使った表現

正確な場所や地理的な傾向を伝えるのが最も重要な場合に使う。

地図の美しさで見る人の目を奪う

　私がデータ・ビジュアライゼーションの世界に足を踏み入れるきっかけとなったのが、地図だ。学生時代に地理学を学び、ジャック・ベルタン〔フランスの地図学者、1918～2010年〕ら地図作成者たちの業績にすっかり夢中になった。1967年に出版されたベルタンの著書『図の記号学』（森田喬訳、地図情報センター、1982年）は、私のような地図作りに携わる信奉者だけでなく、情報視覚化の分野一般にとっても革新的だった。

　ベルタンが紹介した「視覚変数」（幾何学図形や色、柄による分類）は今でも、「図解の言語」も含め、データ・ビジュアライゼーションの手法の基礎となっている。

　私は『フィナンシャル・タイムズ（ＦＴ）』でも変わらず、地図の世界に魅了されている。腕利きのスティーブ・バーナードが作る地図は、その圧倒的な美しさに目を奪われる。彼の仕事は、地図が持つ力をまさに具現化している。現実世界を概括して絵のように仕立て上げ、見る人の注意を引いて情報を伝えるのだ。

　図表12-1の地図は、ニューヨーク・マンハッタンに次々と建築される高収益の住宅を表している。見てのとおり、**地図は本質的に、関連するさまざまな背景とあわせて情報を伝えることができる。** これはほかのデータ表現にはできない技だ。

　ＦＴで長く働いてきたスティーブは、編集室の紙面制作の変遷を見てきた。地図はかつて手作りで、地図帳から手で写し取っていたが、今はGIS（地理情報システム）のソフトがある。この技術革新のおかげで、あらゆる地図の

図表12-1 地図が持つ背景情報は圧倒的
高級タワーマンションがマンハッタンの空模様を変える

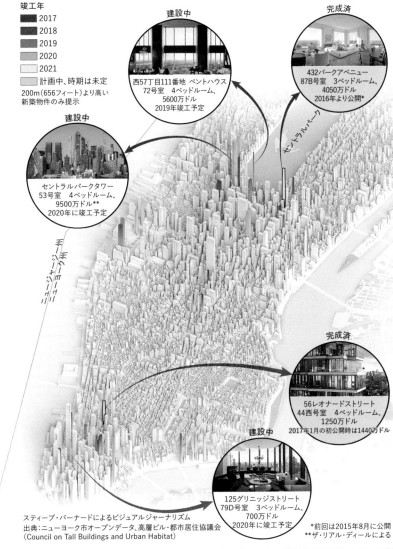

竣工年
- 2017
- 2018
- 2019
- 2020
- 2021
- 計画中、時期は未定

200m（656フィート）より高い
新築物件のみ提示

建設中
西57丁目111番地　ペントハウス
72号室　4ベッドルーム、
5600万ドル
2019年竣工予定

完成済
432パークアベニュー
87B号室　3ベッドルーム、
4050万ドル
2016年より公開*

建設中
セントラルパークタワー
53号室　4ベッドルーム、
9500万ドル**
2020年に竣工予定

完成済
56レオナードストリート
44西号室　4ベッドルーム、
1250万ドル
2017年1月の初公開時は1440万ドル

建設中
125グリニッジストリート
79D号室　3ベッドルーム、
700万ドル
2020年に竣工予定

セントラルパーク

ニューヨーク

ニュージャージー

スティーブ・バーナードによるビジュアルジャーナリズム
出典：ニューヨーク市オープンデータ、高層ビル・都市居住協議会
（Council on Tall Buildings and Urban Habitat）

*前回は2015年8月に公開
**ザ・リアル・ディールによる

出典：ヒューゴ・コックスによる2018年10月10日付フィナンシャル・タイムズ「マンハッタンは重大な住宅危機に瀕しているのか」に掲載
（https://www.ft.com/content/db675edc-c7f2-11e8-86e6-19f5b7134d1c）。
フィナンシャル・タイムズの許可を得て掲載。

作成効率が上がった。とりわけ統計を扱う地図が恩恵を受けた。ある日突然、スプレッドシートを主題図〔特定の利用目的のために、必要な要素を選んで表現した地図〕に早変わりさせる手法が現れたのだ。

　当然、偉大な力を使うのには大きな責任も伴う。高スピードの作業が可能になったからこそ、地図作成の原則をこれまで以上に大事にしなくてはならない。

学習ポイント──統計地図を学びたい人へ

　地図作成は実に幅広い学問分野で、参考になる良書は山ほどある。本章でこの分野のすべてには触れないが、「図解の言語」のひとつとして主題図を取り上げる。統計地図についてさらに学びたい人には、この本をお勧めする。ケネス・フィールドによる『主題図──経験的データを可視化する101の方法』（未邦訳、原題 *Thematic Mapping: 101 Inspiring Ways to Visualise Empirical Data*）だ。

地図上で分布を示すには
──コロプレス地図

　主題図のなかでおそらく最も有名なのが、**コロプレス地図**だろう。対象地域をさらに小さい地域に細分化し、統計上の区分に従ってひとつひとつの小地域を記号化する（通常は違う色をつける）。

　アメリカ国内におけるオピオイド〔医療用の鎮痛麻薬。アメリカでは過剰処方などによる中毒が社会問題となっている〕の処方数を伝える**図表12-2**の地図は、典型的なコロプレス地図だ。国内の群（全米50州とワシントンD.C.で、3100超ある）ごとに100人あたりの処方数を表し、色が濃いほど処方比率が高いことを示す。2015年時点の最高は、バージニア州ノートンの100人あたり505件というとてつもない値だった。

　この地図では、データを5つの「階級」（等級）に分けて、それぞれを色で区分している。上位ふたつの階級（100人あたり101〜150、151〜505の処方件数）の群では、処方件数が人口を**超えて**いたとわかる。

図表12-2 コロプレス地図で分布が一目瞭然

アメリカの４分の１の群で、オピオイドの処方が住民１人あたり１件を超える

住民100人あたりの処方件数（群別、2015年）

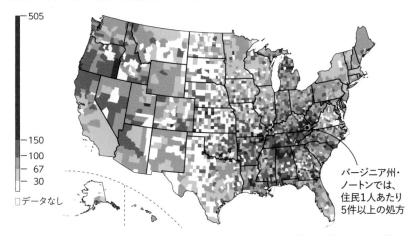

バージニア州・
ノートンでは、
住民１人あたり
５件以上の処方

グラフィック：アラン・スミスとフェデリカ・ココ
出典：アメリカ疾病予防管理センター、シオナ・ジェンキンス、メルセデス・ルール、ニール・ムンシによる2017年9月12日付フィナンシャル・タイムズ
「短信：北朝鮮に厳しい制裁、ソーファイ幹部が辞任、オピオイド中毒と闘うアメリカ」に掲載
（https://www.ft.com/content/c787a6a4-96fe-11e7-a652-cde3f882dd7b）。

　**コロプレス地図は、重要または意外な地理的分布を示すときに最も効果が
ある。**

　図表12-3の地図は、イギリスでも極めて大きな貧富の格差が存在するバ
ーケンヘッド地域の様子を表している。国民所得分布の両極端に属する世帯
が「目と鼻の先」に隣り合って暮らしている。

　オピオイドの地図は比率（人口何人あたり、単位面積あたり、などの相対値）
を視覚化しているが、ここでは順番に基づくデータを示している。国の剥奪
〔貧困〕指標における順位に応じて、地域を色分けしているのだ。

　このように地理的な情報をわかりやすく伝えるコロプレス地図だが、注意
点もある。思わぬ落とし穴がふたつあるのだ。

　まず留意すべきなのが、コロプレス地図の階級には、ヒストグラムの「ビン」
と似たような役割があるという点だ（第7章「分布を見る」を参照）。ヒスト
グラムがそうであるように、**ビンの幅と数をどう設定するかによって、地図
のメッセージが大きく変わることがある。**

　データの分類にはさまざまな方法があり、それぞれの効果を理解するのは、

目と鼻の先：バーケンヘッドの地域間不平等

所得の剥奪（貧困）の国内順位（2019年）

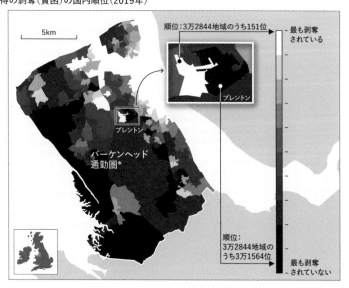

*大都市へ通勤する人口の住居圏
出典：住宅・コミュニティ・地方自治省、ウィリアム・ウォリスによる
2019年11月30日付フィナンシャル・タイムズ「2019年のイギリス：格差で分裂してもブレグジットで団結」に掲載
（https://www.ft.com/content/b398d284-11dc-11ea-a225-db2f231cfeae）。

地図の読解力を上げるためにも非常に重要だ。手始めに、最もよく知られ、
かつよく使われるふたつの手法を見てみよう。

データをコロプレス地図に落とし込む2つの手法

手法1　等間隔分類──階級ごとの間隔が等しくなるようにする

手法2　等量分類──各階級に含まれる地域の数が等しくなるようにする

　ふたつの手法からは、互いに驚くほど異なるコロプレス地図ができる。さ
っそく、イングランドとウェールズの世帯収入のデータを地図にしてみよう
（**図表12-4**）。

「等間隔分類」を用いた地図を見ると、情報がかなり隠れてしまっているこ
とに気が付く。地図の大部分を、色が2番目と3番目に薄い階級の地域が占
めているのだ。特に最上位の地域がそうだが、ほかの階級の地域はほとんど

図表12-4 等間隔分類だと情報が隠れてしまう例

同じデータを元にした異なる分類地図　その1

世帯の年間純所得（3月までの2018会計年度、ポンド）
中規模地域調査区（MSOA）〔イギリスの統計で使われる地域区分〕による

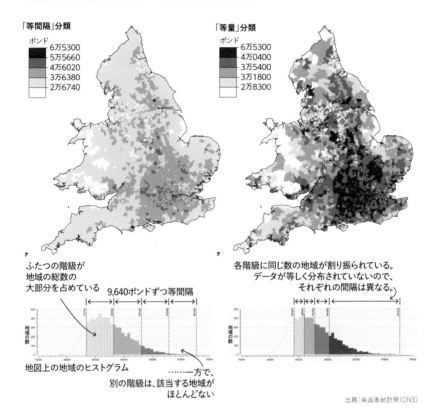

出典：英国家統計局（ONS）

見えない。実際、このように国全体を表した広範囲の地図では、最も濃い色の地域は見つけるのさえ難しい。

「等量分類」を用いた右の地図はどうだろうか。地域の数が各階級でそろえられているため、より変化に富んだ収入データの違いが見て取れる。上位地域における色の違いもより鮮明になり、先の地図ではわからなかったイングランドとウェールズ内の格差がここでははっきりと浮かび上がる。

こうして見ると、等量分類のほうが、等間隔分類より優れているように思うかもしれない。この例では、確かにそうだ。しかし、**図表12-5**の地図を

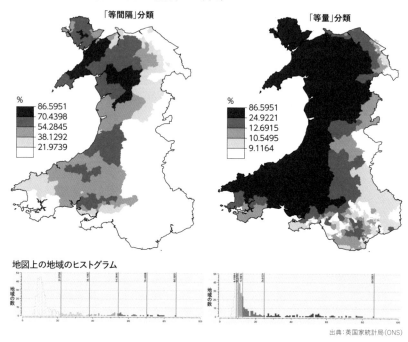

図表12-5 等量分類だと誤った印象を受ける例

同じデータを元にした異なる分類地図　その2

ウェールズ語を話せる3歳以上の人口の割合（2011年、％）

「等間隔」分類

%
86.5951
70.4398
54.2845
38.1292
21.9739

「等量」分類

%
86.5951
24.9221
12.6915
10.5495
9.1164

地図上の地域のヒストグラム

出典：英国家統計局（ONS）

見てほしい。ウェールズにおけるウェールズ語を話せる人口の割合を示したものだ。

　ヒストグラムを見ると、データの分布が「ロングテール〔グラフ上で低い数値のデータが動物のしっぽのように長々と続いている〕」であることがわかる。このため、等量分類をすると、最上位の階級には、約25％から85％以上までのとてつもなく大きな層がすっぽり入ってしまう。地図を見ると、ウェールズのほとんどの地域がウェールズ語使いであふれているような誤った印象を受ける。

　この例では、等間隔分類のほうが、地域間の重要な関係性を示すのに適切だ。ウェールズ語を話す人が最も多い地域は北部にあることがわかる。

　このように分類を間違える恐さを知ると、混乱しないような分類手法が欲しくなる。

200

データの傾向やかたまりに注目して階級を最適化する —— 自然分類

　自然分類は、統計地図の作成者ジョージ・ジェンクスが編み出した手法で、データの傾向やかたまり（集まり具合）に基づいて最適な階級を設定する。実際にどんな地図になるのか、先ほどの例を使って確かめてみよう（**図表12-6**）。

図表12-6 自然分類なら地理的分布が「よい具合」になる

ジェンクス自然分類

世帯の年間純所得
（3月までの2018会計年度、ポンド）
中規模地域調査区（MSOA）による

ウェールズ語を話せる3歳以上の
人口の割合（2011年、％）

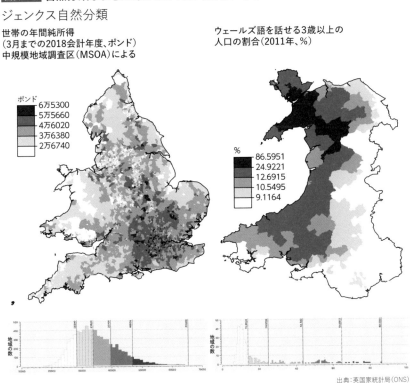

出典：英国家統計局（ONS）

　見てのとおり、どちらの地図もよい具合に仕上がっている。大事なデータの傾向やかたまりが隠れないので、ほかの手法に比べて誤解を招く危険が少ない。隠さないように設計された手法だから当然ではあるのだが。

　さらに、**自然分類はデータ値のかたまりに注目して階級を最適化するので、**

本書で前に扱った双峰性や多峰性の分布を表すのに特に有効だ。

「安全最優先」で進めるなら、まず自然分類の地図を作るのから始めてもいいだろう。また、GISを使えば、さまざまな分類法の地図を素早く作れる。便利ではあるが、いろいろ試すうちに、よりよい地図にたどり着くまで長い道のりになることもある。

ただし、どんな分類法の地図でも、**より読みやすく、より正確に解釈してもらうためには、最後は自分で階級範囲を調整したほうがいい**。先のアメリカのオピオイド地図は自然分類によって作成したが、階級の設定は、大事な基準点である100人あたり100処方件数のところで必ず区切るように調整した。

また、**各階級にデータがどのように分類されているか視覚的に確かめられるようにするのもいい**。たとえば、オピオイドの地図では自然分類によって階級間の間隔が偏って設定されているが、凡例の各区分の長さがそれを示している。

そのほか、**凡例にヒストグラムを含めるのも一考**だろう。地図上のどれくらいの数の地域が、各階級に割り当てられているかがひと目でわかる。この手法を、私は2010年に英国家統計局の人口統計地図を作ったときに初めて使った（**図表12-7**）。

図表12-7 コロプレス地図とヒストグラムの組み合わせ

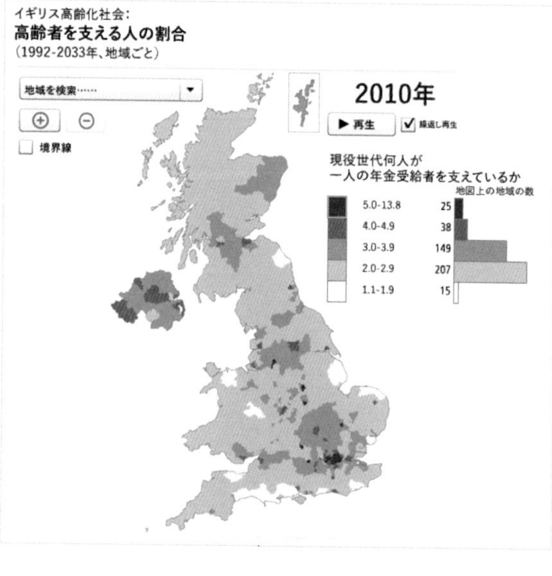

イギリス高齢化社会:
高齢者を支える人の割合
（1992-2033年、地域ごと）

地域を検索……

境界線

2010年
▶ 再生 ✓繰返し再生

現役世代何人が
一人の年金受給者を支えているか

地図上の地域の数
5.0-13.8	25
4.0-4.9	38
3.0-3.9	149
2.0-2.9	207
1.1-1.9	15

出典：英国家統計局

地図で目立っている地域なのに
情報量が少ないことがある

コロプレス地図でもうひとつ注意すべきなのが、地図上の最も広い地域はたいていデータの密度が低いという点だ。つまり、**目を引きがちな場所が実は最も情報が少ないということがある。**

実際にこれを確かめるために、バーケンヘッド地域で見た所得格差を、今度はイングランド南部の海岸都市ポーツマス周辺を表した地図で見てみよう（**図表12-8**）。

図表12-8 北部は裕福、南部は貧困地域に見えるコロプレス地図
ポーツマスにおける所得格差

所得の剥奪（貧困）の国内順位（2019年）

最も剥奪
されている　←── イギリス国内の32,844地域 ──→ 最も剥奪
されていない

0%　10%　20%　30%　40%　50%　60%　70%　80%　90%　100%

出典：住宅・コミュニティ・地方自治省

地図上の各境界は、小規模地域調査区（LSOA）の地域を表している。LSOAは、英国家統計局が国勢調査のデータを集めるために、統計的に定めた調査区だ。イングランド全域で3万2844のLSOAがある。

　LSOAは、面積はまちまちだが、人口の面では各区1000人から3000人までの範囲で定められている。

　ポーツマスの地図には、ふたつの目立つ地域がある。ひとつは、貧困が顕著な都心部周辺の小さな区域の集まりで、地図下方に明るい黄色やオレンジ色の地域が見える。もうひとつは、地図の上半分のより広くより濃い色の地域だ。概してより高い所得の地域であることを示している。

　しかし、これらの色をいったん消して、今度は境界ごとに塗り分けるのでなく、**LSOA内の建築物がある部分だけに色を付けてみよう。すると、まったく違う地図が現れる**（**図表12-9**）。

　北部は実は、建物もまばらな田舎だった。先の地図では、上半分を占めていた広大な濃い色の地域だ。

　この地域に貧困はあまり見られない。それについては、**図表12-8**の地図はうそをついていなかった。しかしその大きな理由は、人がほとんど住んでいないからだった。孤立した村や集落を田舎道がつないでいる様子と、都心の人口密集地を道路が縦横に走っている様子とをぜひ見比べてほしい。

　この手法は、場所や縮尺の条件が合えば、コロプレス地図に使うには非常に有効だ。アメリカのオピオイド地図で使えなかったのは、国レベルまで拡大した地図では、建物まで細かく見せられなかったからだ。

　図表12-9の地図は、空間分析の専門家で都市計画を主導した元教授でもあるアラスデア・レイと共同で作成したもので、チャールズ・ブース〔イギリスの実業家、統計家、1840〜1916年〕の業績の影響を強く受けている。

　数十年にわたる「ロンドンの人々の生活と労働に関する調査」の一環で作られたブースの地図は、彼と調査員たちの記録を元に、市民の貧富の度合いが丹念に描き込まれ、ビクトリア時代〔1837〜1901年〕のロンドン市における著しい格差を浮き彫りにしている（**図表12-10**）。

　目にも美しい色使いだが、分類分けした各項目は、今ではおそらく使わないような具体的な表現を使っている（「最底辺層。邪悪で、犯罪に準じる状態」など）。しかしながら、ブースの調査と地図の品質の高さは現代にも通じる。

図表12-9 実は北部は情報量がほとんどないだけだった

ポーツマスにおける格差

所得の剥奪（貧困）の国内順位（2019年）

出典：住宅・コミュニティ・地方自治省

図表12-10 ビクトリア時代のロンドン市のコロプレス地図

出典：チャールズ・ブース（1840-1916）により作成された地図

学習ポイント —— ブースの地図が無料で読める

　ブースの地図を検索機能付きで閲覧できるサイト（https://booth.lse.ac.uk/map）がある。また、ブースのほかに、W.E.B.デュ・ボイスや、ハルハウス〔アメリカの慈善施設〕の地図で知られるフローレンス・ケリーら、社会的課題を提示する地図作成のパイオニアたちの業績についてローラ・ボーン教授が分析した研究が、無料閲覧できる書籍（https://www.uclpress.co.uk/products/108697）として公開されている。

「量」のデータはコロプレス地図には向いていない

　これまで見てきたように、割合や順番（ランキング）を表すコロプレス地図の用途は幅広い。しかし、**量を地図化するのには向いていない**。なぜか探ってみよう。

　アメリカ国内の銃所持の状況を表した**図表12-11**の地図は、州ごとの銃の数を示して単純明快に見える。等量分類を用いて、5つの各分類に同数の州（10州）が振り分けられ、登録された銃器の数が最も多い州には、カリフォルニアやテキサス、フロリダがあることがわかる。

図表12-11 等量分類を使って「量」のデータを見せる

アメリカにおける銃所持の状況

登録された銃器の数（州別、2017年）

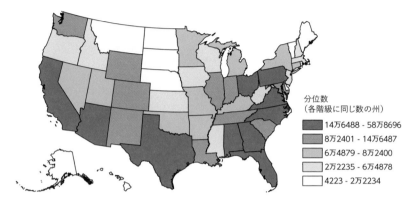

分位数
（各階級に同じ数の州）

- 14万6488 - 58万8696
- 8万2401 - 14万6487
- 6万4879 - 8万2400
- 2万2235 - 6万4878
- 4223 - 2万2234

出典：アルコール・タバコ・火器及び爆発物取締局のデータ

　しかし、ちょっと待ってほしい。これら3州はアメリカでも屈指の人口の多い州でもある。**ここで見ているのは実は、銃の地図というよりは、人口地図なのだ（図表12-12）**。これは、人の活動に関わるデータを地図に表すときに付きまとう問題で、量を表そうとするたびに似たような地図になってしまうのだ。

図表12-12 実は人口地図を見ているにすぎなかった

アメリカの人口

州別（2020年）

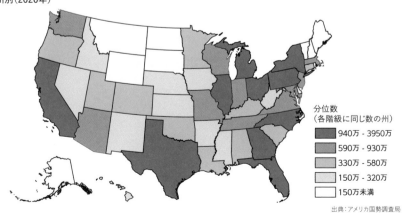

分位数
（各階級に同じ数の州）

- 940万 - 3950万
- 590万 - 930万
- 330万 - 580万
- 150万 - 320万
- 150万未満

出典：アメリカ国勢調査局

アメリカにおける銃所持の広がりに注目するには、各州の人口を考慮に入れる必要がある。銃の総数ではなく、銃所持の割合を表した**図表12-13**の地図からは、まったく違う印象を受ける。人口数とは別の、各州の特徴をよく反映した地図になっている。

図表12-13 「割合」を表したことで、意味のある図解になった

アメリカにおける銃所持の状況
世帯あたり銃器の平均所持率の推定値*（1980-2016年、％）

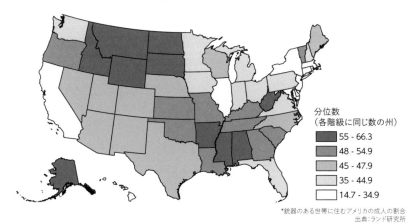

分位数
（各階級に同じ数の州）

■	55 - 66.3
■	48 - 54.9
■	45 - 47.9
□	35 - 44.9
□	14.7 - 34.9

*銃器のある世帯に住むアメリカの成人の割合
出典：ランド研究所

　最も大きく変わった点のひとつが、最多の人口を持つカリフォルニア州が最上層から最下層へ移ったことだ。銃の登録数は多いが、4000万人近くの人口を計算に入れると、所持率はほかの州に比べて低くなるのだ。

　銃所持率が高いのは、モンタナ、サウスダコタ、ノースダコタ、アイダホ、ワイオミングなど、より人口の少ない州に多い。ほとんどが、最初の地図では最も色が薄かった州だ。

　ＦＴで量のデータをそのまま地図に使う場合は、地震などの自然災害を報道するときが大半だ。

場所と規模を同時に伝えるには
── 比例シンボルチャート

　第4章「量を比較する」で説明した**比例シンボルチャート**は、地図の世界でもおおむね活用できる。

　図表12-14の地図は、2021年に熱波に襲われた地中海沿岸地域の山火事の場所と規模を表している。7月下旬にトルコの各地域を破壊した山火事の規模の大きさが、感覚としてわかる。

図表12-14 比例シンボルで被害規模と場所が感覚的に伝わる

地中海沿岸の山火事 トルコとイタリアに熱波の打撃

出典：EUコペルニクスプログラム、アラン・スミスによる2021年8月9日付フィナンシャル・タイムズ「地中海を襲う熱波、山火事急増」に掲載（https://www.ft.com/content/e31113e1-41ed-4be0-9667-445249a487c4）。

　比例シンボルチャートは便利な地図だ。図解作成では、データを地理的に明示しなくてはいけないときがある。この山火事の地図がまさにその例で、地中海北部の沿岸に並ぶ赤い円の数々が、何が起こっているかを如実に語っている。ただ、比例シンボルチャートは、乱用されやすい面もある。

　例として、新型コロナウイルスが広がった初期、私たちは比例シンボルチャートを次から次へと作っては、クラスターの発生地域を報道していた。し

かし、ウイルスが世界中に広がると、大きな円を地球上に描きまくることにほとんど意味はなくなった。私たちは、感染流行の変化を示すほかの視覚化の方法（特に、あとで取り上げる対数スケール）を使い始めた。

カルトグラムを使えば小さい地図に選挙結果を表せる

　量を地図で表すもうひとつの例と言えば、4年に1度のアメリカ大統領選挙だ。ホワイトハウスに誰が入るかは、選挙人団の票数で最終的に決まる。各州の選挙人の数は主に州の人口に応じて割り振られ、270票以上を獲得した候補が勝利する。

　2020年大統領選挙に向けて、私たちはいくつかの手法を試して、最終的に**グリッドプロット**を地図に使うことにした（**図表12-15**）。選挙人団の票数を表すには、山火事で使った円より、グリッドプロットのほうが向いている。構成要素をひとつひとつ数えられるので、州ごとの正確な得票数がわかるのだ。

図表12-15 グリッドプロットで構成要素と得票数を見せる
2020年アメリカ大統領選挙の結果
ひとマスが、選挙人団の1票を表す

グラフィック：キャロライン・ネビット、マックス・ハーロウ
出典：AP通信による情報、
フィナンシャル・タイムズ「2020年アメリカ大統領選挙 選挙速報2020 バイデン対トランプ」に掲載
（https://ig.ft.com/us-election-2020）。フィナンシャル・タイムズの許可を得て使用。

　しかし、**グリッドプロットの背面に定番の地図を置くと、スマートフォンの小さな画面でこれを見たときに問題が発生する**とわかった。通常の大きな画面でさえも、東海岸がごちゃごちゃして見えるのだ。細かい小さな（しかし大半は人口の多い）州からたくさんの「引き出し線」が飛び出して、選挙人団票のグリッドプロットへと伸びている。小さな画面上に地図が縮小されたら、ほぼ読めなくなるだろう。

　小画面でも結果が読めるように使った手法が、カルトグラムだった。カルトグラムは、地図上の各地域を、ある決まった形に変形する（面積は変えないことが多い）手法だ。各地域の実際の形状は失われるが、地理的な位置関係は残る。

　大統領選挙のカルトグラムを作ったボブ・ハスレットは、選挙人団票を表したグリッドプロットのマスを使って、アメリカ全土を表現した（**図表12-16**）。大きな地図が持っている利点を生かしながら、各州で獲得した選挙人団票も読める。

図表12-16 **カルトグラムで小さい画面に対応する**
2020年アメリカ大統領選挙の結果

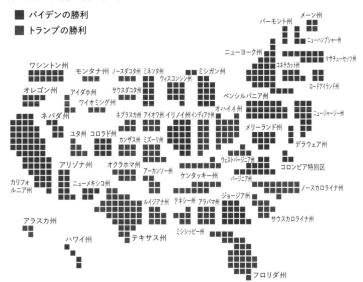

各四角形が、選挙人団の票を表す
- バイデンの勝利
- トランプの勝利

グラフィック：ボブ・ハスレット
出典：AP通信による情報、デメトリ・サバストピュロとコートニー・ウィーバーとローレン・フェドーによる
2021年11月4日付フィナンシャル・タイムズ「接戦の大統領選 トランプ陣営の粘り強さとバイデン陣営の失策」に掲載
（https://www.ft.com/content/1c950b37-7318-467b-9a70-4078e0028fda）。

この手法を使うのは、妥協でもある。地理的な形状を大きく変える分、どのかたまりがどの州かわかりにくくなるため、州名を細かく書き込まなければいけない。しかし、外出先でバスを待つあいだにスマートフォンで結果を確認したい人には便利な地図だったのではないか。

　指摘しておくが、両方の地図は各州の勝者を見るのに役立つが、全体での勝敗はわからない。もちろん、読者に青と赤の四角をひとつひとつ数えてもらうのも手かもしれないが、それを頼むのはさすがに気が引ける。

　そもそもこの地図は、アメリカ全体で誰が勝ったかでなく、どの州で誰が勝ったかを示すために作られた。このため、地図には必ず積み上げ横棒グラフが付き、各候補者の選挙人団票の獲得総数を示している（**図表12-17**）。地図ではジョー・バイデンが票差を付けていることはわからないが、横棒グラフでは明らかだ。

図表12-17 選挙地図には積み上げ横棒グラフを併記する

出典：フィナンシャル・タイムズ リサーチ、フィナンシャル・タイムズ「2020年アメリカ大統領選挙 選挙速報2020 バイデン対トランプ」に掲載（https://ig.ft.com/us-election-2020）。フィナンシャル・タイムズの許可を得て使用。

　この点は、地図について大事なことを教えてくれる。つまり、地図だけが地理的なデータを視覚化する方法ではないのだ。

地図を使ったせいで情報過多になることがある

2016年にイギリスのEU離脱が国民投票で決まると、EUの金融センターであるロンドンの地盤沈下が心配されるようになった。そこでこの年、投資銀行担当だった同僚のローラ・ヌーナンは、次の金融センターの座を狙うヨーロッパ8都市における各大手投資銀行の事業規模について、大変な労力をかけて調べ上げた。

ローラは、5000近い事業体から情報を集め、それを元に各都市における各銀行の事業の最大規模を計算した。

これらの視覚化にあたり、社内の議論は当初、地図を中心に進んだ。地理的な情報（各都市における銀行の規模）を含むデータなので、自然な発想ではあった。

データに表れたさまざまな傾向を考慮して、読者に地図から読み取ってほしい主要なポイントをふたつ決めた。

読者に読み取ってほしいふたつのポイント

ポイント1　銀行の業務展開の規模に基づいた、各都市の相対的な勢力
ポイント2　8都市全体における、各銀行の相対的な総合勢力

ふたつの課題に応えるために、**図表12-18**を作ってみた。

まず、各都市を見てみる。これについては、うまくいっている。たとえば、フランクフルトの勢力が強く（赤い四角形が数多くある）、リスボンは弱い（四角形が少なく、すべてオレンジ色）とわかる。

しかし次に、HSBCホールディングスのヨーロッパ全体での勢力を地図で確かめられるだろうか。さらに、ゴールドマン・サックスと比べて、どちらが総合的に上回るか見ようとすると……いきなり難しくなる。なぜか。

地図は、地理的な関係と場所を強調する。マドリードやパリ、アムステルダムの位置を読者に伝えるのが主目的であれば、銀行の情報を地図に載せるのは役に立つ。

もしくは、都市間の距離がテーマに関わるのであれば、地図は有効だろう。しかし、今回はそうではなかった。

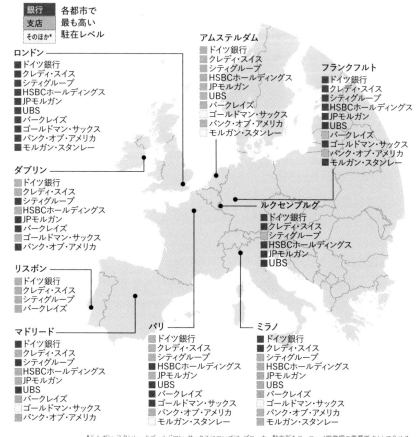

図表12-18 その地図情報は本当に必要なのか？

ブレグジットで揺れる金融業界のマトリックス図
ロンドンの地位を各都市が狙っている

銀行
支店
そのほか*

各都市で
最も高い
駐在レベル

ロンドン
■ ドイツ銀行
■ クレディ・スイス
■ シティグループ
■ HSBCホールディングス
■ JPモルガン
■ UBS
■ バークレイズ
■ ゴールドマン・サックス
■ バンク・オブ・アメリカ
■ モルガン・スタンレー

ダブリン
■ ドイツ銀行
■ クレディ・スイス
■ シティグループ
■ HSBCホールディングス
■ JPモルガン
■ バークレイズ
■ ゴールドマン・サックス
■ バンク・オブ・アメリカ

リスボン
■ ドイツ銀行
■ クレディ・スイス
■ シティグループ
■ バークレイズ

マドリード
■ ドイツ銀行
■ クレディ・スイス
■ シティグループ
■ HSBCホールディングス
■ JPモルガン
■ UBS
■ バークレイズ
■ ゴールドマン・サックス
■ バンク・オブ・アメリカ

アムステルダム
■ ドイツ銀行
■ クレディ・スイス
■ シティグループ
■ HSBCホールディングス
■ JPモルガン
■ UBS
■ バークレイズ
■ ゴールドマン・サックス
■ バンク・オブ・アメリカ
■ モルガン・スタンレー

ルクセンブルグ
■ ドイツ銀行
■ クレディ・スイス
■ シティグループ
■ HSBCホールディングス
■ JPモルガン
■ UBS

パリ
■ ドイツ銀行
■ クレディ・スイス
■ シティグループ
■ HSBCホールディングス
■ JPモルガン
■ UBS
■ バークレイズ
■ ゴールドマン・サックス
■ バンク・オブ・アメリカ
■ モルガン・スタンレー

フランクフルト
■ ドイツ銀行
■ クレディ・スイス
■ シティグループ
■ HSBCホールディングス
■ JPモルガン
■ UBS
■ バークレイズ
■ ゴールドマン・サックス
■ バンク・オブ・アメリカ
■ モルガン・スタンレー

ミラノ
■ ドイツ銀行
■ クレディ・スイス
■ シティグループ
■ HSBCホールディングス
■ JPモルガン
■ UBS
■ バークレイズ
■ ゴールドマン・サックス
■ バンク・オブ・アメリカ
■ モルガン・スタンレー

*モルガン・スタンレーとゴールドマン・サックスについては、ブローカー駐在所もヨーロッパ営業網の重要拠点として含める。
**ドイツ銀行はロンドンに子会社があるが、その本体は支店である。
出典：フィナンシャル・タイムズ リサーチ、アラン・スミスによる2016年10月20日付フィナンシャル・タイムズ
「地図好きはより少ない要素でより多くのデータを見せる」に掲載
(https://www.ft.com/content/de3ef722-9514-11e6-a1dcbdf38d484582)。

　視覚化されたデータの主要な関係性が地理と関係がないとき、地図は読者に情報を与え過ぎてしまう場合がある。

　改めて視覚化を試みる際に、私は「図解の言語」のなかの地図表現から相関関係の表現へと意識を変えた。その上で標準的なヒートマップを作り、銀行と都市のあいだの関係を対比させてみた（**図表12-19**）。

図表12-19 「地図」から「相関関係」に注目したことで情報が読み取りやすくなった

ブレグジットで揺れる金融業界のマトリックス図
ロンドンの地位を各都市が狙っている

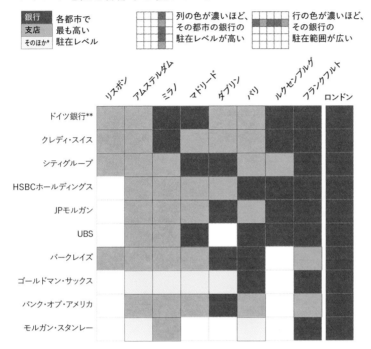

*モルガン・スタンレーとゴールドマン・サックスについては、ブローカー駐在所もヨーロッパ営業網の重要拠点として含める。
**ドイツ銀行はロンドンに子会社があるが、その本体は支店である。
出典：フィナンシャル・タイムズ リサーチ、アラン・スミスによる2016年10月20日付フィナンシャル・タイムズ
「地図好きはより少ない要素でより多くのデータを見せる」に掲載
(https://www.ft.com/content/de3ef722-9514-11e6-a1dcbdf38d484582)。

　新しい図解は、地図と同じように各都市における各銀行の事業規模を伝えている。しかし、情報をグリッドで表し、列、行ともに規模の大きいほうから順位付けて並べたことで、データの読みやすさでは明らかに差が付いた。

　フランクフルトがリスボンより勢力があるとわかるのは、地図と同じだ。しかし、HSBCホールディングスがゴールドマン・サックスより総合的に勢力が上回る点は、ずっと簡単に見て取れるようになった。

　この図解を何人かの同僚に見てもらった。案の段階でフィードバックをもらうのは貴重だ。**作成した本人は、図解が完成した瞬間に中立的な目で見られなくなってしまう**からだ。

新しい図解はおおむね非常に好意的なフィードバックをもらった。また、図解を読むための説明文（縦の列が都市、横の行が銀行に関する情報）を加えたほうがいいなどの貴重な指摘ももらった。

　保険会社についても同じような情報を担当記者がまとめたので、私はこのグリッドプロットを再利用した。最初の図解を覚えている読者にとっては、ふたつ目はより楽に読めたはずだと思う。

　ここまで見てきたように、地図は見た目も美しいし、応用も利くのだが、地理的データが関わるからといってすべての視覚化に使えるわけではない。地図を使った表現はあくまで手段のひとつであり、「**具体的な場所や地理的傾向を示すのが、ほかの何よりも大事なとき**」のみ使うようにすべきだと「図解の言語」では強調している。このアドバイスを忘れると、読者を路頭に迷わせる地図を作りかねない。

フィナンシャル・タイムズ式 視覚化の科学

第13章
図表はどのように 読み取られるか

読者は図解の形式にどれだけ左右されるか 調べた3つの実験

　情報伝達に図解を使わないビジネスはないだろう。しかし、人は図解をどれだけ読めているのだろうか。

　図解はさまざまな視覚的な符号、たとえば位置や長さ、面積、角度、色などを使って、目の前のデータを紙や画面上にインクや画素で表現する。しかしこれらの符号は、量の差異を伝えるのに必ずしも同じ効果を発揮するわけではない。

　2019年、私は同僚のケイル・ティルフォード、キャロライン・ネビットとともに、『フィナンシャル・タイムズ（FT）』の読者を対象にちょっとしたオンライン実験を実施した。

　FT読者の多くはビジネスや金融の世界の住人なので、図解に慣れていないはずがない。そのような読者が図解を読み解く際に、視覚的な表現形式にどれほど影響を受けるかを調べるのは、非常に興味深かった。

　実験は3部に分けて行った。まずは、情報を視覚的に符号化したふたつの場合において、量を比較する力を試した。

実験1　円グラフからどれだけ情報を引き出せるか

　ほとんどの人が小学校で円グラフを習い、職場でもさんざん使う。しかし、そこに含まれる各データの大きさの違い（それが重要な場合もある）を、円グラフで実際どのくらいつかめるのか。

　読者に5つの円グラフを示し、単純な質問をした（**図表13-1**）。それぞれの円グラフで、どのセグメントが3番目に大きいだろうか？

図表13-1 3番目に大きいセグメントはどれか？　円グラフの場合

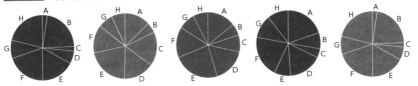

出典：フィナンシャル・タイムズ、ケイル・ティルフォードとアラン・スミスとキャロライン・ネビットによる
2019年1月22日付フィナンシャル・タイムズ「よい図解の科学」に掲載（https://ig.ft.com/science-of-charts/）。

　次に、今度は複数の縦棒グラフについて、3番目に大きなセグメントをそれぞれ選んでもらった（**図表13-2**）。

図表13-2 3番目に大きいセグメントはどれか？　棒グラフの場合

出典：フィナンシャル・タイムズ、ケイル・ティルフォードとアラン・スミスとキャロライン・ネビットによる
2019年1月22日付フィナンシャル・タイムズ「よい図解の科学」に掲載（https://ig.ft.com/science-of-charts/）。

　実は円グラフと棒グラフの元データは同じだったが、読者には伝えなかった（このため、読者は各質問を別々に考えた）。

　双方向の実験だったので、私たちは最終的に1万2000件もの回答を収集、分析することができた。円グラフについては残念な結果となった（**図表13-3**）。

実験1の結果

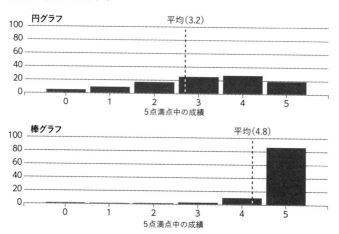

得点別の読者の割合(%)

出典：フィナンシャル・タイムズ、ケイル・ティルフォードとアラン・スミスとキャロライン・ネビットによる
2019年1月22日付フィナンシャル・タイムズ「よい図解の科学」に掲載(https://ig.ft.com/science-of-charts/)。

　5つの円グラフすべてで3番目に大きなセグメントを正しく選べた人は、5人中1人を下回った。一方で、縦棒グラフすべてで3番目に大きなセグメントを正しく選べた人は、5人中4人を上回った。

　各セグメントの大きさ（量）を比較するときは、特に違いがわずかであるほど、共通の基準線から伸びる**縦棒や横棒のほうが、円グラフより役に立つ**のだ。

　実際誰もが、円グラフの各セグメントの値を見積もるのは難しいと直感的に思うのではないか。だからこそ、世間で目にするほとんどの円グラフには、実際の値が数字で書き込まれている。それで問題はないのだが、一覧表にせずにわざわざ円グラフにした意味は小さくなっている。

　それにしても、円グラフのなかの似たような値を比較するのが、なぜこんなにも難しいのか。あとで取り上げるが、**実は円グラフは、驚くほど複雑な視覚的符号なのだ。**

　縦棒グラフの質問では、グラフに縦軸と目盛り線を加えたら、結果はさらによくなっただろう。空間が区分けされて、正確な量の比較ができるようになるからだ。

実験2　比較しやすい図形は何か

　最初の円グラフと棒グラフの実験では、読者に各セグメントの大きさを比較して3番目に大きいものを選んでもらった。しかし、どれが大きいかだけでなく、どのくらい大きいかを知りたいときも多い。

　図表13-4の実験では、読者にふたつの形を見せて、AはBより何倍大きいか答えてもらった。

図表13-4 AはBの何倍大きいか？

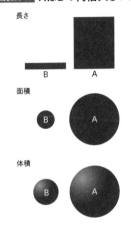

長さ

面積

体積

出典：フィナンシャル・タイムズ、ケイル・ティルフォードとアラン・スミスとキャロライン・ネビットによる2019年1月22日付フィナンシャル・タイムズ「よい図解の科学」に掲載（https://ig.ft.com/science-of-charts/）。

　まずは縦棒グラフで、長さを元に比較してもらった（1次元の比較）。次に、円で面積を元に比較し（幅と長さの2次元比較）、最後に球体で比較してもらった（2次元上にある3次元物体なので、体積を元に比較する）。

　どの比較でも、Aは常にBより8倍大きく設定したが、今回もその点は読者に伏せた。

　1万2000超の回答から得られた総合結果は、目を引くものだった（**図表13-5**）。

　回答の平均を取ると、長さと面積の比較ではかなり正確だったが、体積では平均が約6倍で、なぜか過小評価していた。さらに、平均値以外にも注目すべき点があった。

　グラフで、長さに関する回答の分布を、面積のそれと比較してほしい。面積のほうが回答がばらついている。正解の左側を見ると、実際より小さく見

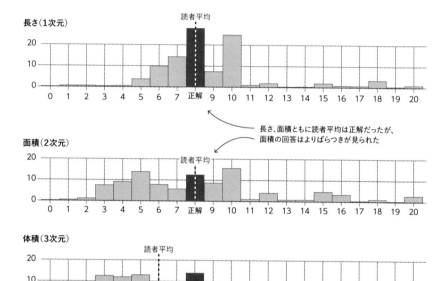

図表13-5 図形が複雑になると、比較が困難になる

実験2の結果

読者による「大きさ比較」の推定値（各回答をした読者の割合、%）

長さ、面積ともに読者平均は正解だったが、
面積の回答はよりばらつきが見られた

出典：フィナンシャル・タイムズ、ケイル・ティルフォードとアラン・スミスとキャロライン・ネビットによる
2019年1月22日付フィナンシャル・タイムズ「よい図解の科学」に掲載（https://ig.ft.com/science-of-charts/）。

積もった回答のほうが多かったことがわかる。読者の15％以上が、円Aが
円Bより3倍か4倍しか大きくないと答えた。縦棒グラフの比較で同じ間違
いをした読者はほとんどいない。

　読者がいちばん苦戦したのが「体積」の比較で、最もあやふやな読解が見
られた。ここでも分布に注目してほしい。10人に約1人が、球体AはBより
20倍大きいと回答した。3倍しか大きくないと回答した読者も同じくらいい
た。

　この結果からわかる何よりも大事な点は、長方形より球体に魅力を感じる
人が多いように、**より複雑な形状はより美しいかもしれないが、データ・ビ
ジュアライゼーションの世界では問題を生じやすい**ということだ。

　美しく視覚化したいと思うのは悪くはない。人はとかくきれいなもの、お

もしろいものに目を引かれるので、美へのこだわりがよい結果につながる場合は実際にある。しかし、**必要以上に複雑な表現**（最も典型的なのが3次元加工）**を用いてデータを視覚化しようとすると、伝えるべき情報がぼやけてしまう危険がある**。有意義な情報伝達より格好のよさを優先したとき、インフォグラフィックの地獄への旅は始まるのだ。

　一方で、円や球体を職場の情報ツールとして一切使うなと言っているのではない。たとえば、**何かがほかより大きいか小さいか確認したいだけであれば、円でもまったく問題ない**。

実験3　棒の色は一定か？

　読者が最後に挑んだのが、**図表13-6**の認知テストだ。

図表13-6 **実験3の認知テスト**

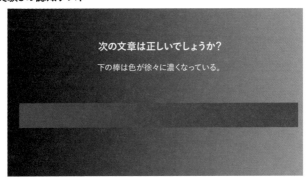

出典：フィナンシャル・タイムズ、ケイル・ティルフォードとアラン・スミスとキャロライン・ネビットによる2019年1月22日付フィナンシャル・タイムズ「よい図解の科学」に掲載(https://ig.ft.com/science-of-charts/)。

　テストを受けたＦＴ読者の10人に4人が、この文章は正しいと答えた。これらの人にとって、棒の色の濃さはまったく変化していないという正解はとても信じられなかっただろう。そうした感想や意見は、もちろん貴重なフィードバックとして受け取らせてもらった！

　さて、この結果から何がわかるだろうか。**私たちの視覚は、周囲の環境に左右されやすい。対象を取り出してそれだけに注目することがなかなかできないのだ**。棒の色の濃さが徐々に変化するように見えるのは、外側にある長方形の色の濃さが反対方向に変化しているからだ。

223

視覚が環境に左右されるのは、色以外のさまざまな視覚的仕掛けによっても起こる。有名なミュラーリヤー錯視もその例で、棒の両端にある矢の向きによって、棒の長さの認識が変わる（**図表13-7**）。

図表13-7 ミュラーリヤー錯視

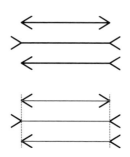

視覚化の研究活動をチェックしよう

　私たちの小さな実験は読者には簡単な遊びのようだったかもしれないが、重要なことを教えてくれる。データを効果的に伝えるために、私たちは人が視覚情報をどのようにして読み取る（または誤読する）のか知らなくてはいけない。さもなければ、たとえば「よい図解とは何か」という単純そうな質問にさえ答えられなくなる。

　折れ線グラフや棒グラフ、円グラフはこれまで200年以上使われてきたのに、データ・ビジュアライゼーションのさまざまな手法の効果（または効果のなさ）を深く掘り下げた研究は比較的最近までなかった。

　ウィリアム・クリーブランドとロバート・マクギルによる1984年発表の論文「Graphical Perception: Theory, Experimentation and Application to the Development of Graphical Methods（図表に関わる認知　図表手法の発展のための理論、実験、応用）」は、位置や長さ、面積などを人がどう視認して、データを理解するか考察した、おそらく最初の研究だ。評論が中心で反響が大きかったエドワード・タフティの著書『定量情報の視覚表示（*The Visual Display of Quantitative Information*）』（未邦訳、2001年）の直後に発表されたこの論文は、証拠に基づいたデータ・ビジュアライゼーションの理論を展開し、今も大きな影響力がある。

これ以降はさまざまな実用的な研究が行われるようになった。

データ・ビジュアライゼーションを手がける企業、タブロー・ソフトウェアの上級研究員ロバート・コサラは、図解の読解力を上げるには、視覚化を支える科学をより知ることが重要だと話す。

「視覚化の研究に触れられる機会は驚くほど少なく、多くの人は1980年代から何も変わっていないと思っているようです。しかし実は、活発な研究活動が続いていて、おもしろい仕事が次から次へと始まっています」と彼は言う。

コサラは、ノースウエスタン大学のジェシカ・フルマン、コロラド大学のダニエル・セイファー、ニューヨーク大学のエンリコ・バティーニとともに、最新のデータ・ビジュアライゼーションの研究を紹介するブログ「Multiple Views（複数の視点）」を立ち上げた。「興味のある人が気軽にのぞけて、さまざまな研究に触れられるようにしたい」とコサラは話している（https://medium.com/ を参照）[1]。

学習ポイント──視覚データ・コミュニケーションの科学

これもまた素晴らしい資料で、わかりやすい視覚データを作るための指針と、根拠となる研究を紹介している。スティーブ・フランコネリ、レイス・パディア、プリティ・シャー、ジェフ・ザックス、ジェシカ・フルマンによって編集されたこのオープンアクセスの論文は、効果的なデータ・コミュニケーションの科学をより深く学びたい人にとっては必読だ。
https://www.psychologicalscience.org/publications/visual-data-communication.html で閲覧できる。

第14章

「軸」が知覚を歪ませる

トム・クルーズは、どれだけ身長が低いのか

　グーグル検索で「トムクルーズ」と打ち込んで、出てくる検索候補のキーワードを見ると、世の中ではハリウッドスターのヒット作品と同じくらい、彼の身長が検索されていることがわかる（**図表14-1**）。

図表14-1 みんな、トム・クルーズの身長が気になっている

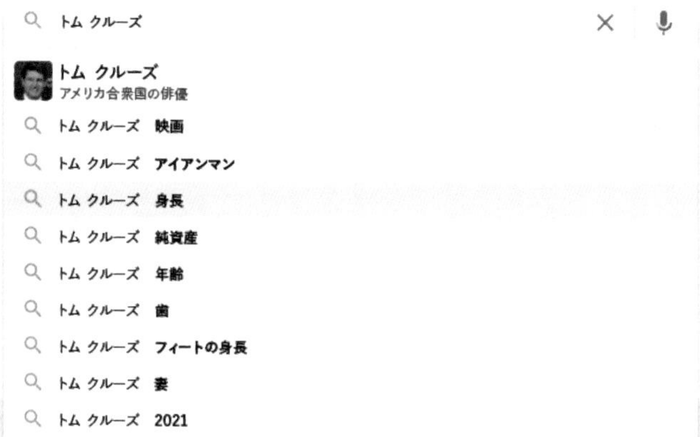

出典：「トム クルーズ」のグーグル検索結果のスクリーンショット

　インターネット・ムービー・データベース〔映画やテレビ番組、俳優などに関する情報のオンラインデータベース〕によれば、トムの身長は170センチだそうだ。しかし、それはどのくらい高い（もしくは低い）と言えるのか。ほかの著名な俳優たちと比べてみよう（**図表14-2**）。

　縦棒グラフで、俳優を身長の高い順に左から並べてみた。最初と最後には、成人男性の身長の最高と最低を代表して、テレビドラマ「ゲーム・オブ・スローンズ」に出演した2人を置いた。ハフソー・ユリウス・ビョルンソン（元「世界

図表14-2 問題ないように見える「量」の比較のグラフ

トム・クルーズと有名俳優との身長比較

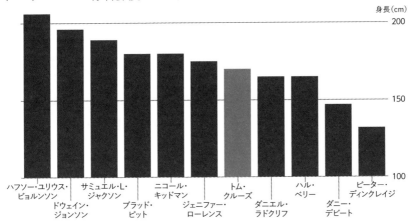

出典：Google、IMDB。アラン・スミスの許可を得て掲載。

最強の男」でもある）とピーター・ディンクレイジだ。

　前妻のニコール・キッドマンも含む、トムより高い俳優たちは左側に並ん
でいる。右側を見ると、驚く人もいるかもしれないが、「ハリー・ポッター」
主演のダニエル・ラドクリフが「ミッション：インポッシブル」の小柄なスタ
ーより少し低い程度の位置にいる。

　問題のない図解のように見える。しかし、うっかりしていると大きな問題
に引っかかる。

　このグラフを作ったそもそもの目的は、視覚的に「有名俳優たちの背丈を
比較する」ことだった。「図解の言語」で言えば、量を比較する関係、つまり「各
要素は互いと比べてどのくらい大きいか」を表したかったはずだ。そう考え
ると、この図解は私たちをだましている。

「ゲーム・オブ・スローンズ」の2人を比べてほしい。ディンクレイジは、ビョ
ルンソンの30％しか背丈がない。ビョルンソンの実際の身長は206センチで、
ドラマのグレガー役、「マウンテン」の通り名にぴったりの体格をしている。
しかし、この身長の30％を計算すると、ディンクレイジの身長はたった61
センチということになる。確かに彼は背が低い。しかし、そこまで低くはな
い。実際はその2倍以上ある（132センチ）のだが、グラフではそのほとんど
が隠れている。なぜか。

誤った印象を持ってしまうのは、グラフの縦軸のせいだ。よく見ると（ほとんどの人は自分から縦軸をよく見ないだろう）、起点が100センチであるのに気づく。つまり、**身長の100センチ分が表されていないために、各柱に実際の身長比率が正しく反映されていない**のだ。俳優の身長を正しく比べるには、身長測定と同じ起点、つまり地上（0センチ）に柱を置かなければいけない。

　図表14-3のように、グラフの柱をゼロから伸ばすと、比率の問題は解消される。しかし、新たな問題が出てくる。**俳優たちの身長差が縮まり、いささかインパクトに欠ける**のだ。

図表14-3 起点をゼロにすると、インパクトに欠ける

トム・クルーズと有名俳優との身長比較

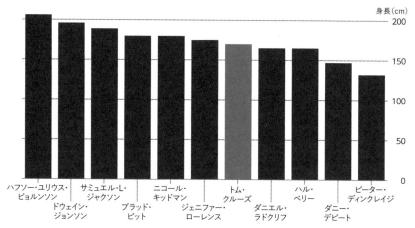

出典：Google、IMDB。アラン・スミスの許可を得て掲載。

　ところで、私たちは対象の絶対値（「量」）をいつも知りたいわけではない。私たちがより関心を持つのは、何かと何かの差、「図解の言語」を使うと基点からのへだたりだ。そこで、質問の焦点を少しずらして問い直してみる。「トム・クルーズに比べて、ほかの俳優たちはどのくらい背が高いか、または低いか？」

　注目する関係性を変えたので、俳優たちの身長ではなく、それぞれの身長差をグラフに表すことにする（**図表14-4**）。

図表14-4 「へだたりを見せる」図解に作り変える

トム・クルーズと有名俳優との身長比較

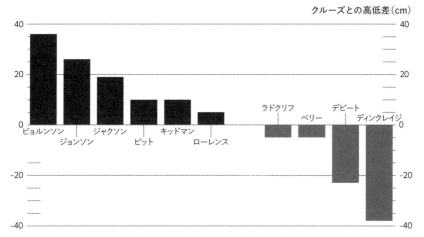

クルーズとの高低差（cm）

出典：Google、IMDB。アラン・スミスの許可を得て掲載。

　各俳優のトムとの身長差を計算して、縦軸の範囲を、最も高い俳優と最も低い俳優の差74センチを少し超えるくらいに設定する。前より視覚的にクローズアップした図解になった。中央の横軸はゼロ値（トムの身長）で、これが基準線だ。

　新しい図にはおまけもあって、トムより背の低い俳優たちの柱の向きが変わった（負の値なので下向きになった）ため、高い俳優たちとの区別がはっきりした。

　この例は、些細なテーマかもしれない。ハリウッド俳優たちの身長が歪んで見えたところで、どんな支障があるだろう。しかし、もしこれが、単位が何百万ドルあるいは何千人といった、重大な判断が関わるグラフだったらどうだろう。**縦軸を0から始めないことが、重大な思い違いにつながるかもしれない**のだ。

　有名人の身長のグラフから学ぶべき教訓はと聞かれれば、**「量」を比較する図解の縦軸は基本的に0から始めなければならない**……のだが、これから見ていくように、このルールはあくまで「量」に限った話で、すべての図解に通じるものではない。

比率の時系列変化では
ゼロを起点にしないときもある

　ワクチン接種はこの数十年間、グローバルヘルスにおける重要課題だが、近年の新型コロナウイルスの世界的流行によって、その重要性はいっそう増している。

　イギリスではイングランド公衆衛生サービスが過去数十年にわたりワクチン接種のデータを定期的に発表しているので、接種率の経時変化を示すグラフをすぐ作れる。たとえば**図表14-5**は、はしか、おたふく風邪、風しん予防の混合ワクチン「MMRワクチン」の接種率を示した簡単な折れ線グラフだ。

図表14-5 **何が言いたいのかよくわからないグラフ**

MMRワクチン接種率は高いまま数十年間推移

2歳の誕生日までにMMRワクチンを接種したイギリスの子どもの割合*(%)

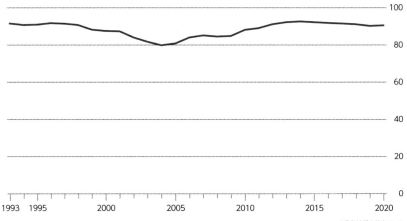

*通常接種を終えている
出典：COVER(子どものワクチン接種率データ)、イングランド公衆衛生サービス、アラン・スミスによる2016年1月25日付フィナンシャル・タイムズ
「データの洪水にも対応できる図解を作る」に掲載(https://www.ft.com/content/3f195d40-b851-11e5-b151-8e15c9a029fb)。

　一見して、特に語るべきものはないように思える。この数十年間の接種率は、多少の変動はあるものの高水準を維持している。ここでワクチン接種に関わるふたつの重要な点を押さえておく。

ワクチン接種に関して知っておかなければならないふたつのこと

ポイント1 感染症の集団発生を抑えるには、人口の大半がワクチン接種をして集団免疫を獲得することが求められる。はしかの場合、世界保健機関（WHO）は接種率95％を目標に掲げている。

ポイント2 イギリスなど先進国の接種率は比較的高い水準が期待されているため、50％を下回る事態は問題である。

　この2点を頭に入れて改めて**図表14-5**を見ると縦軸が0から始まっているために、何のデータもありそうもない無意味な空白にスペースを取られ、肝心の情報が見えなくなっていることがわかる。

　もう少しクローズアップして、縦軸が0から100ではなく、80から100の範囲になるよう手直ししてみる（**図表14-6**）。データは前のグラフと同じだ。違うのは、縦軸の目盛りと接種目標を入れた点のみだ。しかし、新しいグラフは、接種率80％は低いと視覚的に訴えている。理由は、折れ線グラフの折れ具合を見ればわかる。

図表14-6 **軸を調整して言いたいことをはっきりさせる**

MMRワクチン接種率が数十年間高いまま推移しているのは本当か？

2歳の誕生日までにMMRワクチンを接種したイギリスの子どもの割合*（％）

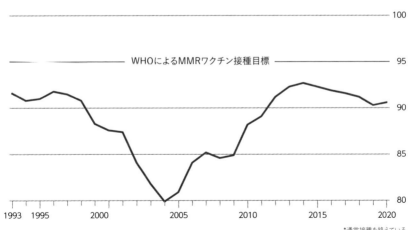

*通常接種を終えている

出典：COVER（子どものワクチン接種率データ）、イングランド公衆衛生サービス、アラン・スミスによる2016年1月25日付フィナンシャル・タイムズ「データの洪水にも対応できる図解を作る」に掲載（https://www.ft.com/content/3f195d40-b851-11e5-b151-8e15c9a029fb）。

図表14-5のグラフとあまりに違うので、同じデータを見ているとは信じられないくらいだ。**ここで初めて気づくのは、接種率が1990年代終わりから5年間ほど急降下し、集団免疫に必要なレベルを大きく下回った点だ。**その後は上昇し、見事なV字回復を見せている。V字ができたのは、MMRワクチンと自閉症との関連を示唆し、今では虚偽とみなされている論文が1998年に『ランセット』誌に掲載され、2010年に取り下げられたという経緯のためだ。

　それでは、量を表すグラフではできなかったのに、このグラフで縦軸を切り取れたのは、なぜなのか。

　最も大きいのが、このグラフは単純な数（俳優の身長、人の数、何千ドル単位の金、石油の量など）を表していない、つまり量の関係性を示していないからだ。

　この図解は、比率（子ども100人あたりの接種数）が経時変化する様子を示している。**このような関係性を示す場合は、図解の縦軸をズームアップして、通常値や予想値、目標値を示すのは十分理にかなっている。**

　もちろん、報告書や発表の場で両方のグラフを使うのはまったく問題ない。初めのグラフで全体的な傾向を示し（「全般的に、接種率は高い水準で推移しています……」）、次のグラフで詳細を語る（「……しかし細かく見ると、問題があります」）といった具合だ。しかし、重要な決断をするのにひとつしか使えないのなら、ふたつ目のグラフを選ぶべきだ。

軸の設定は編集判断そのものである

　私は以前、あるアナリストが作ったグラフについて、軸の置き方について修正を勧めたことがある。しかし「偏見だと批判されそうなことはしたくない」と当人に断られた。

　図解作成ソフトにグラフを作らせておけば、伝える情報に一切の責任を負わなくて済むと思いたいのかもしれない。しかし、**この世に「中立的な図解」というものはない。**図解を作るという意思決定自体が、すでに編集上の判断なのだ。作らない、と決めることも然りだ。

　図解は、議論や決断の参考として使われるべきものだから、その目的が達成されるよう適切に作らなければいけない。

　そこで**図表14-7**のグラフだが、世界銀行のサイトの統計データを元に、ソフトの自動作成機能を使って作った。世界の国会における女性議員の比率を示している。

図表14-7 軸のおかげで楽観的に見えるグラフ
国会の女性議員数は飛躍的に伸びている！

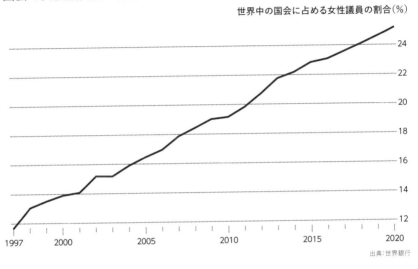

世界中の国会に占める女性議員の割合（%）

出典：世界銀行

　グラフが表しているのは、女性国会議員の比率の経時変化で、1997年の12％から2020年の25％へと増加傾向にあるのがわかる。まずは縦軸の目盛りを気にかけないことにする（気にかけない読者も実際いるだろうから）。見たところ、折れ線データはグラフ右上の隅を目がけてずっと上り調子で、世界の議員数における男女平等は解決したかのように思える。

　コンピュータソフトを使った図解作成では、ソフトのウィザード〔対話形式で設定などの作業が進む機能〕がたいてい「入力情報に基づく予測」をして、軸に目盛りを付ける（今回のような自動作成グラフがその典型だ）。この際、ソフトは一般に、データの最小値（今回では12％より少し下）と最大値（25.2％）に注目する。値の端数を丸めて、すっきりしたグラフに仕立てるくらいのこともするだろう。

　ソフトが苦手なのは、図解の情報は何を伝えているのか、あるいはなぜこ

の図解を作るのかを理解することだ。ソフトのデフォルト設定をそのまま受け入れると、**図表14-7**のような誤解を招くグラフになる。それでは、グラフを修正してみよう。

そもそも、なぜこのグラフを作るのか。国会での男女平等がどのくらい進んでいるかを見るためだ。男女平等とは具体的にどんなレベルか。まあ、ここでは一般的に、議席の約半分（50%）を女性が占めるレベルだと考える。

縦軸をこの水準まで伸ばすと、まったく違うグラフが出来上がる（**図表14-8**）。今回は空白のスペースこそがストーリーの中心で、目標達成まで実際の道のりはまだ長いとわかる。ワクチン接種率のグラフと同様、元のグラフと同じデータを見ているとは思えない違いだ。縦軸が変わり、グラフのタイトルもがらりと変わった点にも注目してほしい。この（ゆっくりと安定した）進み具合では、青線が50%に到達するまでにまだ数十年はかかるだろう。

図表14-8 軸のおかげで悲観的に見えるグラフ

国会議員数で男女平等を達成するには何十年もかかる
世界中の国会に占める女性議員の割合（%）

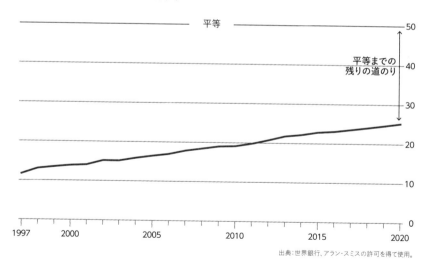

出典：世界銀行、アラン・スミスの許可を得て使用。

もちろん、男女同数が目標ではない読者もいるだろう。縦軸は、お望み通りに伸ばしてもらえればと思う（**図表14-9**）。

図表14-9 軸のおかげで別の問題に見える

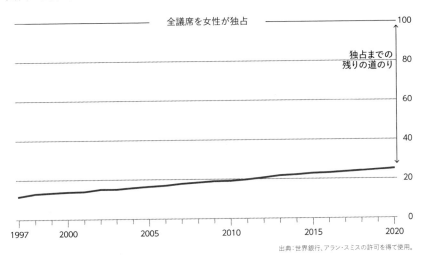

勝利までの長い道のり
世界中の国会に占める女性議員の割合（%）

出典：世界銀行、アラン・スミスの許可を得て使用。

対数スケールで新型コロナの拡大規模を伝える

　新型コロナウイルスの世界的な感染拡大が始まった2020年、各メディアは流行が急速に広がる状況を市民に伝えようと、図解を頻繁に用いた。

　BBC（英国放送協会）のスポーツキャスターを務めるゲーリー・リネカーは2020年10月、700万人のフォロワーがいる自身のツイッターでこうつぶやいた。「このパンデミックの悪夢のなかで唯一前向きに思えるのは、グラフを読めるようになった人が結構いるんじゃないかということだ」

　このとき、『フィナンシャル・タイムズ（FT）』の同僚ジョン・バーン・マードックが世の中に広めたひとつの図解が、暗い象徴のように語られるようになった（読者の1人は、「FTの死亡グラフ男」とグーグル検索して、彼を見つけたとツイートした）。

　新型コロナウイルスの流行をたどる図の作成にあたり、ジョンは世界各地で感染がいかに急速に広まっているか伝えるために、「対数スケール」を縦軸に用いて感染件数を示そうと決めた（**図表14-10**）。

　その決断がどれほど大きな効果を生んだかは、感染拡大の同じデータから

図表14-10 対数スケールの見方

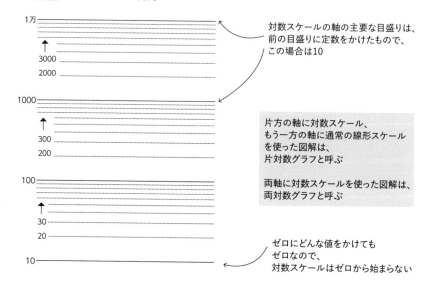

対数スケールの軸の主要な目盛りは、前の目盛りに定数をかけたもので、この場合は10

片方の軸に対数スケール、もう一方の軸に通常の線形スケールを使った図解は、片対数グラフと呼ぶ

両軸に対数スケールを使った図解は、両対数グラフと呼ぶ

ゼロにどんな値をかけてもゼロなので、対数スケールはゼロから始まらない

図表14-11 対数スケールと線形スケールの比較

同じデータでも違うストーリー

コロナ感染で新たに亡くなった人の7日移動平均

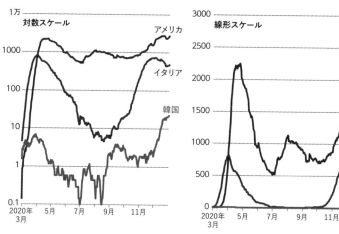

出典：フィナンシャル・タイムズの図表(ft.com/covid19)を改変。

作った**図表14-11**のふたつのグラフを見比べればわかる。ひとつは、縦軸に線形スケールを使ったおなじみのグラフで、もうひとつは対数スケールを使ったものだ。

対数スケールのグラフのほうが、新型コロナウイルス流行初期の急激な感染数増加がはっきりと見える。イタリアと韓国が、感染が収束期に入るまでほぼ似たような軌跡をたどったことがわかる。線形スケールのグラフでは、韓国で感染拡大があったのかどうかさえ判断しづらい。

ジョンのグラフは毎日のように更新され、社会に大きな影響を与えた。世界中のメディアが同じようなグラフを作り始め、第1波さなかのヨーロッパやアメリカでは、ソーシャルメディアで頻繁にやり取りされた。

ジョンの大いなる功績によって対数スケールは今や図解の主流となり、遍在していると言ってもいいくらいだ。グーグルの検索トレンドによれば、「対数スケール」の世界の検索数は、ウイルス感染が急拡大した2020年3月に急増した（**図表14-12**）。おそらく外出制限下にいた世界中の人々が、それまで聞いたこともなかった種類の軸について知ろうとしたのだろう。

図表14-12 **世界中の人が対数スケールに関心を持った**

世界における「対数スケール」のGoogle検索数

100=検索数の最高点

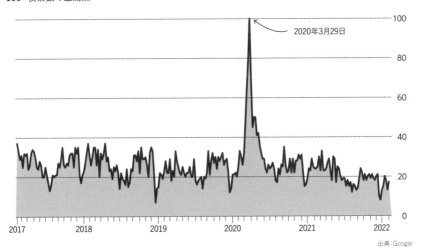

出典：Google

ここで重要な疑問が浮かぶ。対数スケールを見た人たちは、このグラフを理解していただろうか。ロンドン・スクール・オブ・エコノミクス（LSE）の研究によれば、理解していなかったという。

　さらに心配なことに、対数スケールのグラフは、パンデミックに対する人々の態度にも影響を与えたというのだ。LSEの研究によると、従来の線形スケールは、パンデミックがまだ拡大傾向にある印象を与えるのに対し、対数スケールの「グラフの曲線は、実際よりも状況をよく見せて、読者を楽観させてしまう」効果があったそうだ。LSEの研究者たちは結論として、「マスメディアや政治家たちは、パンデミックの変化を語るときに常に線形スケールのグラフを使うか、少なくとも線形と対数スケールのふたつのグラフを使うべきだ」と提言している（LSEの研究の閲覧先は、https://blogs.lse.ac.uk/covid19/2020/05/19/the-public-doesnt-understand-logarithmic-graphsoften-used-to-portray-covid-19）。

　人がどう図解を読むのか私たちも理解を深めたいので、このような研究はいつもありがたい。ただ、この場合は、対数スケールのグラフの価値を見誤っていないかと思う。たとえば、研究では参加者に対数スケールと線形スケールのグラフを見せて、「ある週の死者数がほかの週に比べて増えたかどうか」を読み取らせている。これは、規模を示す線形スケールのほうが明らかに有利な問いだ。

　それにこの研究に言われるまでもなく、データ・ビジュアライゼーションの仕事をしてきた者たちはこれまでも、対数スケールについて何度も説明しないと理解してもらえないという経験をしてきた。今回の研究結果も踏まえて、対数スケールはもう使わないと決めるのは簡単なことだ。

　しかし私たちが知る限り、**線形スケールの穏やかな曲線では隠れてしまう重要な情報を、対数スケールだとはっきり示せる場合もある**のだ。図解の読解力を上げ、対数スケールを読み解けるようになる甲斐はある。最後にふたつの例を見て、軸の目盛りに関する話を終えよう。

対数スケールなら極端な値に引っ張られない

　伝説的な統計学者であり図解の解説者、またTEDトーク講演者でもあるハンス・ロスリングが、対数スケールのグラフの有効性について、もうひと

つの理由を挙げている。それは、ややもすれば極端な値（「外れ値」と統計学では言う）のために隠れてしまうデータにクローズアップして迫れるという点だ。

　図表14-13の例は、新興国と先進国における1人あたり国内総生産（GDP）と平均寿命との関係を示した散布図だ。ご想像の通り、より豊かな国ほど平均寿命は高い傾向にある。

図表14-13 散布図は外れ値が中心になってしまうことがある

所得と出生時平均余命（2019年）

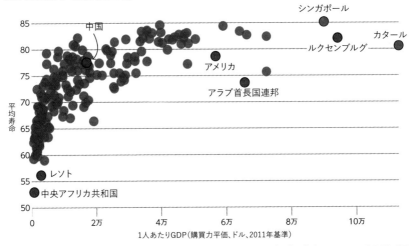

出典：ギャップマインダー（世界銀行、マディソン・リンドグレン、国際通貨基金のデータ含む）。アラン・スミスの許可を得て使用。

　ただし、ここで新興国の所得の差について理解しておく必要がある。つまり、100ドルと1000ドルの差額900ドルは実質的に大きな違いであり、ましてやそれは、3万9100ドルと4万ドルの差額900ドルに比べたら、非常に大きな差である。しかし、この図ではまたも線形スケールの弱点が出ていて、ルクセンブルグのような豊かな国を含めるために、かけ離れた値の目盛りまで横軸を伸ばさなければならず、結果的に所得の低い国々が図の左側に押し込められ、所得の差が見づらくなってしまった。

　このようなときに、対数スケールが再び役に立つ。**図表14-14**では、中央アフリカ共和国やレソトなど途上国のあいだの詳細な差がはっきりわかる。

図表14-14 対数スケールだとすべてのデータを比較しやすい

所得と出生時平均余命（2019年）

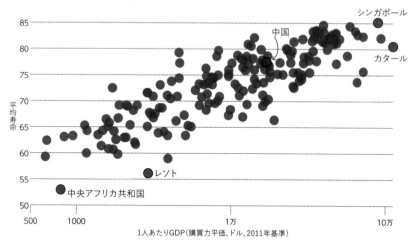

出典：ギャップマインダー（世界銀行、マディソン・リンドグレン、国際通貨基金のデータ含む）。アラン・スミスの許可を得て使用。

そして実に、GDPと平均寿命の関係性の全体的パターンも明確になった。

　以上のことから、難しさはあるが、対数スケールを知り、その仕組みを理解しておく価値はある。同時に、対数スケールをよく知らない人たちが大勢いることも忘れずに、情報が正確に伝わるよう丁寧な説明を怠ってはならない。

指数関数的な成長は対数スケールだと見やすい

　ダウ・ジョーンズ工業株価平均（ダウ平均株価）は、1896年に始まった世界でも屈指の歴史を誇る株価指数だ。アメリカの証券取引所に上場している優良30銘柄の株価を元に算出している。最近は株式市場全体をより反映した指数を見るアナリストも多いかもしれないが、ダウ平均株価はその長い歴史から現在も参考にされ続けている。

　ダウ平均株価を時系列で追った**図表14-15**のシンプルな折れ線グラフは、線形スケールを用いている。

 **図表14-15 大恐慌がまったく識別できないグラフ**

ダウ平均株価（線形スケール）

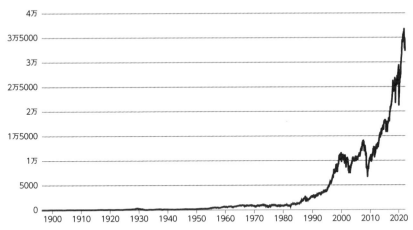

出典：メジャリングワースのサミュエル・H・ウィリアムソンによる2022年「1885年から現在までの日々のダウ平均終値」、アラン・スミスによる2017年1月31日付フィナンシャル・タイムズ「「もう一つの事実」がいかに歴史を書き換えるか」に掲載（https://www.ft.com/content/3062d082-e3da-11e6-8405-9e5580d6e5fb）。

　このグラフに何か問題があるだろうか？　まず**このグラフでは、史上最大にして最長の経済恐慌の影響が事実上隠れてしまっている。**1929年にニューヨーク株式市場のダウ平均株価が大暴落してから回復するまで実に25年かかったわけだが、線形スケールのグラフでは、四半世紀に及ぶ混迷期がすっかり見えなくなっているのだ。同じデータを元にした対数スケールのグラフはどうだろうか（**図表14-16**）。

　ダウ平均株価の歴史を通じて急騰と急落が繰り返されてきたことがはっきりと見える。線形スケールのグラフでは、最近の動きしかわからない。しかもそれが目立ち過ぎているとさえ感じるだろう。

　私たちにとって、株価100と200の違いも1000と2000の違いも、ともに2倍の株価という意味では同じだ。このように相対的な観点で株価指数を見る限り、対数スケールのグラフは間違いなくより効果的だと言える。これは新型コロナウイルスの流行初期にも通じる話で、当時のようにデータが加速度的に変化する時期には対数スケールが有効だと私たちは判断した次第だ。

　ところで、ＦＴのかの有名な対数スケールグラフはどうなったか。研究や読者からのフィードバックを受けて、線形スケールと対数スケールのどちら

のグラフでもデータを見られるようにして提供している。読者がほかの条件
も加えると、それに応じたグラフも見られる[*1]。

　さまざまな条件によって図解の見え方が変わるのを確かめられるのは、読
者にとって貴重な学習の場になるだろう。

図表14-16 ダウ平均が大恐慌から回復するまで25年間かかった

ダウ平均株価（対数スケール）

出典：メジャリングワースのサミュエル・H・ウィリアムソンによる2022年「1885年から現在までの日々のダウ平均終値」、アラン・スミスによる2017年1月31
日付フィナンシャル・タイムズ「『もう一つの事実』がいかに歴史を書き換えるか」に掲載（https://www.ft.com/content/3062d082-e3da-11e6-8405-
9e5580d6e5fb）。

読み手はまず「タイトル」に目をつける

　データグラフィックにおいて、言葉は欠かせない要素だ。少なくとも図中のデータを説明し、意味のある数値として提示するために必要だ。説明文のない図解は、単なる抽象的な幾何学図形でしかない。

　しかし、一流の図解作成者になるにはまず文章力が必要と考える人は少ない。その傾向は誤っていると指摘する学術的研究がある。

　ブリティッシュコロンビア大学のミシェル・ボーキンと、マサチューセッツ工科大学(MIT)のゾーヤ・ビリンスキーの研究チームは2015年、人が図解をどのように認識し、記憶にとどめるかを調査した。その結果で目を引いたのが、言葉がどれだけ大事かを強調したくだりだ。

> 図解を見る人は、まずタイトルとテキストに目を引かれ、図と関係付ける。それを元に図解を認識し、記憶する。図解のなかで人が最も時間をかけて見るのがテキスト、特にタイトルである。

　つまり**テキスト、特に説明文があることによって、「ここにデータがあります」(誰も覚えないだろう)と伝えるだけの図解が、「これが注目すべきデータです」(誰もが覚えるだろう)と訴える図解へと変身する**のだ。図解を様変わりさせるのに、多くの言葉は要らない。

　イギリスのベーカリーチェーン店、グレッグスの株価を示した**図表15-1**のグラフを見てほしい。『フィナンシャル・タイムズ(FT)』の同僚マイルズ・マコーミックが、FT記者向けの図解作成ツール「FastCharts」で作った。

　さて、マイルズがタイトルを詳しく書き直して、ビーガンソーセージのロールパン発売という重要な時期を示す簡単な注釈を付け加えたら、どうなっ

ただろうか（**図表15-2**）。

　読んだ甲斐のある図解がどちらかは、言うまでもないだろう。タイトルと
たった1文の注釈によって、これほどの違いが出る。マイルズはこの図解を、
簡潔で意味があり、記憶に残る「超短編物語」に変えたのだ。

図表15-1 読み甲斐のないグラフ

グレッグスの株価

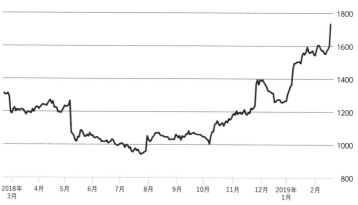

株価（ペンス）

出典：リフィニティブ（元はトムソン・ロイター）、2021年10月5日付フィナンシャル・タイムズ「供給圧力高まる中、グレッグスが年間収益見通しを引き上げる」に掲載（https://www.ft.com/content/47b4f6ee-d008-489d-b621-a4791674dbc1）。

図表15-2 タイトルとテキストで「いいたいこと」が伝わる

グレッグス株価、ビーガン製品発売以降に最高値を更新

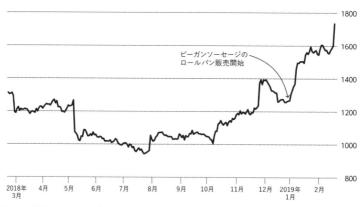

株価（ペンス）

ビーガンソーセージの
ロールパン販売開始

出典：リフィニティブ（元はトムソン・ロイター）、2021年10月5日付フィナンシャル・タイムズ「供給圧力高まる中、グレッグスが年間収益見通しを引き上げる」に掲載（https://www.ft.com/content/47b4f6ee-d008-489d-b621-a4791674dbc1）。

　さらに大事なのが、この図解はこれひとつで成立しているということだ。説明を加えなくてもそれだけで基本的なメッセージを届けられる図解は、関連記事やレポート、スライド資料を付けずに幅広く利用できる。ソーシャルメディア戦略にも便利だ。

ＦＴ式図解テキストの作り方

　ボーキンとビリンスキーの研究結果は、私たちＦＴビジュアルデータ・ジャーナリズム部門にとって、まったくの驚きではなかった。報道に長年関わってきて、図解に付ける効果的なテキストがいかに重要か、私たちなりにわかっていたからだ。実践は間違いなく身になる。しかも、常に敏腕の編集補佐たちとの共同作業なのだから、部員たちも気が抜けなかった。

ＦＴ式　よいタイトルの5条件

　図解作成でまず着手すべきなのがタイトルであることに、誰も異論はないだろう。いずれにせよ、何を伝えたいか初めにタイトルに記しておけば、いざ図解ができたときに目的を果たせたか答え合わせができる。

　ただ、実際には、タイトルは時間をかけて考えていい。図解を作る過程でタイトルは編集され、書き直されていいし、そうされるべきだ。それでも、**初めに仮のタイトルを付けておくのはよい習慣**だ。

　ＦＴではたいてい、語るようなタイトルを付ける。そのほうが読者の記憶に残りやすいし、より意味深くなるからだ。語るタイトルは、記事の見出しや小見出しと似たような役割を果たす。社内研修で見出しの書き方を指導するトム・ストークが私たちのチームのスキル向上にも時間を割いてくれたおかげで、図表タイトルについて理解を深められた。よいタイトルとは、以下のとおりだ。

タイトルの5つの条件

条件1　図解を読みたい（見たい）気にさせる。 ありふれたタイトルをつけて、どこにでもある図解のように見せない。記事の付属品としてではなく、図解自体が注目されるようでなければならない（さもなければ、存在しないも同

然だ）。

条件2　シンプルで、それだけで図解のメッセージがわかる。 読者がタイトルから図解のメッセージに関心を持ち、記事や本文へと読みすすめるようにする。逆に、本文を読まないと意味がわからないタイトルは付けない。

条件3　キーワードを含んでいる。 読者がぱっと見たときに、キーワードから図解の大体の内容をつかめるようにする。オンラインだと、検索サイトやソーシャルメディアで、キーワードから図解を見つけてもらえる。

条件4　正確で、真実を伝えている。「フェイク・ニュース」が取りざたされる昨今、誰からも疑われない図解を作ることは、何よりも重要だ。

条件5　読者の期待を裏切らない。 タイトルをまず見て興味を持った読者が、次に図解を見て「なるほど」「確かに」と納得できるようにする。パトリック・マシュリンとクリス・キャンベルによる、このほれぼれするほど凝った**図表15-3**は、シンプルなタイトルと対照的だ。しかし、ふたつは完璧にかみ合ってデータのメッセージを伝えている。

図表15-3 **タイトルと図解がかみ合っている例**

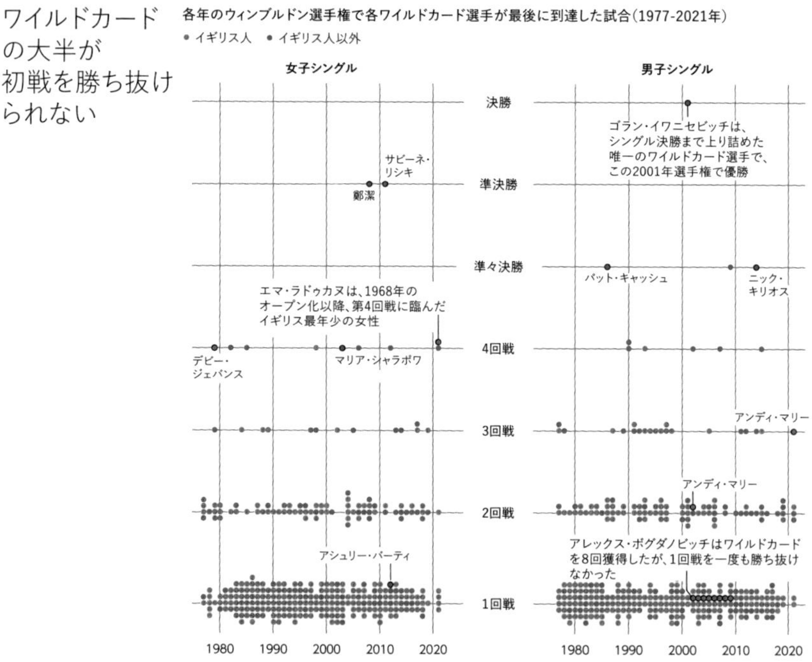

ワイルドカードの大半が初戦を勝ち抜けられない

各年のウィンブルドン選手権で各ワイルドカード選手が最後に到達した試合（1977-2021年）

● イギリス人　● イギリス人以外

女子シングル

決勝

準決勝
　サビーネ・リシキ
　鄭潔

準々決勝

エマ・ラドゥカヌは、1968年のオープン化以降、第4回戦に臨んだイギリス最年少の女性

4回戦
　デビー・ジェバンス　マリア・シャラポワ

3回戦

2回戦

アシュリー・バーティ

1回戦

1980　1990　2000　2010　2020

男子シングル

決勝
　ゴラン・イワニセビッチは、シングル決勝まで上り詰めた唯一のワイルドカード選手で、この2001年選手権で優勝

準決勝

準々決勝
　パット・キャッシュ　ニック・キリオス

4回戦

3回戦
　アンディ・マリー

2回戦
　アンディ・マリー

アレックス・ボグダノビッチはワイルドカードを8回獲得したが、1回戦を一度も勝ち抜けなかった

1回戦

1980　1990　2000　2010　2020

グラフィック：クリス・キャンベル、パトリック・マシュリン

出典：ウィンブルドンによるデータ、サミュエル・アジニ、パトリック・マシュリン、クリス・キャンベルによる2021年7月10日付フィナンシャル・タイムズ「ウィンブルドン・ワイルドカード選手が成功しても選手の経済問題は顕著」に掲載（https://www.ft.com/content/860b0619-a10e-4f13-abee-c9f27d775b99）。

　何かを解説する図解の場合は、「なぜ」「どのように」を含むタイトルを考えてもいい。それが「読者の期待」を担ってくれる。図解に矢印で注釈を付けると、期待に応える内容を指し示せる。**図表15-4**も、注釈があるおかげで、前章で学んだ対数スケールのポイントを確認できる。

図表15-4 注釈で「読者の期待」に応える

対数スケールがいかに指数関数的増加をはっきり示すか

イギリスのコロナ感染死者の7日移動平均（人）

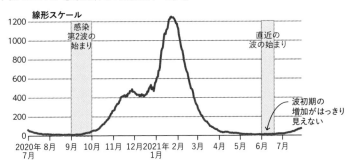

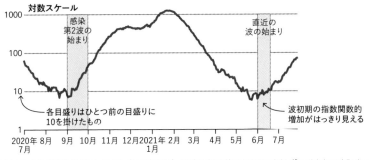

出典：フィナンシャル・タイムズのコロナウイルス・トラッカー(ft.com/covid19)、2021年12月20日付フィナンシャル・タイムズ「コロナウイルス・トラッカー 感染再燃との闘い 最新の数値」(閲覧無料)に掲載(https://www.ft.com/content/a2901ce8-5eb7-4633-b89c-cbdf5b386938)。

適切な能動態動詞をタイトルに使うと、メッセージを強く訴えることができて、図解の焦点が明確になる（図表15-5）。

図表15-5のタイトルを受動態で表すと、「イギリスの不動産は海外の買い手に注目されている」になる。間違ってはいないのだが、能動態と比べるとインパクトに欠ける。

図表15-5 「能動態動詞」だとメッセージが伝わる

海外の買い手はイギリスの不動産に注目している

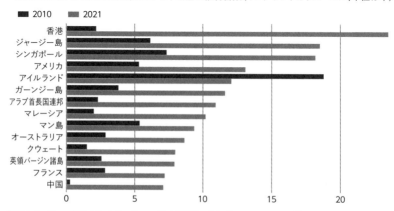

海外に住所がある個人が登録している不動産の権利書数（イングランドとウェールズ、単位は千）

出典：センター・フォー・パブリックデータ、ジョージ・ハモンドによる2021年11月12日付フィナンシャル・タイムズ「外国人によるイギリスの不動産所有が3倍に」に掲載（https://www.ft.com/content/e36cec28-7acd-4154-b57d-923b5d1610da）。

「図解の言語」の関係性を考慮して、適切な動詞を選ぶこともできる。たとえば、「増加する」を使って「時系列変化を表す」図解、「浮上する」「落ちる」を使って「ランキングを示す」図解だと伝えることができる。

「図解の言語」の言葉をそのままタイトルに使ってもいい。**図表15-6**の図表タイトルの「相関関係にある」は、注目したい数値の比較に読者の目を向かせていてよい。それに、「散布図」を使った理由も説明できる！

さらに手をかけて、色を使って重要な情報を目立たせるやり方もある。クリスティン・チャンが作った**図表15-7**は、アメリカ共和党のシンボルカラーである赤色をタイトルに取り入れて、テーマを際立たせている。色の正式な説明は凡例にあるが、**タイトルを見れば、赤色に注目すべきだとすぐにわかる。**

図表15-6 「図解の言語」から適切な動詞を流用した例

ワクチン接種への消極的態度と政治は、強い相関関係にある

各州の新型コロナウイルスワクチン接種への消極度とトランプ氏の得票率

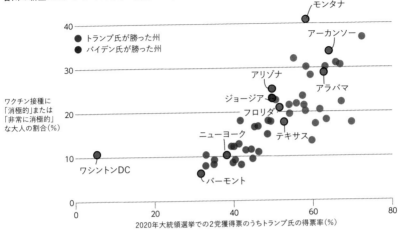

出典:州ごとのワクチン接種の消極度は、アメリカ保健福祉省(5月26日から6月7日までの連邦調査のデータを使っている)より。
州ごとのトランプ氏の得票率は、クック政治報告書より。
ニコウ・アスガリによる2021年7月21日付フィナンシャル・タイムズ「『一種の洗脳』なぜトランプ支持者はワクチン接種を嫌うのか」に掲載
(https://www.ft.com/content/39ff87ce-57b7-4007-9504-7eb2c7bc911f)。

図表15-7 タイトルに意味のある色を使った例

バージニア州知事選挙 史上最高の投票率でヤンキン氏が辛勝

州知事戦における各党の票数(2009-2021年)

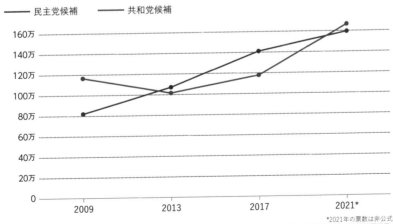

*2021年の票数は非公式
グラフィック:クリスティン・チャン、出典:バージニア州選挙管理局、
ローレン・フェドロとジェームズ・ポリティによる2021年11月4日付フィナンシャル・タイムズ「バージニア州選挙の手痛い敗北で民主党に不安広がる」に
掲載(https://www.ft.com/content/a44828e6-c522-449e-8f49-91a8c9fff3eb)。

最後に、ＦＴは国際的なニュース機関であり、英語を母語としない読者も多い。このため、語呂合わせなどの言葉遊びは、基本的には避けるようにしている。

　とはいえ、私たちもやはり人間で、ルールから外れるときもある。イギリスの家庭向け水道料金に関する**図表15-8**を2018年に作ったとき、その年のアカデミー作品賞を受賞した「シェイプ・オブ・ウォーター（水の形）」にかけたタイトルをどうしても付けたくなった。掟破（おきてやぶ）りとわかっていたからこそ、きっとあんなにわくわくしたのだろう……。

図表15-8 **言葉遊びは避けた方がよい**

シェイプ・オブ・ウォーター・プライス
水道料金の形

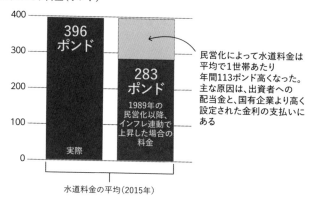

年間の世帯あたり料金（ポンド）

396ポンド（実際）／283ポンド（1989年の民営化以降、インフレ連動で上昇した場合の料金）

民営化によって水道料金は平均で1世帯あたり年間113ポンド高くなった。主な原因は、出資者への配当金と、国有企業より高く設定された金利の支払いにある

水道料金の平均（2015年）

出典：デイビッド・ホール、イギリス会計検査院。フィナンシャル・タイムズ「イギリスの民営事業を公営に戻す」に掲載（https://www.ft.com/content/90c0f8e8-17fd-11e8-9e9c-25c814761640）。

サブタイトルで「メタ情報」をすべて伝える

　自己完結した図解を作るには、データに関する一切の情報を示す必要がある。そのためにあるのが、サブタイトルだ。いわゆる「ワン・ストップ・ショップ」のような存在で、すべてのメタ情報〔データに関する情報が記載されたデータ〕がここで得られる。たとえば下記のような情報である。

サブタイトルで得られる4種の情報

情報1　データの系列：何が測定されたのか（コロナワクチン接種率、営業

利益、アルマジロの生息数、など）

情報2 データの単位（100人あたりの数、10億ドル、アルマジロの頭数、など）

情報3 データが測定された地域または母集団（イギリス、S&P500種株価指数、ロンドン動物園、など）

情報4 図中で説明できなければ、データの測定期間（12月31日時点、2018年事業年度、最新の動物園個体調査の日付、など）

　これらの情報をタイトルに入れてきた人も多いだろう。確かに、読者のためには大事な情報なのだが、頭にすっと入らない。**読者に訴える図解にするためには、タイトルで読者の注意を引き、サブタイトルと図で説明する、とセットで考えたほうがいい。**

長い説明文は脚注に入れる

　とはいえ、サブタイトルにデータの全情報を入れると、くどくなる場合もある。長い説明文がなくても、人は図解のおおかたのメッセージをまず理解できる。しかし、完全な情報はどこかに付記する必要があるし、より深く知りたい人のためにも欠かせない。そういうときに便利なのが脚注だ。名前が示すとおり、図解の下に置く場合が多い。これによって、タイトルとサブタイトルをすっきりしたままに維持できる。

　さらに図解の最下段で、サブタイトルで触れたデータの出典を明らかにする。開放性と透明性を確保しておくためにも重要だ。図解の信用度も上がり、再現性も担保できる。出典データがオンラインでも入手できる場合は、リンクを貼ると丁寧だ。

凡例はできるだけ図表のなかに入れる

　言うまでもないが、図解は色や大きさ、模様などを使って表現するので、これらの符号を解読するための情報を記す必要がある。それが凡例だ。

　ただ**可能であれば、凡例を図解のなかに取り込んだほうが、効果的な図解を作れる。**例として、新型コロナウイルス流行における政府の介入の度合い

を示した、**図表15-9**の折れ線グラフを見てみよう。

凡例ははっきりと示してある。しかし折れ線が多すぎるため、グラフと凡例をしょっちゅう見比べて、どの色がどの国か気にしながら読まなくてはいけない。

次に、折れ線グラフに国名を直接付けた修正図を見てみる（**図表15-10**）。視線を忙しく動かさなくても折れ線から国名が直接わかる。この手法にはもうひとつの利点があり、折れ線の意味付けを色だけに頼らなくて済む。

図表15-9 **凡例が図の外にあると詠みにくい**

各国政府のコロナ対応の厳格さがいかに変わったか

オックスフォード厳格度指数

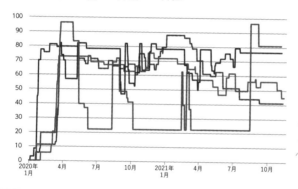

出典：オックスフォード大学ブラバトニック公共政策大学院、バレンティナ・ロメイによる2020年11月11日付フィナンシャル・タイムズ「コロナ規制 ヨーロッパ経済への打撃は春より小さく」に掲載（https://www.ft.com/content/7579eaf1-4f12-41bc-a0aa-1f89ac086cc7）。

図表15-10 **図内に凡例があると詠みやすい**

各国政府のコロナ対応の厳格さがいかに変わったか

オックスフォード厳格度指数

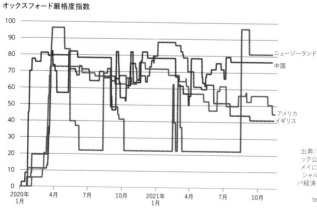

出典：オックスフォード大学ブラバトニック公共政策大学院、バレンティナ・ロメイによる2020年11月11日付フィナンシャル・タイムズ「コロナ規制 ヨーロッパ経済への打撃は春より小さく」に掲載（https://www.ft.com/content/7579eaf1-4f12-41bc-a0aa-1f89ac086cc7）。

注釈でデータに意味合いを持たせる

　グラフに注釈を書き込むことに神経質になる人は多い。かつて一緒に働いた研究生が、私に「躍動感のあるタイトルを書いて」「注釈を書き込んで」などと言われ、せっかくきれいに作った中立的な図解に落書きしろと言われているように感じたと話した。

　しかし、**何も書き込まなければ中立的な図解になるという考えは、真っ先に捨て去るべき**だ。図解を作ること自体がすでに、ある情報を伝えようとする編集的な判断だ。十分に伝達できない図解は、読みにくいばかりか、せっかく苦労して入手した情報を世の中に広められない（さらに言うと、図解を作らないという選択、つまり情報を伝えず隠しておくことも、中立的とは必ずしも言えない）。

　私の言うことが信じられなかったら、アマンダ・コックスの言葉に耳を傾けてほしい。『ニューヨーク・タイムズ』紙の図解の前編集責任者であり、データ編集者として何回も表彰されている人物だ。「**注釈を付けるのは最も重要な作業だ……これがなければ、読者に『ここに図があるので、あとは自力で読んでください』と言うようなものだ**」

　注釈は、データに意味合いを持たせ、図解から読み取るべき重要な情報を伝えられる。目標値や注目すべき時期、重要な傾向などに付けるといい。

　注釈を書くときの基本的な原則を挙げる。

図解の注釈のための3つの原則

原則1　簡潔に書く。2文以上のテキストでも読者の記憶には残るが、段落に分けるほど長いと、そうはいかない。

原則2　複数の注釈を順番に読む必要がある場合は、番号を付けるなど読者がわかるようにする。

原則3　矢印や線を使って、図解のどの部分の注釈なのかはっきり示す。

　注釈と、ほかのテキストがともにデータを語ることで、意味があって記憶に残り、自己完結した図解ができる。最後に、前章で見た図解に注釈を付け、読者に必要な情報を加えたものを見てもらおう（**図表15-11**）。

注釈で読者に必要な情報を伝える

信用できない研究によって、MMRワクチン接種率がいかに落ち込んだか

2歳の誕生日までにMMRワクチンを接種したイギリスの子どもの割合*(%)

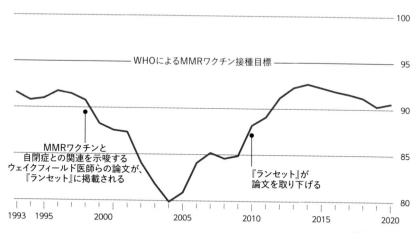

出典：COVER（子どものワクチン接種率データ）、イングランド公衆衛生サービス、デイビッド・ロバート・グライムスによる2021年2月5日付フィナンシャル・タイムズ「コロナ陰謀説にどう対処するか」に掲載（https://www.ft.com/content/6660cb80-8c11-476a-b107-e0193fa975f9）。フィナンシャル・タイムズの許可を得て使用。

*通常接種を終えている

第16章

デザイナーでない人のための図解デザイン入門

図解作成に必要なデザインの原則

2010年にBBCのマーク・イーストンが同協会のニュースサイトでイギリスの高齢化社会について書いた際に、私が「高齢者の日」に合わせて国家統計局のために作った地図のスクリーンショットを何枚か使ってくれた。

そのなかでマークは丁寧に「受賞歴もあるデザイナー、アラン・スミス」と紹介してくれた。自分を「デザイナー」と思ったことがなかった私には意外だった。多くの人たちが読んだだろうそのBBC記事を見ながら、皆をだましているような気分になった。

しかしよく考えてみて、デザインとデータ・ビジュアライゼーションについて、自分の認識が間違っていたと気づいた。

デザイナーは、デザインを手掛ける人だ。そして**図解は、本書でもわかるように、デザインが関わる作業**だ。ファッションやインテリア、ソフトウェアのデザインと同じように、図解のデザインにも専門職としてのデザイナーがいて当然ではないだろうか。自分のキャリアが急に、以前より意味を帯びたように感じた。それから10年以上経った今、「図解デザイナー」はこれまでになく多く存在し、この分野が急速に発展しているのを感じる。

この本は決してデザイン理論を説いた一般書ではない。しかし、デザイン以外の幅広い学習をしないまま「図解デザイナー」になる人が多くなったなか、効果的な図解作りのためにいくつかの重要な原則を記しておくのは意義があるだろう。

色にはふたつの表現法がある

色は、電磁波スペクトル〔光や電波など存在するすべての電磁波の連なり〕のわずかな範囲

を占める可視光線の早技によって見えるものでしかない。それでも、私たちの生活にとてつもなく大きな影響を及ぼす。

図解においては、伝えたい情報が色によって届くときもあれば、阻まれるときもある。だからこそ色について知り、その利点をデータ・ビジュアライゼーションにどう生かすか考えるべきだ。

コンピュータ画面の色は、赤、緑、青の組み合わせによって表現される（**図表16-1**）。3色を組み合わせてできるすべての色の範囲、つまり「色域」はRGB色空間と呼ばれる。RGBのカラーモデル（色の表現方法）は色を重ねるほど明るくなる（加法混色）が、印刷で使われるCMY（K）モデルはその逆で、色を重ねるほど暗くなる（減法混色）。

図表16-1 **ふたつの色表現法の比較**

RGB
赤（R）、緑（G）、青（B）の色の光を組み合わせて別の色を作る。
3色すべてを最高強度で組み合わせると、白になる。
「加法混色」法。

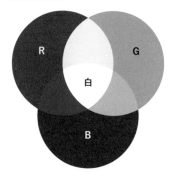

RGBはコンピュータの
ディスプレイに使われる。
ウェブで使う色表現法。

CMY（K）
シアン（C）、マゼンダ（M）、イエロー（Y）の色を混ぜて別の色を作る。
すべてを混ぜると、ほぼ黒になる。
「減法混色」法。

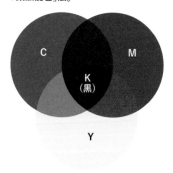

CMYKは印刷に使われる。
主な3色（CMY）のほかに、普段は
純粋な黒色の専用の印刷版（K、
または「基準の黒」）が使われる。

お気づきの人もいるだろうが、**図表16-1**のふたつのモデル図は簡略化されている。どちらのモデルも、原色や二次色〔ふたつの原色を同量ずつ混ぜ合わせて作る色〕をはるかに超える数の色を再現できる。ただし、その方法は互いにまったく異なる。加法混色のRGBモデルは、各3原色の明るさを少しずつ変えて組み合わせることで、連続した階調に見せる（**図表16-2**）。

図表16-2 RGBモデル

　一方、減法混色のCMYKモデルは、「ハーフトーン（網点）」と呼ばれる印刷技法を使う。4つの基本色を使い、小さな点（ドット）の大きさや密度を少しずつ変えながら印刷して、連続した階調を再現する（**図表16-3**）。

図表16-3 CMYKモデル

　ここで白状しておく。上のふたつのイメージは詐欺のようなものだ。本書を印刷して出版するために、私のコンピュータ画面のRGBカラーはCMYK

に変換されているからだ。こうしたカラーモデルの変換は可能だが、注意点がある。RGBの色域のほうがCMYKより広いため、モニターで見える色の一部（概して、より鮮やかな色）は、印刷では再現できない。よって、一般的な作業の進め方としては、RGBで完成品まで仕上げて、印刷の必要があるときだけCMYKに変換することをおすすめする。

HSLモデルでRGBカラーを作る

ほとんどのコンピュータソフトは、赤、緑、青の光の強さによって色を表現する。これはとてもシンプルでよいのだが、図解作成者にとってRGBカラーをより便利に表せる方法が、多くの市販ソフトに入っている。HSLカラーモデルだ（**図表16-4**）。

図表16-4 HSLモデルとは

50%の輝度で、色相と彩度を視覚化する

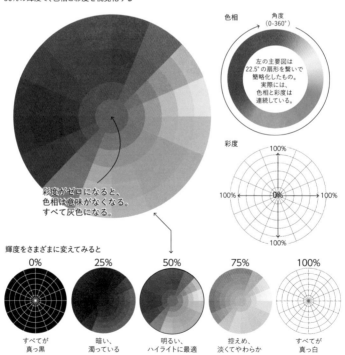

色相　角度（0-360°）

左の主要図は22.5°の扇形を繋いで簡略化したもの。実際には、色相と彩度は連続している。

彩度

彩度がゼロになると、色相は意味がなくなる。すべて灰色になる。

輝度をさまざまに変えてみると

0%	25%	50%	75%	100%
すべてが真っ黒	暗い、濁っている	明るい、ハイライトに最適	控えめ、淡くてやわらか	すべてが真っ白

出典: ONS

HSLカラーモデルの3つの特徴

特徴1 「色相（Hue）」——赤、黄、緑など「名付けできる」色、色味を指す。
0〜360度の角度で表す。

特徴2 「彩度（Saturation）」——一定の輝度の下での色味の強さ、色の鮮や
かさを指す。彩度が高いほどはっきりとした色、低いほど薄暗い色
になる。彩度がまったくないと灰色になる。

特徴3 「輝度（Lightness）」——光の強さ、色の明暗を指す。光がまったく
ない（輝度0％）と黒色に見えて、輝度100％だと白色に見える。

「HSL Color Picker」（hslpicker.com）のようなオンラインツールを使えば、
従来のRGB値（赤、緑、青を0〜255の範囲で表現する）とHSL値（Hは0〜
360、Sは0〜100、Lは0〜100）を自由に相互変換できる。それにしても、
HSLカラーモデルが使いやすいのはなぜか。

HSLカラーモデルが使いやすい3つの理由

理由1 HSLでは、色相角度（H）が、塗装やインテリアデザインで使う円形
の色見本のように並べられている。色相環と呼ばれ、配色を考える
際には非常に便利なのだ。たとえば、補色は、180度の間隔を置い
た色同士、つまり色相環の反対側に位置する色同士を選べばいい。

理由2 彩度の上げ下げで、色を際立たせたり、目立たなくしたりできる。
輝度も調節しながら、（彩度を上げて）強調したり、（彩度を下げて）ぼ
やかしたりすることができる。

理由3 これが最も大事な点だが、輝度の変化で、色相にかかわらず色を視
覚的に区別することができる。色覚障がいのある人が見るとき、ま
たは黒白印刷するときにも、色の見分けがつく。

第13章「図解はどのように読み取られるか」で見たように、**私たちの色覚
は環境に左右されやすい。**よって、配色に関する問いには、申し訳ないが「場
合による」と答えざるを得ない。それでも、データ・ビジュアライゼーショ
ンにおける配色には、3つの大きな機能別パターンが挙げられる。

データを視覚化するときの配色の3パターン

パターン1 連続的——量（規模）や順位を表すときに使う配色。色は、「アンプ」のような効果を持っている。第12章「地図を使った表現」で見たコロプレス地図が最もわかりやすい例で、濃い色ほどデータ値が高いことを示す。連続的な配色は、同じまたは似た色相で、輝度を変えて作る。

パターン2 発散的——連続的と同様に使うが、正負の2方向がある。識別しやすい2色を使い、中央から両方向へ値が伸びるにつれ色を濃くする。

パターン3 定性的——階級や順位、数値とは関係なく、分類のために使う（「りんご」「なし」「バナナ」などのように）。「多色相」、つまりふたつ以上の色相を使う場合が多い。

　これらの配色を実際に試すのに最適なのが、地図作成者シンシア・ブルワーが作った有名なサイト「Colorbrewer」（https://colorbrewer2.org）だ。上の3つのパターンや色相などの条件を選択すると、それに従った色分け地図が表示される。RGB、CMYKどちらの出力にも対応している。

　また、色覚障がいの人も見やすい配色か、印刷に向いた配色かなども確認できる。「Colorbrewer」で学べることのひとつとして、多色相で輝度のコントラストが不十分な配色は、**図表16-5**のとおり、色覚障がいの人には識別できないという点がある。

図表16-5 色覚障がいの人には色はどう見えるか

図解のための色の使い方

連続、発散、定性のそれぞれの4段階の色の広がり

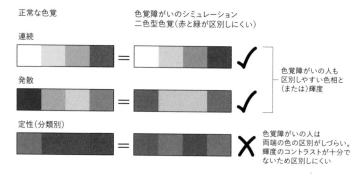

学習ポイント――Hexコード（16進数カラーコード）

「Colorbrewer」のようなサイトを使うと、暗号のような色情報に直面する。ハッシュ記号（#）に、6桁の数字とアルファベットが続いたものだ。たとえば、これ。

#fff1e5

あわてなくてもいい。Hexコード（16進数カラーコード）と呼ばれ、RGB値を16進法で表しただけのものだ。RGBでは赤、緑、青が0〜255の数字で設定される。16進法だと、これは00〜FFと表される。Hexコードの6桁は、赤、緑、青それぞれの2桁の値が3組連なったものなのだ。

ありがたいことに、10進数と16進数を自力で相互変換できなくてもいい。「hslpicker.com」などたくさんのサイトで、RGB、HSL、Hexコードの変換ができる。これらのサイトで、#fff1e5と打ってみると、RGB値（255、241、229）とHSL値（28、100、95）が現れる。これで表現されるサーモンピンク色は、『フィナンシャル・タイムズ（FT）』読者の皆さんにはきっとおなじみのはずだ〔同紙の紙面がサーモンピンク色〕。

人は色相に愛着を抱く

お気に入りのスポーツチームから最新のファッションショーの衣装まで、**人はときに色相に強い愛着を抱く**。国旗の色は非常に象徴的な意味を持つし、企業の色にも社史を反映するものがある。ＦＴの紙面が発行当初から淡いピンク色だったのは、19世紀末当時は漂白されていない紙のほうが安価だったこともあるが、今では同じ色が高級感を象徴する会社のブランド色として使われている。

このように何かと色は意味を帯びやすいが、それをあてにし過ぎてはいけない。

まず、**色の連想の多くは、別の地域ではあまり通じない**。アジア地域で赤は幸運とよく結び付けられるが、危険や死と結び付ける別の地域もある。イチゴを連想するだけの人もいる。オランダでは、オレンジは王室の象徴だ。イギリスでは、紫が一般に王族と関係の深い色とされてきたが、最近は特定の政党と関連付けられやすい。

ほぼ世界共通となった色の連想も、確かにいくつかはある。緑は成長や持

続可能性を思わせ、環境保護を重視する世界中の政党がこの色にちなんだ名前を掲げる。実際、政党色については読者が理解しやすいため、ＦＴでもよく使う。

　同様にサッカーのマンチェスター・ユナイテッドとマンチェスター・シティ関連のデータを図解にするときは、それぞれのシンボルカラーである赤色と空色を使わない手は、おそらくないだろう（ただし、永久不変と思われるホームユニホームの色のみを使うつもりだ）。

　一方で、**不要あるいは時代錯誤の固定観念を押し付けるような色の連想もある**。その典型が、ピンクは女の子、青は男の子という考えだ。文化的な慣習に根ざしていると考える人もいるが、単なる20世紀のファッションに過ぎず、しかも今はすたれかけている。この色の流行前には、逆の連想（青は女の子、赤やピンクは男の子）が存在した。さらにその前は、すべての赤ちゃんに白い服と装身具を身に着けさせる長い伝統があった。

コーポレートカラーの指定を受けたときは

　ここで、多くの図解作成者が最初に対峙する問題に触れなければならない。勤務先のカラーパレットを使うよう厳しく言い渡される件だ。企業ブランドを形成する色を取り入れること自体には何の問題もないが、そのカラーパレットはよく吟味すべきだ。連続的、発散的、定性的な使い方ができるか？図解の要素を強調したり目立たなくしたり（色によって要素を前面に引っ張り出したり、後ろに押し込めたり）できるか？　色覚障がい者に配慮しているか？　これらのいくつかの点が、ブランディング確立時に考慮されなかった可能性はないだろうか。

　会社にたてつく反逆児になるよりは、勤務先のデザインチームもしくは広報室に掛け合い、必要な機能を説明して、企業独自の配色の範囲を広げるか例外を認めるかしてもらうといいだろう。たとえば、勤務先の色相を使いながらも、輝度や彩度を変えて、色調の違う色を使わせてもらうこともできるかもしれない。

　どのような手法を取るにしても、**図解や地図を作るたびに同じ配色の問題に直面しないよう、自分が使えるいくつかのカラーパレットを常備しておくといい**。タスクごとに違う処理が求められるだろうが、スタート地点が常に

決まっていると心強い。

図解デザインのための6つのゲシュタルトの法則

デザインの法則とデータ・ビジュアライゼーションの関係について学ぶうちに、図解とゲシュタルトの法則との関連性が次第にはっきりとしてきた。

1920年代にドイツで始まったゲシュタルト心理学は、人間はひとつひとつの要素を、全体の一部として認識すると説いた。ドイツ語の「ゲシュタルト」は「形態」や「姿」という意味だが、ここでは、「各要素の総和より大きな全体」を指していると考える。要素が集まって全体ができているのではなく、全体がまずある、という認識だ。

ゲシュタルト心理学には、知覚に関する6つの法則がある。いずれも図解の世界に直接関わるものだ。

法則1　類同の法則

図表16-6のような10×10のグリッドを見たとき、ある1列がほかと明らかに違うと私たちは認識する。類同の法則が働いているからで、**視覚的に同じ特徴があるものは、違う特徴のものより関係性がある**と認識するのだ。

図表16-6 「類似の法則」で1つのグループが見える

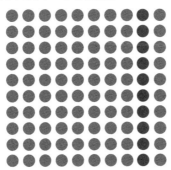

量の視覚化を取り上げた章で、オットー・ノイラートやゲルト・アルンツ、マリー・ライデマイスターらの功績に触れた。彼らが考案した、同じアイコンを並べる手法は、アイソタイプのゲシュタルト心理学の研究が行われた同

時代に考え出されたものだが、この類同の法則の影響を強く感じさせる。現代でも常用される技術で、アメリカと中国の海軍を比較した**図表16-7**もその一例だ。

図表16-7 「類似の法則」を使用した例

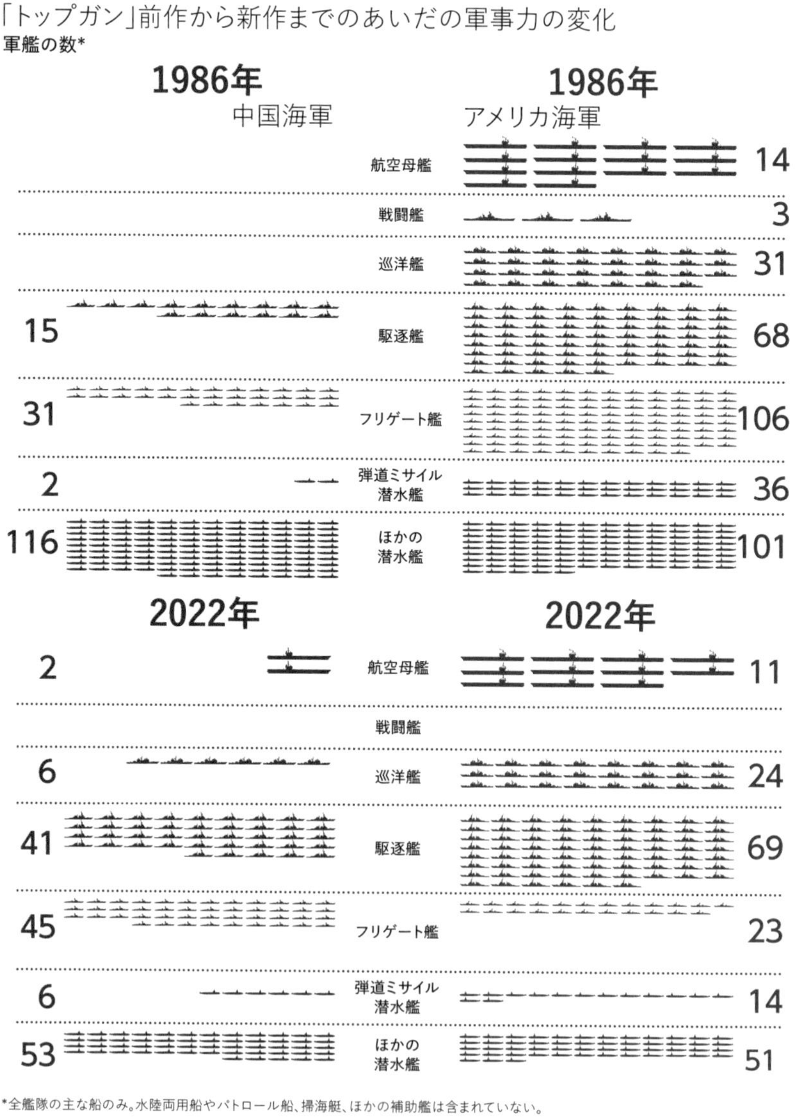

「トップガン」前作から新作までのあいだの軍事力の変化

軍艦の数*

	1986年 中国海軍		1986年 アメリカ海軍	
航空母艦				14
戦闘艦				3
巡洋艦				31
駆逐艦	15			68
フリゲート艦	31			106
弾道ミサイル潜水艦	2			36
ほかの潜水艦	116			101

	2022年		2022年	
航空母艦	2			11
戦闘艦				
巡洋艦	6			24
駆逐艦	41			69
フリゲート艦	45			23
弾道ミサイル潜水艦	6			14
ほかの潜水艦	53			51

*全艦隊の主な船のみ。水陸両用船やパトロール船、掃海艇、ほかの補助艦は含まれていない。

グラフィック：アイアン・ポット
出典：国際戦略研究所「ミリタリー・バランス」、ジェイムズ・クラブトリーによる2022年5月27日付フィナンシャル・タイムズ「まだトップガン？ トム・クルーズの新作映画がアメリカ軍事力について教えてくれること」に掲載（https://www.ft.com/content/26ebe826-08d7-4966-b104-1a3be1f8ca5c）。

法則2　近接の法則

　次の近接の法則は最も説明しやすいもののひとつで、**近くにまとまっているもののほうが、ばらばらにあるものより、関係性があるように見える。**図表16-8で、私たちは、明らかに違うグループがふたつあると認識する。ひとつのグループは下のほうで三角形を形作り、ほかの散らばっているグループより、強い関係性があるように見える。

図表16-8　「近接の法則」で2グループに見える

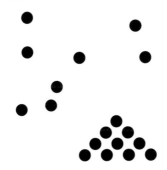

図表16-9　「リー・パーク」に関係性があるように見える

ハバントのブレグジット国民投票結果は貧困と相関関係にある

複合的剥奪指標（2019年、LSOA*）とブレグジット投票における離脱賛成票割合（概算、％）

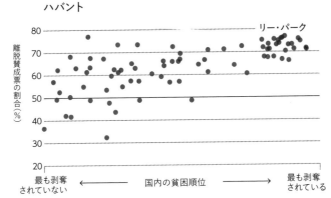

*小規模地域調査区
出典：クリス・ハンレッティ、住宅・コミュニティ・地方自治省、ウィリアム・ウォリスによる2019年11月30日付フィナンシャル・タイムズ「2019年のイギリス：格差で分裂してもブレグジットで団結」に掲載（https://www.ft.com/content/b398d284-11dc-11ea-a225-db2f231cfeae）。

視覚化の符号として位置をよく使うデータ・ビジュアライゼーションにおいて、近接の法則は基本だ。**図表16-9**の散布図は、ハバントのブレグジット国民投票結果と貧困との相関関係を表しているが、リー・パーク地域の点のかたまりは、点が散らばっているほかの地域より、互いに関係性があるように見える。

法則3　連続の法則

　図表16-10には何本の線があるだろうか。厳密に数えると、4本だ。しかし、もし2本だと思ったら、それは連続の法則のなせる技と言える。この法則によると、**滑らかな辺は、角張ったり不規則だったり交差したりしている辺より連続したものに見える**という。

図表16-10「連続の法則」で線が2本に見える

　2本線と認識する人には、プレイフェアが**図表16-11**の折れ線グラフで見せた手際も説明しやすい。ふたつの系列が重複する点（ひとつの系列がもうひとつの系列を上回る点）によって、私たちは混乱するどころか、より興味を持ってグラフを見られる。色分けによって、データはさらに読みやすくなっている。

図表16-11 プレイフェアによる「連続の法則」の応用例

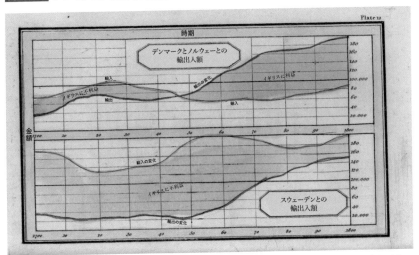

出典：File:Playfair TimeSeries.pngの複製、W.プレイフェア『ウィリアム・プレイフェアのタイムシリーズ デンマークとノルウェーとの貿易』（5月17日付アート・ディレクトより出版、https://en.wikipedia.org/wiki/William_Playfair#/media/File:Playfair_TimeSeries-2.png）。

法則4　共通運命の法則

　この法則によると、**ともに動いているものは同じひとつのグループだと認識されやすい**（図表16-12）。

図表16-12 「共通運命の法則」で2グループに見える

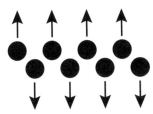

　金融データを表した**図表16-13**の対称棒グラフでは、このグループ化が非常に効果的だとわかる。伸びていく売上と下がっていく利益が鮮やかなほど対照的で、タイトルも付けやすいというものだ。

ウィーワーク 事業拡大とともに損失も拡大

売上と利益(千ドル)　　■ 売上　　■ 調整後EBTDA*

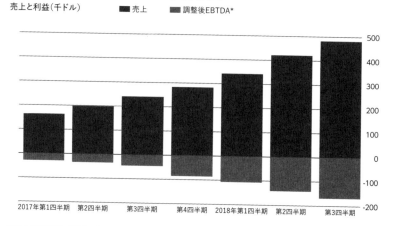

2017年第1四半期　　第2四半期　　第3四半期　　　第4四半期　　2018年第1四半期　　第2四半期　　第3四半期

*利払い前、税引き前、償却前利益。株式報酬費用やコンサルタントにかかる株式費用、賃料の平準化の影響を取り払っている

出典:カンパニー

法則5　閉合の法則

　人間は完璧を想像したがる。このため、**部分的な形を目にすると、つい頭のなかで完成形を思い浮かべてしまう。**図表16-14のイラッとするほど不完全な円は、ほとんどの人にとっては、円と認識される。

　データ・ビジュアライゼーションにおいて、閉合の法則は役に立つ。というのも、余白を枠に仕立てられるからだ。英国家統計局のデータから作った**図表16-15**は、罫線を引かなくても、行と列がきれいにできている。

図表16-15 「閉合の法則」で空白が枠線の役割を果たす

イギリスの貿易統計（モノとサービス、現行市場価格）

国際収支ベース
100万ポンド、季節調整値

	モノ貿易			サービス貿易			貿易合計		
	輸出	輸入	差引	輸出	輸入	差引	輸出	輸入	差引
	BOKG	BOKH	BOKI	IKBB	IKBC	IKBD	IKBH	IKBI	IKBJ
年次									
2015年	280 395	406 009	-125 614	245 688	150 006	95 682	526 083	556 015	-29 932
2016年	297 909	437 107	-139 198	271 202	165 031	106 171	569 111	602 138	-33 027
2017年	337 940	478 418	-140 478	292 161	178 178	113 983	630 101	656 596	-26 495
2018年	350 844	493 096	-142 252	312 481	198 527	113 954	663 325	691 623	-28 298
2019年	371 955	510 169	-138 214	327 295	209 769	117 526	699 250	719 938	-20 688
2020年	308 884	438 326	-129 442	296 458	164 157	132 301	605 342	602 483	2 859
2021年	320 474	476 317	-155 843	298 493	171 411	127 082	618 967	647 728	-28 761
四半期									
2017年Q1	83 015	117 974	-34 959	72 154	43 731	28 423	155 169	161 705	-6 536
Q2	85 152	120 441	-35 289	72 758	44 624	28 134	157 910	165 065	-7 155
Q3	84 196	120 703	-36 507	74 406	45 047	29 359	158 602	165 750	-7 148
Q4	85 577	119 300	-33 723	72 843	44 776	28 067	158 420	164 076	-5 656
2018年Q1	85 126	119 997	-34 871	76 551	47 968	28 583	161 677	167 965	-6 288
Q2	87 621	122 694	-35 073	76 367	48 788	27 579	163 988	171 482	-7 494
Q3	90 127	123 890	-33 763	77 520	49 155	28 365	167 647	173 045	-5 398
Q4	87 970	126 515	-38 545	82 043	52 616	29 427	170 013	179 131	-9 118
2019年Q1	90 549	142 102	-51 553	78 003	49 602	28 401	168 552	191 704	-23 152
Q2	86 879	123 822	-36 943	80 457	51 915	28 542	167 336	175 737	-8 401
Q3	93 455	125 206	-31 751	83 574	53 575	29 999	177 029	178 781	-1 752
Q4	101 072	119 039	-17 967	85 261	54 677	30 584	186 333	173 716	12 617
2020年Q1	82 353	113 924	-31 571	80 972	48 270	32 702	163 325	162 194	1 131
Q2	72 373	87 875	-15 502	69 821	38 012	31 809	142 194	125 887	16 307
Q3	73 562	107 318	-33 756	70 832	38 374	32 458	144 394	145 692	-1 298
Q4	80 596	129 209	-48 613	74 833	39 501	35 332	155 429	168 710	-13 281
2021年Q1	72 623	111 855	-39 232	73 383	39 901	33 482	146 006	151 756	-5 750
Q2	82 680	116 482	-33 802	75 335	42 219	33 116	158 015	158 701	- 686
Q3	76 301	122 351	-46 050	74 998	44 737	30 261	151 299	167 088	-15 789
Q4	88 870	125 629	-36 759	74 777	44 554	30 223	163 647	170 183	-6 536
月次									
2018年1月	28 819	41 189	-12 370	25 113	15 619	9 494	53 932	56 808	-2 876
2月	27 791	37 681	-9 890	25 638	16 048	9 590	53 429	53 729	- 300
3月	28 516	41 127	-12 611	25 800	16 301	9 499	54 316	57 428	-3 112
4月	28 033	40 644	-12 611	25 670	16 370	9 300	53 703	57 014	-3 311
5月	29 190	41 235	-12 045	25 433	16 290	9 143	54 623	57 525	-2 902
6月	30 398	40 815	-10 417	25 264	16 128	9 136	55 662	56 943	-1 281
7月	30 424	41 061	-10 637	25 312	16 053	9 259	55 736	57 114	-1 378
8月	29 603	41 942	-12 339	25 716	16 265	9 451	55 319	58 207	-2 888
9月	30 100	40 887	-10 787	26 492	16 837	9 655	56 592	57 724	-1 132
10月	30 044	42 213	-12 169	27 278	17 470	9 808	57 322	59 683	-2 361
11月	29 605	42 222	-12 617	27 595	17 740	9 855	57 200	59 962	-2 762
12月	28 321	42 080	-13 759	27 170	17 406	9 764	55 491	59 486	-3 995
2019年1月	29 272	46 575	-17 303	26 378	16 781	9 597	55 650	63 356	-7 706
2月	29 682	46 775	-17 093	25 797	16 358	9 439	55 479	63 133	-7 654
3月	31 595	48 752	-17 157	25 828	16 463	9 365	57 423	65 215	-7 792
4月	27 656	42 492	-14 836	26 304	16 919	9 385	53 960	59 411	-5 451
5月	29 235	41 106	-11 871	26 873	17 383	9 490	56 108	58 489	-2 381
6月	29 988	40 224	-10 236	27 280	17 613	9 667	57 268	57 837	- 569
7月	32 117	41 002	-8 885	27 558	17 693	9 865	59 675	58 695	980
8月	30 659	41 610	-10 951	27 835	17 811	10 024	58 494	59 421	- 927
9月	30 679	42 594	-11 915	28 181	18 071	10 110	58 860	60 665	-1 805
10月	32 131	43 277	-11 146	28 476	18 329	10 147	60 607	61 606	- 999
11月	33 339	38 035	-4 696	28 542	18 361	10 181	61 881	56 396	5 485
12月	35 602	37 727	-2 125	28 243	17 987	10 256	63 845	55 714	8 131
2020年1月	30 074	38 290	-8 216	28 141	16 944	11 197	58 215	55 234	2 981
2月	27 211	39 290	-12 079	27 129	16 533	10 596	54 340	55 823	-1 483
3月	25 068	36 344	-11 276	25 702	14 793	10 909	50 770	51 137	- 367
4月	23 432	27 827	-4 395	23 550	13 064	10 486	46 982	40 891	6 091
5月	24 293	27 470	-3 177	22 859	12 166	10 693	47 152	39 636	7 516
6月	24 648	32 578	-7 930	23 412	12 782	10 630	48 060	45 360	2 700
7月	24 177	34 760	-10 583	23 360	12 681	10 679	47 537	47 441	96
8月	25 034	34 486	-9 452	23 402	12 830	10 572	48 436	47 316	1 120
9月	24 351	38 072	-13 721	24 070	12 863	11 207	48 421	50 935	-2 514
10月	25 953	40 229	-14 276	24 817	13 282	11 535	50 770	53 511	-2 741
11月	27 032	42 939	-15 907	24 963	13 114	11 849	51 995	56 053	-4 058
12月	27 611	46 041	-18 430	25 053	13 105	11 948	52 664	59 146	-6 482
2021年1月	21 337	36 616	-15 279	24 549	13 034	11 515	45 886	49 650	-3 764
2月	24 535	37 873	-13 338	24 289	13 223	11 066	48 824	51 096	-2 272
3月	26 751	37 366	-10 615	24 545	13 644	10 901	51 296	51 010	286
4月	27 630	38 420	-10 790	24 490	13 676	10 814	52 120	52 096	24
5月	28 710	38 282	-9 572	25 352	14 177	11 175	54 062	52 459	1 603
6月	26 340	39 780	-13 440	25 493	14 366	11 127	51 833	54 146	-2 313
7月	26 112	40 694	-14 582	24 881	14 965	9 916	50 993	55 659	-4 666
8月	25 140	40 039	-14 899	25 025	14 991	10 034	50 165	55 030	-4 865
9月	25 049	41 618	-16 569	25 092	14 781	10 311	50 141	56 399	-6 258
10月	28 730	40 434	-11 704	24 931	14 840	10 091	53 661	55 274	-1 613
11月	29 605	42 306	-12 701	24 992	14 877	10 115	54 597	57 183	-2 586
12月	30 535	42 889	-12 354	24 854	14 837	10 017	55 389	57 726	-2 337

法則6　図と地の法則

　ゲシュタルト心理学でも最も有名な**図表16-16**は、何が前景（「図」）で、何が背景（「地」）か考えさせられる。**背景が白いか（ふたつの顔が見える）、黒いか（壺が見える）、考え方次第で見えるものが一変する**のだ。

　はっきりしたコントラストを作ると、前景と背景、つまりデータがある領域とない領域の区別が付きやすい。**図表16-17**の人口ピラミッドは、人の顔や壺は想起させないだろうが、どこにデータがあるかは明らかだ。すぐ読んでもらえるように、前面に置かれている。

図表16-16 「図と地の法則」で2つの見え方がある絵

図表16-17 「図と地の法則」のため前景と背景がわかる

イギリスの人口構成（年齢ごと、2020年）

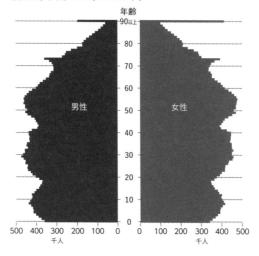

出典：英国家統計局

「誰も排除しないデザイン」のための3つの方法

　図解は、データに見られる傾向を伝える素晴らしい手段だ。ただしそれは、図解を目で確認して、活用できる人に限った話だ。視覚や身体、認知機能に障がいのある人に対し、図解は難題を突き付ける。彼らの事情を考慮せずに図解が作られた場合は、なおさらそうだ。

　インクルーシブ（誰も排除しない）なデータ・ビジュアライゼーションを目指すために、最も重要な情報については可能な限り、誰もがアクセスしやすいようにすべきだ。

　特定の範囲に特化してアクセスしやすくするのではない。ある利用者層のニーズだけを考慮するより、さまざまな層のニーズに応えるようにすべきだ。たとえば視覚的な表示は、認知機能の障がいがある人には役立つかもしれないが、視覚障がいのある人にはそうではない。

学習ポイント――アクセスしやすい図解を作成する

　誰もがアクセスしやすいデータ・ビジュアライゼーションの手引きはこれまでほとんどなかったが、最近は変わりつつある。

　Chartabilityは、研究者のフランク・イラブスキーが、インクルーシブなデータ・ビジュアライゼーションを考えるフィッツ・スタジオとともに開発したツールキットだ。アクセスのしやすさで問題になりやすい点を列挙して、図解作成の際に検証できるようにしている。

　問題は7つの部類に分けられている。たとえば、「知覚における問題」は、テキストが小さい、コントラストがないなど、知覚による理解が難しい場合を指す。「操作における問題」は、入力が必要な図解に関わる問題を挙げている。それぞれの部類で、インクルーシブな図解に必要な要素が挙げられている。

　オンラインで無償提供されていて（https://chartability.fizz.studio）、真に誰もがアクセスできる図解作りを理解するためのスタート地点として、強くお勧めしたい。

　どんな作成ソフトを使っていても、できる限り幅広い人たちが読めて活用できるような図解を作る方法が3つある。

多くの人から図解が読まれる3つの方法

方法1　コントラストを最大限に上げる。

方法2　はっきり見える、読みやすいテキストにする。

方法3　オンラインの図解に代替テキスト（alt属性）を設定する。

方法1　コントラストを最大限に上げる

　すでに見てきたように、**輝度のコントラストを上げるのは、色覚障がいのある人にとって非常に重要だ。**そもそも、はっきりしたコントラストは誰のためにもなる。それは色だけでなく、視覚化全体について言える点だ。なかでも、テキストには特に注意したい。

　ウェブ上のアクセシビリティについては、「ワールド・ワイド・ウェブ・コンソーシアム（W3C）」（ウェブに関する規格化や標準化を行う団体）に属するウェブ・アクセシビリティ・イニシアティブが作った国際的なガイドライン「ウェブ・コンテンツ・アクセシビリティ・ガイドライン（WCAG）」[*1]がある（**図表16-18**）。コントラストはこの国際ガイドラインの項目にもなっていて、図表やテキストの配色がWCAGの基準を満たすかどうか検証できる。

図表16-18 **W3Cが作った配色のガイドライン**

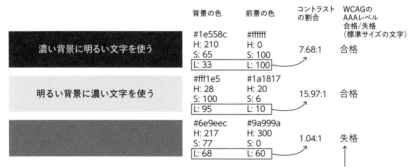

標準サイズの文字の場合、WCAGのAAAレベルに合格するには、
コントラストの割合が7:1以上なければいけない

方法2　はっきり見える、読みやすいテキストにする

　テキストは図解の重要な構成要素なので、誰もが読みやすくなくてはいけ

ない。上記のコントラストの要件を満たすほかに、読みやすい大きさのテキストにする必要がある。

　もちろん、求められる大きさは、図解の構成要素によって違う（タイトルは脚注より大きくすべきだ）し、何に映し出されるかでも違う（プロジェクターか、デスクトップか、スマートフォンか）。最も気を遣うべきなのは、テキストの最小サイズだ。厳しいルールはないが、**デジタル画面では16px（ピクセル）くらいまでが許容範囲だろう**（**図表16-19**）。

図表16-19 テキストの書体と大きさ

「セリフ体」の
セリフとは、
大きな線の
先端にある
小さな線、飾りのこと

「サンセリフ体」は、
ときに「グロテスク」
または「ゴシック」とも
呼ばれる

40pt Visual vocabulary in Times New Roman
（タイムズ・ニュー・ローマンの書体による図解の言語）

40pt Visual vocabulary in Graphik
（グラフィックの書体による図解の言語）

14pt Visual vocabulary in Times New Roman （タイムズ・ニュー・ローマンの書体による図解の言語）

14pt Visual vocabulary in Graphik （グラフィックの書体による図解の言語）

　さらに、図解をウェブ上でリリースする場合は、テキストサイズをピクセルでなく、em〔ベースとなるフォント「M」との比較でフォントサイズを指定する単位〕などの相対単位で指定するとなおよい。画面の大きさによってテキストのサイズが調節できるからだ（スマホ画面上の1emは、デスクトップの大画面上の1emよりも小さい）。

　テキストでもうひとつ重要な点は、書体だ。色と同様、会社が指定する書体を使わなければいけない人も多いだろう。しかし軸の項目名などの**図解の要素には、通常は装飾的なセリフ体を避け、よりすっきりとしたサンセリフ体を使うほうがいい**。後者のほうが、より小さい画面、もしくは解像度がより低い画面でも、はっきり見える。印刷した字を見比べても、圧倒的に読みやすい。

　もちろん、書体は読みやすさだけで選ぶものではない。文字が持つ特徴や雰囲気も大事な要素なので、どちらも考慮してバランスを取りたい。

最後に、**数字の表示に関する大事な原則として、「等幅ライニング」の数字をテキストに使うようにする。**数字が等幅で表示されるので、表組みなど桁を揃える際には必須だし、軸の目盛りなど図表のテキスト以外の部分に使うのも望ましい（**図表16-20**）。

「等幅ライニング」の数字を使う

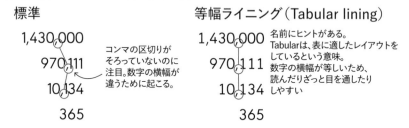

方法3　オンラインの図解に代替テキスト（alt属性）を設定する

　代替テキストはalt属性とも言って、"alternative（代替）"に由来する。画像に関するテキスト情報で、ウェブコンテンツの作成時に設定する。画像を見られない人のために、画像の意味を簡略にまとめて説明するのが目的だ。視覚障がいのある人が使うスクリーンリーダーのソフトは、この情報を読み上げてくれる。

　代替テキストは、ほとんどの利用者には見えない（ただ、ブラウザの画像にカーソルが合ったときに、ちらっと見えることもある）。だからと言って、大事でないというわけではない。一部の読者にとっては、図解を理解するための唯一の手段なのだ。

　それでは、どのように代替テキストを作成するのか。前章で紹介したＦＴのタイトルとサブタイトルに関する原則を踏まえた、基本的な手法はこうだ。

代替テキストの原則

代替テキスト＝《タイトル》を示した《サブタイトル》の《図解の種類》

　例を使って実際に作ってみる。

図表16-21 図解にどのような代替テキストをつけるか

税控除が映像産業の好況を生んでいる

映画とハイエンドテレビ番組の製作費(イギリス国内、億ポンド)

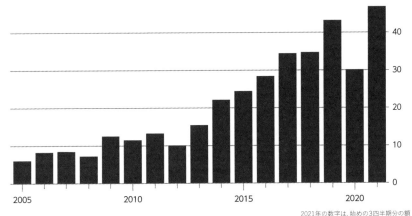

2021年の数字は、始めの3四半期分の額
出典：イギリス映画協会、アリステア・グレイによる2021年12月13日付フィナンシャル・タイムズ
「税金還付がイギリスの映画とテレビ産業のブームを呼ぶ」に掲載(https://www.ft.com/content/871aedbf-a982-488a-84d4-38c937da46aa)。

図表16-21は、ＦＴ式「能動的なタイトル」を用いたわかりやすいタイトルとサブタイトル、つまり語るようなタイトルと、データに関するメタ情報を含むサブタイトルが付いている。これに対応した代替テキストは、このようになる。

> 税控除が映像産業の好況を生んでいることを示した、映画とハイエンドテレビ番組の製作費の棒グラフです。

この簡潔な説明に加え、グラフの傾向について述べたり、データの規模がわかるようグラフの数字に触れたりすることもできる。

> 2012年以降、製作費の上昇傾向は続いています。2012年の10億ポンドに比べ、2021年は、最初の3四半期だけで46億8900万ポンドにも達しました。この9年間で前年より製作費が減ったのは、2020年だけでした。

最後に、出典を加えてもいい。

> このデータの出典は、イギリス映画協会です。

　代替テキストのほかに、可能であれば、図解の下敷きになったデータの表を付けてもいい[*2]。特に小さなデータセットであれば、スクリーンリーダーによってひとつひとつ読み上げられて、便利な情報源になる。何千ものデータの点を示した散布図の場合は難しいだろう。それでも、ダウンロードできるファイルのリンクがあるのは、すべての利用者にとってありがたいはずだ。

覚えておくべきふたつの画像形式

　現代では、図解はたいていデジタル画像だ。この大まかな表現に含まれる幅広い形式の区別はできたほうがいい。

　最も大きな分類が、ラスター画像形式とベクター画像形式だ。ラスター形式は、格子状に並んだ四角形のピクセルによって画像を表現する（**図表16-22**）。ピクセルは画像を構成するデータの最小単位で、ひとつひとつが色情報を持っている。一般的なラスター形式としては以下のものがある。

図表16-22 ラスター形式のモデル

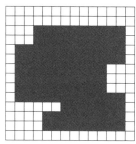

出典：フィナンシャル・タイムズ

ラスター形式の4種の画像

画像1　ウィンドウズのビットマップ（.bmpの拡張子で知られる）

画像2　ポータブル・ネットワーク・グラフィックス（.png）

画像3　ジョイント・フォトグラフィック・エクスパーツ・グループ、またはjpeg（.jpg）

画像4　グラフィックス・インターチェンジ・フォーマット、またはgif（.gif）

　これに対して、ベクター形式は、xとyの座標を使って、画像の形と点の位置を記録して表現する（**図表16-23**）。点と点のあいだの曲線も再現できる。

図表16-23 **ベクター形式のモデル**

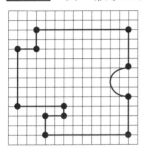

　現在、最も一般的なベクター画像ファイル形式は、「W3C」が開発、策定しているオープン・スタンダードのスケーラブル・ベクター・グラフィックス（.svg）だ。

　ラスター形式とベクター形式が、図解とどう関係するのか。一見すると、どちらの形式の画像も似たように見える。しかし、画像を拡大すると、違いがはっきりとわかる（**図表16-24**）。

図表16-24 **画像を拡大すると違いがわかる**

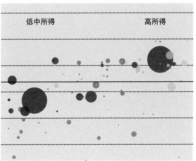

出典：フィナンシャル・タイムズ

ラスター画像は拡大するとグリッド（ピクセル）が集まってできていることがあらわになる。円に見えていたのは、「アンチエイリアス」という技法のおかげだ。画像表示の際にピクセルの色をならして曲線に見えるようにする。しかし、画像を拡大すると、ぼやけてモザイクがかかったように見える。

これに対して、ベクター画像は、座標などの数値を元に再現するので伸縮性があり、どんな大きさにも書き直せる（スケーラブル・ベクター・グラフィックスのスケーラブルは、大きさを変えられるという意味）。もちろん表示されるときは、ピクセルが並んだディスプレイ上の表示になるのだが、拡大縮小のたびに数値データを再計算して表現するので、画質が劣化することはない。拡大したときのラスター画像との違いは明らかだ。

こう見ると、「ベクター画像のほうが優れている」と思うかもしれないが、現在の表現の場ではどちらにも役割がある。

一般に、**ラスター形式のほうが表示が速く、ほとんどのソフトウェア環境で使える。**ソーシャルメディアに投稿する画像からワード文書に挿入する画像まで、ラスター形式で十分事足りる。ラスター形式の用途について、大ざっぱな目安を挙げておく。

ラスター形式の3つの用途
用途1 写真に適しているのは、jpeg
用途2 図解や線図は、png
用途3 アニメーションは、gif

ベクター形式は、最高品質の画像を高解像度のディスプレイに再現できる。品質を下げずにサイズ変更もできるので、さまざまな印刷物や出版物に非常に便利だ。

第17章
不確実性を図で表す

データの信用度は完璧ではない

　図解のデータは、いかにも信頼できそうで魅力的に見えるので、示された値を疑うなど思いもよらないかもしれない。しかし、それは危ない。データの信用度について理解するのは、図解の読解力を上げる大事な部分だ。

　まず知っておいてほしいのは、**データは決して完璧ではない**ということだ。人間と同じで、不備が生じる。些細なものもあるが、致命的なものもある。

データの不備について知っておきたい3つのポイント

ポイント1　**誤差の問題がある。**系統的に起きる（偶然ではない）誤差は、計測器の目盛りが不正確だったり、測定基準に偏りがあって測定したと思ったものを測定していなかったりする場合だ。偶然に起きる誤差もある。一陣の風のような、予測できない事態によって測定データに変動が生じるのだ。

ポイント2　**誤差は、「正確さ（正確度）」と「精度」に深く関係する。**正確度は、測定値がどれだけ実際の値に近いかを示す。精度は、これとは違う概念で、測定における精密さに関わる。当然、正確度、精度ともに高いのが理想だが、正確だが精度が低い、あるいは精度は高いが正確ではないというデータもあり得る。

ポイント3　**もうひとつの重要な概念が不確かさだ。**すべてのデータを集めるのが非現実的（または不可能）な場合、統計家がある手法を使って推定値を出すときに付いて回る。途上国の妊産婦死亡率の推定値を算出した複雑な計算について、ハンス・ロスリングがかつてこう言い表したのを思い出す。「要するに、頭のいい人たちが見当をつけたのです」

私は時折、「不確かさ」はなぜ「図解の言語」の一項目でないのか、そのくらい重要だろう、という意見をもらう。

　不確かさは、図解で扱うデータにあまねく存在するもので、ひとつの項目というよりも、もはや普遍概念と言える。データの不確かさは避けられないものだ。図解作成者が考慮すべきなのは、それをどのような場合に、どのように示すかだ。

　不確かさを示すかどうかは、図解の使い方による。たとえば、学術論文の図解は、誤差と不確かさを示す必要がある。再現性を確保するため、科学的調査の結果報告には必要不可欠だ。

　学術論文で不確かさを示すときによく使われるのが、誤差範囲の付いた棒グラフだ（**図表17-1**）。従来の縦・横棒グラフの柱に、誤差の範囲を示す線（エラーバー）を付けたものだ。

図表17-1 「**エラーバー**」**の見方**

エラーバー付き棒グラフ

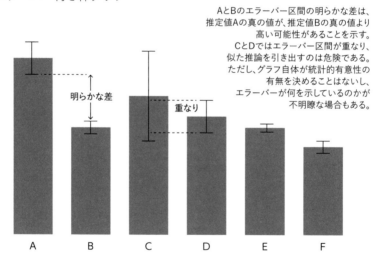

AとBのエラーバー区間の明らかな差は、推定値Aの真の値が、推定値Bの真の値より高い可能性があることを示す。CとDではエラーバー区間が重なり、似た推論を引き出すのは危険である。ただし、グラフ自体が統計的有意性の有無を決めることはないし、エラーバーが何を示しているのかが不明瞭な場合もある。

明らかな差

重なり

A　　B　　C　　D　　E　　F

　考え方は簡単だ。**エラーバーが短ければ、一般に柱の値の信頼度は高いと考えられる。**しかし、ふたつの値のエラーバー範囲が重なる場合、そこから何らかの結論を導くのは難しい。ふたつの値に明らかな差があると見えても、単なる誤差によるものかもしれないからだ。

　エラーバーの大きな難点は、上端と下端が何を示すかについて普遍的な取り決めがないことだ。標準偏差なのか、標準誤差か、信頼区間か、もしかすると最小値と最大値か。どの指標を使っているのか図解のなかで必ず明示すべきだ。現状ではこれを怠っている例が多い。

　新聞や雑誌では、エラーバーをあまり使わない。しかし、報道の内容に関わる話であれば、不確かさを示すことは重要だ。

　2020年にイギリス政府が発表したデータから、ブレグジット後もイギリスで定住し続けるための資格申請をしたEU各国出身者数が、イギリス国内に暮らすEU各国出身者の公式な人口推定値を上回るケースが、多くの国について見られることがわかった。

　申請者数が人口推定値を上回るばかりか、公表されている信頼区間の上限さえ上回る国も多く、母集団推定の方法が疑われる事態になった。

学習ポイント── 信頼区間とは

　信頼区間とは、点推定（ひとつの値）を中心にして対称的に分布するふたつの値（上限と下限）のあいだの範囲だ。「信頼」を「確率」と考えてもいい。95％の信頼区間とは、母集団推定値を出すために同じ計算を100回して、そのうち95回の結果がその範囲に収まるという意味だ。信頼区間は、報告されたひとつの推定値を中心とするばらつきを説明するためにある。

　まずは、統計ソフト「R」を使って試作版を作ることにした。公表されている各国の母集団の数値について、信頼区間（％）を計算した（**図表17-2**）。
　次の2点に注意して見てほしい。

図表17-2の信頼区間について見てほしいふたつのポイント

ポイント1　信頼区間は常に左右対称だ。どれも100％（公表値）の両側に同じだけ伸びている。

ポイント2　信頼区間の幅は国によって違う。いくつかの国の推定値は、ほかの国よりもばらつきが大きいからだ。

　試作した図解を完成版（**図表17-3**）に仕上げるために、いくつかの大きな

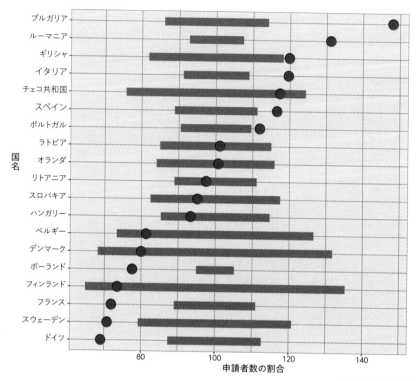

図表17-2 信頼区間にはばらつきがある

縦軸(国名、上から): ブルガリア、ルーマニア、ギリシャ、イタリア、チェコ共和国、スペイン、ポルトガル、ラトビア、オランダ、リトアニア、スロバキア、ハンガリー、ベルギー、デンマーク、ポーランド、フィンランド、フランス、スウェーデン、ドイツ

横軸: 申請者数の割合 (80, 100, 120, 140)

出典:EU出身者定住資格

デザイン変更をした。最も目立つ点は信頼区間の見せ方で、グラデーションをかけた(ある読者は「不確かさのぼかし」と呼んだ)。

　一般的には、グラデーションのほうが、エラーバーより不確かさを視覚的に伝えられるような気がする。統計的な推定の技術をよく知らなくても、いかにも不確かそうに見えるようになった。

　さらに、グラデーションを使うと、公の推定値から離れれば離れるほど、「もっともらしさが減少する」ように見えると思う。たとえば、**図表17-3**のチェコ共和国の申請者数は、信頼区間の上限を上回らないかもしれないが、その辺りをふらついて、不確かそうに見える。

　デザイン的にほかに指摘する点としては、能動的なタイトルを付けたり、上限を超える国に彩度が高くて輝度が中程度の目立つ色を使ったり、注釈を

入れたりした。いずれも皆さんにはすでにおなじみの手法で、本書のテーマの多くをこの図を通して確認できるかと思う。

　完成した図解は、試作を練り上げて作ったものだ。その過程で、ソフトウェアを変えた（「R」からアドビ イラストレーター）ほか、同僚のスティーブ・バーナードとジョン・バーン・マードックからは貴重な意見をもらった。話し合いながらデザインを決めるのは非常に有意義で、自分が「こう見える」と思っているとおりに読者も見えるはずだと、より自信を持って図解を世に出せる。

図表17-3 95％信頼区間をグラデーションで見せる

定住資格の申請者数が人口の公式統計のあいまいさを浮かび上がらせる

イギリスにおける各国の公式人口推定値**に占めるEUSS*申請者合計数の割合

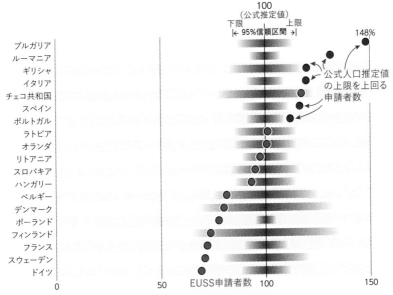

*この制度が試験的に始まったのが2018年8月28日であり2020年5月31日まで続いた
**2019年1月から2019年12月までの人口推定値
グラフィック：アラン・スミス
出典：アンディ・バウンズ（マンチェスター）とピーサン・スタットン（ロンドン）による2020年7月7日付フィナンシャル・タイムズ「EU出身者の定住資格申請数が公式数値を上回る」に掲載（https://www.ft.com/content/a611c7ae-8276-4e42-8e63-0b68e3b90f9f）。

第18章
「図解の言語」が
職場の思考力を上げる

「図解の言語」を職場に導入するとどうなるか

『フィナンシャル・タイムズ（FT）』の「図解の言語」は、記者がデータを分析し、図解を滞りなく作れるように開発された。

　しかし、忙しい編集室以外でもきっと役に立つと考えて、私たちは「図解の言語」をpdfファイルで無料ダウンロードできるようにした。

「図解の言語」は、それぞれの職場で環境に合った使い方をされて、力を発揮する。誰に向けて図解を作るのか、企業のデータ戦略にどう活用できるかなどを考慮して、言語の数や種類を選んで取り入れてもらえればいい。

「図解の言語」の利用者で、互いにまったく違う職場環境にいる2人に、実際どのように利用しているのか聞いた。

ビジネス・アナリストの場合

　リチャード・スパイガルの業務内容は、BI（ビジネス・インテリジェンス〔データを収集して分析し、企業がよりよい意思決定ができるよう支援するビジネス〕）の世界で働く人にはおなじみだ。「目下の業務にどんな情報が必要なのかもわからない」という社内部署も多いなか、会社のデータ分析チームとして、データに関する社内のあらゆるニーズに対応している。

　勤め先の「ネイションワイド・ビルディング・ソサイエティ（NBS）」（世界でも有数規模のイギリスの協同組織金融機関）は少し前に、全社的な体制を「ハブ・アンド・スポーク方式」〔中央の基地に情報を集め、蓄積された情報を基に各拠点を支援する〕に移行した。現在は、スパイガルが率いる組織「BIセンター・オブ・エクセレンス」が核となり、社内全体を支援している。移行前と比べると「大違いだ」とスパイガルは語る。

　会社の新しい戦略の中心にあるのが「NBS 図解の言語」だ。ＦＴのオリジナルを元に、会社独自のビジネス分析ソフトを使い、双方向のワークブック〔ワークシートやグラフシートなどを記録したファイル〕を作ったのだ。

　ＦＴの「図解の言語」とその幅広い図解の種類を長年支持してきたスパイガルは、NBS 版を作るために、まず自身のチームで練習として、ある挑戦をした。「図解の言語の図表を、Qlik（クリック〔データ分析ソフト〕）でいくつ作れるか？」

　結果は、「自分たちも驚いた」ことに、ほぼすべて作れた。産声を上げた「NBS 図解の言語」はそれ以降、単なる練習以上のものに発展していった。

　BI チームにとって仕事相手としては珍しいデザインチームと組んで作業した結果、会社らしいデザインと、いくつかの機能が加わった。「以前はなかった図解の分類別カラーパレットもデザインチームが作り、コントラストが付けやすくなるなどしました」

　「Qlik Sense（クリックセンス）」の精巧なアプリケーションが完成すると、スパイガルのチームは社内中を回って使い方を説明した。現在では、NBS 中でビジネス社員やプログラマーたちが毎日のように使うツールとなっている（図表18-1）。

図表18-1 「図解の言語」をQlikで作る

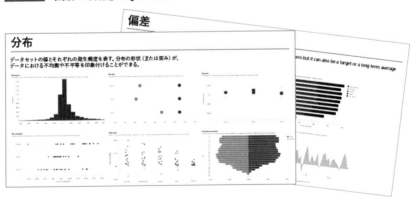

出典：リチャード・スパイガル、ネイションワイド・ビルディング・ソサイエティ。リチャード・スパイガルの許可を得て使用。

「図解の言語」が社内にもたらした3つの好影響

「NBS図解の言語」が、自身のチームと会社全体にもたらした効果について、スパイガルは3点挙げる。

好影響1　社内の会話が有意義になった

「ビジネスチームとの会話の質が一変しました」とスパイガルは言う。

以前は、社内の打ち合わせは長い要求事項声明書を作る公式な手続きにほぼ終始していた。今では、「NBS図解の言語」を中心に自由に意見を交わし、簡潔な話し合いを重ねているという。

図解の作成中は、データ分析チームとビジネスチームが定期的に集まる。「NBS図解の言語」をめぐる意見交換がすぐさま始まり、さまざまなプレゼンテーションの仕方について長所と短所を話し合う。「こんなダッシュボード〔さまざまなデータを図表化してひとつの画面にまとめ、可視化したもの〕が作れるなんて！」とは、ビジネスチームからよく聞かれる感想だそうだ。

好影響2　図解作成のプログラマーにとっては実用的な手引きになった

「図解の言語アプリは、プログラマーにとっては、実用的な学習の手引きとなりました。アプリで目当ての図解を見つけたら、作り方をすぐ確認して、自分の図解に応用できます。デザインしてから素早く図解に仕立てる際に、これがあると時間節約にもなります」

好影響3　データ表現に関するデザインの手引きになった

「大きな組織でそれぞれの社員がダッシュボードを作ると、視覚的な統一性を保つのは難しい。そこで、図解の言語は図解作成アプリであると同時に、デザインの流儀を確認できる手引きにもなるよう設計しました。作成者の創造性を損なわずに、時間節約にもつながるよう、多くのインスピレーションを提供できるようにしています」

スパイガルは、「NBS図解の言語」によって、社内の図解読解力が向上したと非常に喜んでいる。「図解の言語は今もBIチームが最もよく使うQlikアプリ」だと、賛辞を惜しまない。「以前は、散布図を作るのさえ社員は戦々恐々と

していたんです……今では、カスタマージャーニーマップ〔顧客が目的を達成するまでに踏むステップを視覚化した地図〕のために、サンキーグラフだって作るんですよ」

教師の場合

アレスター・モンティースは、スコットランド・マリーにあるイギリスの名門私立学校「ゴードンストウンスクール」で、地理を教えている。生徒たちのデータ読解力と批判的思考力の向上に力を注ぐなかで「図解の言語」は重要な役割を果たしていると話す。

「FTの図解の言語は、世の中に数多くある図解の技法を見せてくれる点が素晴らしいです。地理の教科書には、地理データの大きさを大小の円で比較する比例シンボルチャートや別のデータ地図、散布図、折れ線グラフもあります。これらのインフォグラフィックがすべて揃ったものを一覧できるのは、大変助かります」

「図解の言語」を授業に取り入れるほかに、モンティースは、世界中の教師や生徒が無料登録しているオンラインプログラム「FT for Schools（FTを学校のなかへ）」でも、授業例を定期的に紹介している。

授業例ではFTの記事を元に、公害から移民問題、政情不安、世界規模の健康問題まで、さまざまなテーマを扱う。こうした授業は、地理学のイメージを「三日月湖や首都の名前を覚える勉強」から、「世界情勢を科学的に分析する数学により近いもの」に変えたいという彼の思いに根差している。

しかし、なぜ新聞記事が授業の役に立つのか。それは、世の中の変化があまりに速いからだ。「学校の教科書は2016年に印刷されました。オバマ大統領の任期最後のころです。それからトランプ氏が現れて去り、私たちは新型コロナウイルスのパンデミックも経験しているんですよ」

たとえば、モンティースの授業例では、FTがパンデミック最初の半年間を分析した記事「新型コロナウイルス感染症：世界の危機をデータで見る」を取り上げている（**図表18-2**）。そのなかで彼は、記事とは違う方法でデータを表せないか生徒たちに考えさせている。

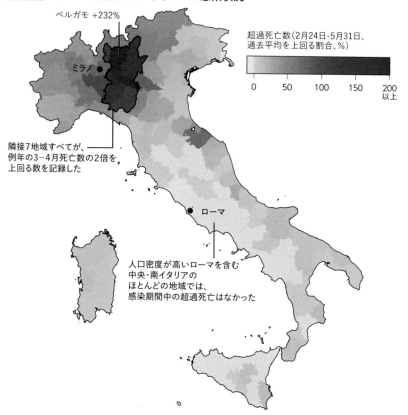

図表18-2 イタリアの新型コロナウイルスの感染状況

ベルガモ +232%

ミラノ ●

超過死亡数(2月24日-5月31日、
過去平均を上回る割合、%)

0　50　100　150　200
以上

隣接7地域すべてが、
例年の3−4月死亡数の2倍を
上回る数を記録した

ローマ ●

人口密度が高いローマを含む
中央・南イタリアの
ほとんどの地域では、
感染期間中の超過死亡はなかった

出典:フィナンシャル・タイムズ「新型コロナウイルス感染症:世界の危機をデータで見る」に掲載(https://ig.ft.com/coronavirus-global-data/)。

イタリアの感染状況を示すのに、コロプレス地図のほかに、どんな方法が考えられるでしょうか？

モンティースはほかにも、別の図解を元に、そこからわかるデータの傾向を、統計の手法を用いて数字で表せないか考えさせる。

春と秋にヨーロッパで最も感染にさらされた地域を表した散布図を見て、春と夏のデータにどれくらいの相関関係があるか、統計的に調べられるでしょうか？

　これらの質問からわかるように、モンティースは、より多くの生徒たちの分析力と読解力を向上させるには「視覚から入る」記事が最適だと考えている。そして、実際に手応えを感じている。「生徒たちの力は上がっています……彼らは以前より多くの情報に囲まれているし、囲まれていることもわかっている」

　しかし、彼は生徒たちが情報過多に陥ることも危惧している。「だからこそ、子どもたちは目にする情報を分析し、調べる力を持つ必要があります」

　そのためにも、「図解の言語」のような教材は、生徒が統計図表を読み解くのに非常に役立つと言う。そして、学ぶ必要があるのは生徒だけではない。「教師がやるべき仕事は、まだたくさんあります。教える者として、さまざまな情報の見せ方についてもっと理解を深めなくてはいけません」

　その目標に向けて、ＦＴも喜んでお手伝いしたいと考えている。たとえば、「FT for Schools」プロジェクトと王立地理学会は協力して、「図解の言語」のプリントをイギリス国内の何千もの中等学校に提供している。これを元に、イギリスのどこの教室でも、データの見せ方について教師も生徒も学んだり話し合ったりできる。

図解作成ソフトについて

「図解の言語」は、謙虚なアナログの装置、つまり単なる1枚のポスターだ。よく考えたうえで、あえてそうした。

　図解作成に長く携わってきて、新しいソフトがリリースされるたびに、データ・ビジュアライゼーションの熱狂者たちが、新機能をろくに検証せずに使おうとするさまを繰り返し見てきた。

　あるソフトを使い始めれば、その優れた点も劣っている点も黙って受け入れるしかない。率直に言って、私は会社のデータ・ビジュアライゼーションの戦略を、ソフトを前提にして「さて、これで何ができる？」と考えるところから始めたくなかった。

　ポスターにしたもうひとつの理由は、1人作業になりがちな図解作成が、より多くの人が関わる作業になるのでは、と考えたからだ。特定のソフトの使い方を知っているかどうかにかかわらず、誰もがポスターの前に座ったり立ったりして、最適な図解を選ぶ話し合いに集中できる。

この思惑どおり、「図解の言語」を使い始めた当初は、編集室の議論が活気づいた。使うための障壁は限りなく低かった。学びとしては素晴らしいスタートだった。

ただひとつ、ちょっとした問題があった。議論が健全であればあるほど、実際の図解を作ってみせる必要が出てきたのだ。

ＦＴ編集室における図解作成

当初は期待できるような状況ではなかった。私が2015年9月にＦＴの編集室に入って驚いたのは、紙面とデジタルの図解作成ソフトが、少なくとも25年前（ソフトの世界では地質時代に値する！）の年代ものだったことだ。

しかも、このソフトの視覚化の機能が実に古かった。本書の最初のほうで紹介した、ＦＴ紙面の下着の折れ線グラフや棒グラフ、円グラフは、このソフトで作られた。早く対策を打って、会社の過去の「ジャンク図解」と縁を切る必要があった。

当時は、「図解の言語」の図解を自由に作れるほど融通が利く既製品のソフトはなかった。そこで、オープンソースのデータ・ビジュアライゼーションツール「D3」に注目した。

D3は、「Data-Driven Documents」を略したプログラミングのライブラリで、データ・ビジュアライゼーションのレジェンド、マイク・ボストックによって開発された。利用者は（ウェブでよく使われるプログラミング言語JavaScriptを使って）コードを書く必要がある。D3コードを使えば、スプレッドシートのデータから、カスタマイズ自由で質の高い、動きのある図解やインタラクティブな図解〔マウス操作などにより視覚化の範囲や値の表示などが変わったり、補足情報が表示されたりする図解〕が作れる。

D3を使う最大のメリットは、自由度が非常に高い点だ。図解を作る際の制約がほとんどないのだ。

ただし、使い始めるためのハードルが高い。つまりコードを書けなければ使えないので、組織としては使いにくい。私の職場では、コードを使える図解作成者が限られていた。

そこで、私は同僚のボブ・ハスレットとスティーブ・バーナードと協力し、上級プログラマーのトム・ピアソンによる指導の下に、最小限のコードを書

くだけで図解が作れるよう、D3のテンプレートのライブラリを作った。「図解の言語」ポスターの内容を反映したテンプレート集は、紙とデジタル双方の媒体に対応し、スピードや質をほぼ落とすことなく、より幅広い図解の作成を可能にした。

学習ポイント──FTのコードをお試しあれ！

　開発中だった「D3図解の言語」テンプレートは、プログラムコードを公開できるウェブサービス GitHub から見られる*。

　ライブラリ内のフォルダは図解の分類ごとにあり、サンプルのデータがすべて揃っている。コードを実行すれば図解が作れるし、簡単な編集で図解の内容（データ、タイトル、注釈）や設定（印刷サイズなど）を変えられる。
*https://github.com/ft-interactive/visual-vocabulary.

　私たちは、「図解の言語」を元に、デジタルと紙媒体双方の作業に対応した図解作成の新しい手段を手に入れた。

　D3ライブラリは、会社にとって大きな前進だった。簡単な研修を受ければ、ビジュアルデータ・ジャーナリズム部門の誰もが、「図解の言語」から新しい図解を作れるようになったのだ。私たちの作業効率は格段に上がった。財務大臣が予算案を発表した数時間後までに100以上の図解を作らなければいけないときなど、とても助かる！（**図表18-3**）

　私たちが作ったD3コードのライブラリはその後も改良され、社内のデータ・ビジュアライゼーションで今も役割を果たしている。

Alan Smith ✔
@theboysmithy

構造転換？　はい、紙面の図解すべてを
#d3で作り始めています……

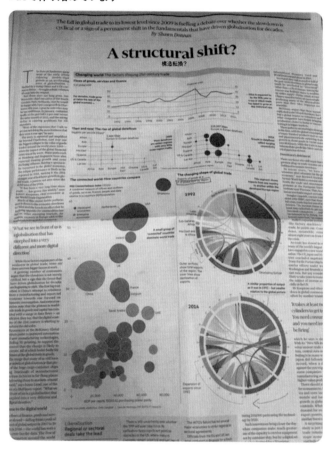

3:59 PM · Mar 3, 2016 · OS X

╷╷╷ ツイッターアナリティクスを見る

108 リツイート　　**1** 引用ツイート　　**198** いいね

おすすめの図解作成ツール7選

とはいえ、実際には「図解の言語」の図解を作りたい人が皆、コードを書いたり実行したりしたいとは限らない。よって私は、D3ライブラリから必ず始めるよう勧めるつもりはない。とりわけ過去5年間のうちに視覚化ツールは急速に発展している。

ありがたいことに「図解の言語」はデータ・ビジュアライゼーションの関係者のあいだで肯定的に受け止められ、これらの図解を作る手法もたくさん提供された。まずは、おそらく世の中で最も使われてきたソフト、マイクロソフトのエクセルから紹介しよう。

ツール1　Microsoft Excel（マイクロソフト・エクセル）

「図解の言語」を着想するきっかけとなった「グラフィック・コンソーシアム」の共同作成者ジョン・シュワビッシュが、「図解の言語」の分類に対応する8つのエクセルファイルを用意した。これらを格納したzipファイルをダウンロードして使える。少額を支払う（2022年4月時点で10ドル）が、彼の素晴らしいポッドキャスト「ポリシー・ビズ」の支援に使われる。「図解の言語」を試すのに、最も普遍的なスプレッドシートのソフトを使うのはよい選択だ[*1]。

ツール2　Tableau（タブロー）

FTのビジュアルデータ・ジャーナリズム部門では、昼食後の会議に合わせて、定期的に外部のスピーカーを招いている。テーマは、最新の学術研究やジャーナリズムの事例研究、視覚芸術、科学技術の発展などさまざまで、多くの刺激をもらっている。TEDトーク並みの講演を何年にもわたって聞いてこられたのは、大変幸運なことだと思う。

2018年7月、アンディ・クリーベルが、よく知られるデータ分析ソフト「タブロー」で面白いものを作ったので見せたいと会社にやってきた。

アンディはタブローのユーザーで知らない人はいない存在で、「ゼン・マスター〔タブローの指導者、達人として同社に認定される〕」の殿堂入りも果たしている。彼が何を作ったのか、私たちは非常に興味を持った。そこで彼が見せてくれたのは、私たちの予想を上回るものだった。タブローで完璧に再現した「図解の言語」だ。

彼の説明では、バイオリン図やサンキーグラフなど、それまで作ったことのない図解をタブローで作ろうとしたのが、プロジェクトの当初の目的だったそうだ。

　タブロー版「図解の言語」の作成中にアンディ自身が学んだことを広く伝えたいと、彼は寛大にもタブロー版を公開してくれた。アンディ自身によるプロジェクトの説明もYouTubeで見られる[*2]。

　タブローのユーザーなら、ぜひタブローで「図解の言語」を試してほしい。また、アンディのプロジェクトに触発されて、ほかのソフトウェアパッケージのユーザーたちが、それぞれのパッケージ版「図解の言語」を作っている[*3]。

ツール3　Power BI（パワーBI）

　ジェイソン・トーマス（別名SqlJason）が、マイクロソフトのデータ・ビジュアライゼーションのビジネスインテリジェンス（BI）ツール「パワーBI」による「図解の言語」を作成した[*4]。

ツール4　Qlik（クリック）

　リチャード・スパイガルが「ネイションワイド・ビルディング・ソサイエティ」のために作ったクリック版「図解の言語」は、すでに紹介した。クリック社のパトリック・ノルドストロームによるもうひとつのバージョンは、**拡張機能を使う必要がない**[*5]。

ツール5　Vega（ベガ）

　軽量の宣言型プログラミング言語で、インタラクティブな視覚化デザインの作成、保存、共有ができる。

　データサイエンティストのプラタップ・バーダンが、「図解の言語」をVegaで再現し、70を超える図解を作った。プラタップも、アンディ・クリーベルによるタブローのバージョンに触発されて、独自のバージョンを作ったひとりだ。

ツール6　R言語

　統計解析や視覚化のための無料プログラミング環境で、世界中に膨大な数のユーザーがいる。

　イギリス・マンチェスターのトラフォード議会内に、「The Trafford Data Lab」というデータ・ビジュアライゼーションを担う部門が設置されている。ここが、R言語のよく知られた視覚化パッケージggplot2を使い、「ＦＴの図解の言語を土台にした」図解を作成した[*6]。

ツール7　Flourish（フローリッシュ）

　コードを書かなくても洗練されたインタラクティブな図解が作れるウェブサービスだ。データ・ビジュアライゼーションに関するブログで、「図解の言語」の分類に沿った適切な図解選びのアドバイスを提供している[*7]。

　この世で不足していないもののひとつが、図解作成ソフトだろう。単純に数えても何百ものパッケージが存在するが、どれを選ぶべきか示唆（または強要）するのは、本書の意図するところではない。

　しかも、ソフトは当然、改良され、進化していく。そのなかで、「図解の言語」が作成ツールからは独立した地位を守り、データ・ビジュアライゼーションに取り組む人たちにとって、長く参照される情報源になることを切に願うばかりだ。

謝辞

　私がFTに加わって以降、世界のニュース・トピックが静まることはない。これは因果関係のない相関関係を示す典型的な事例かもしれないが、おかげで私たちのニュース編集室はインスピレーションを発信する手をとめることはなかった。

　ビジュアルデータ・ジャーナリズム部門の素晴らしい同僚たちに感謝したい。彼らがいなければ、本書の刊行は絶対に不可能だった。素晴らしく才能あふれるジャーナリストたちとともにこれまでの7年を過ごせたことは、本当に光栄だった。読者は、本書で取り上げられている多くの図の下に彼らの名前を見つけただろうが、彼らをここで一堂にリストアップしておきたい。彼らが私に教えてくれたことをひとつ挙げるとすれば、よりよい図を作るにはチームワークが欠かせないということだ。

　スティーブ・バーナード、イアン・ボット、チェルシー・ブルース・ロックハート、ジョン・バーン・マードック、クリス・キャンベル、フェデリカ・コッコ、ビリー・エーレンベルク・シャノン、リズ・フォーンス、キース・フライ、マックス・ハーロー、ボブ・ハスレット、クリーヴ・ジョーンズ、ジョアンナ・S・カオ、エマ・ルイス、ポール・マッカラム、パトリック・マチュラン、キャロライン・ネビット、クリパ・パンチョリ、グレアム・パリッシュ、アエンドラ・ライニンズランド、マーティン・ステーブ、ケイル・ティルフォード、アレックス・ヴィスニェフスカ、クリスティン・チャン。

　記者、そして鋭い洞察力を持ち仕事に対して真摯に取り組む編集者たちの素晴らしいネットワークがあったおかげで、クリエイティブなコラボレーションを生み出す環境が作り上げられた。私たちがデータ・ビジュアライゼーションの野心的な計画を推し進めることができたのは、この期間中にFTの編集者、リオネル・バーバーとロウラ・ハラフの大きな支えがあったからだ。

　また、私はピアソンのエロイース・クックが、執筆期間中、激励と建設的なフィードバックを与えてくれたことに感謝している。

　最後に、妻のエリーに大きな感謝を伝えたい。彼女は、長い月日をかけてチャートを作成したり、それについて執筆したりするのと同じぐらいの忍耐強さと寛容さをもって、励まし支え続けてくれた。

アラン・スミス

2022年2月

注

第2章
＊1　Bateman *et al* (2010)やBorkin *et al* (2015)参照。

第3章
＊1　ft.com/vocabulary

第4章
＊1　Haroz_CHI_2015.pdf (tableau.com) を参照。

第5章
＊1　https://www.youtube.com/watch?v=NbiX2SSes40
＊2　現代でろうそくチャートを一般社会に普及させたスティーブ・ニソンの研究によれば、この図解の起源は19世紀の日本にまでさかのぼるという。

第13章
＊1　https://medium.com/multiple-views-visualization-research-explained

第14章
＊1　https://ig.ft.com/coronavirus-chart

第16章
＊1　https://webaim.org/resources/contrastchecker/などのサイトを参照のこと。
＊2　多くのニュース機関は契約上、残念ながら元データを提供できない。

第18章
＊1　https://policyviz.com/product/visual-vocabulary-in-excel/
＊2　https://www.youtube.com/watch?v=5M-0e9t_IRM
＊3　入手先は、https://www.tableau.com/solutions/gallery/visual-vocabulary
＊4　http://sqljason.com/2018/12/financial-times-visual-vocabularypowerbi-edition.html
＊5　https://community.qlik.com/t5/Qlik-Sense-Documents/FT-Visual-Vocabulary-Qlik-Sense-version/ ta-p/1764785
＊6　https://www.trafforddatalab.io/graphics_companion/
＊7　https://flourish.studio/2018/09/28/choosing-the-right-visualisation/

索引

[著者]

アラン・スミス（Alan Smith）

『フィナンシャル・タイムズ（FT）』のビジュアルデータ・ジャーナリズム部門長。データ・ビジュアライゼーションの専門家であり、FT紙上でコラム「チャート・ドクター」を執筆。講演も多く実施し、データを用いたコミュニケーションのあり方を説く。TEDトーク「統計を好きになるべき理由（Why you should love statistics）」は200万回以上再生された。FTに入社する前は英国国家統計局にてデジタルコンテンツの責任者を務める。2011年大英帝国勲章受章。

[訳者]

濱浦奈緒子（はまうら・なおこ）

京都市生まれ。神戸大学国際文化学部卒業、英サセックス大学大学院開発学研究所修士課程修了（M.A.）。
NGOや開発コンサルタント企業で国際協力プロジェクト等に従事したのち、翻訳家に転身。現在、出版物やサスティナビリティ関連文書を中心に翻訳を手がける。本書が初めての訳書。

深町あおい（ふかまち・あおい）

横浜市生まれ。慶應義塾大学法学部政治学科、米ウェルズリー大学卒業。
全国紙の社会部、生活部記者として女性と子ども、芸能、食文化、犯罪被害者遺族などをテーマに取材したほか、教育事業にも携わる。早期退職して翻訳業に転身。本書が初めての訳書。

フィナンシャル・タイムズ式
図解の技術
——世界最高峰の経済紙はどのようにデータを見せているのか

2023年3月28日　第1刷発行

著　者————— アラン・スミス
訳　者————— 濱浦奈緒子、深町あおい
発行所————— ダイヤモンド社
〒150-8409　東京都渋谷区神宮前6-12-17
https://www.diamond.co.jp/
電話／03-5778-7233（編集）　03-5778-7240（販売）
装丁デザイン————— 竹内雄二
本文・図解デザイン・DTP— 吉村朋子
校正————— 鷗来堂
製作進行————— ダイヤモンド・グラフィック社
印刷————— 三松堂
製本————— ブックアート
編集担当————— 上村晃大